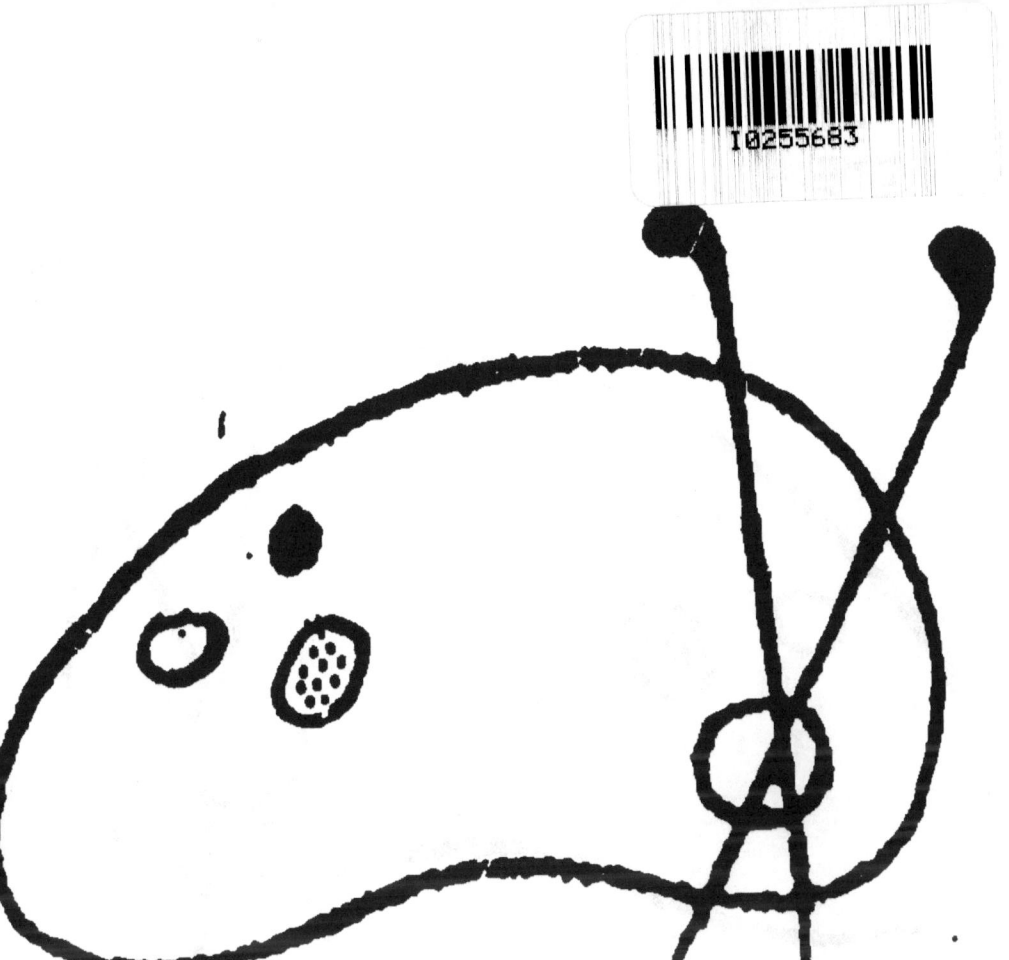

Début d'une série de documents en couleur

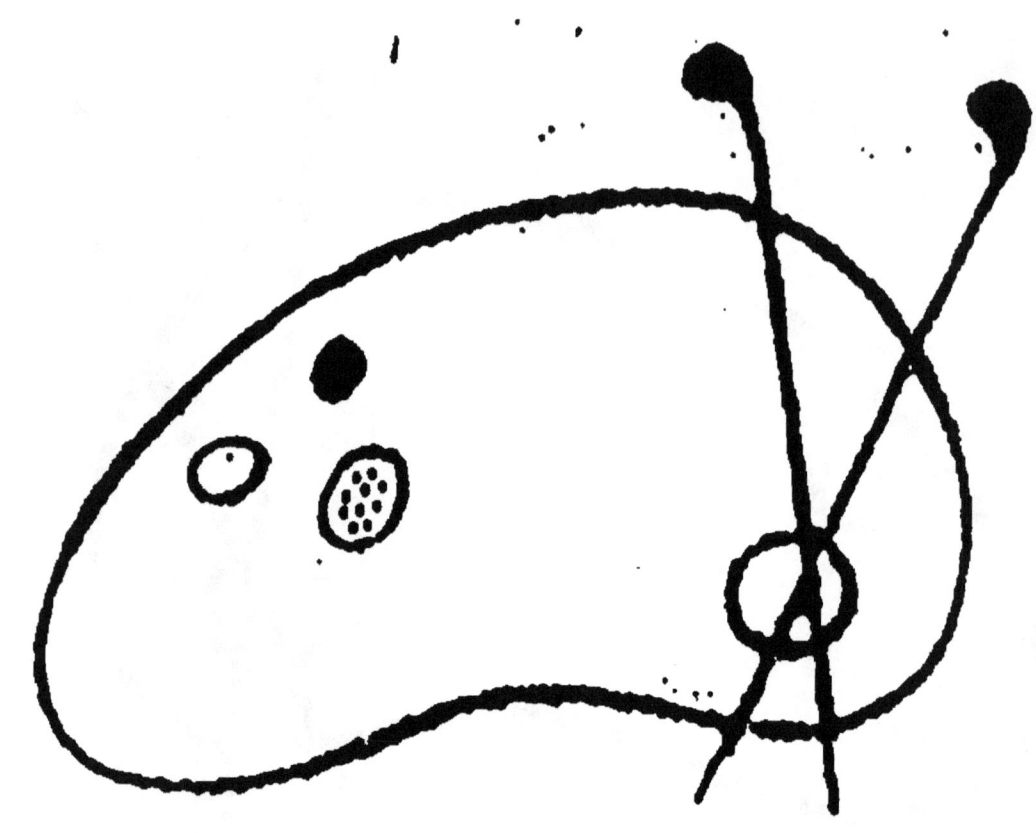

Fin d'une série de documents en couleur

LES DERNIÈRES ANNÉES

D'ALEXANDRE DUMAS

1864-1870

Motteroz, Adm.-Direct. des Imprimeries réunies, B, Puteaux

LES DERNIÈRES ANNÉES

D'ALEXANDRE DUMAS

1864-1870

PAR

GABRIEL FERRY

PARIS

CALMANN LÉVY, ÉDITEUR

ANCIENNE MAISON MICHEL LÉVY FRÈRES

3, RUE AUBER, 3

—

1883

Droits de reproduction et de traduction réservés

AVANT-PROPOS

Celui qui a écrit ces pages a beaucoup connu, beaucoup vu, beaucoup fréquenté Alexandre Dumas, de 1864 à 1870.

Bien souvent nous sommes sortis de l'appartement du boulevard Malesherbes, — habité alors par l'auteur de *Henri III*, — le cœur attristé du spectacle des détresses de tout genre qui assaillaient ses dernières années ! Mais nous nous disions aussi que l'injustice, quand elle s'attaque à une telle personnalité, est une erreur, et que cette erreur ne saurait durer longtemps.

Nous avions raison.

La vraie postérité littéraire a commencé, pour Dumas, au lendemain de sa mort.

On va lui élever une statue bien méritée. Les théâtres reprennent ses œuvres avec succès. Les éditions de ses ouvrages se multiplient, sont dans toutes les mains, et y resteront longtemps encore.

Enfin, bien des circonstances, depuis quelque temps ont remis, dans la mémoire de tous, la personnalité, le souvenir, le caractère d'Alexandre Dumas.

Le moment nous paraît donc opportun pour livrer à la publicité ces pages, où nous racontons les dernières années du grand romancier. Le lecteur verra que les années de sa vieillesse n'ont pas été moins laborieuses, ne sont pas moins intéressantes que les années de sa maturité.

Dans notre pensée, le travail que nous offrons aujourd'hui au public doit être comme le complément, comme la fin des *Mémoires* de l'illustre écrivain.

GABRIEL FERRY.

LES DERNIÈRES ANNÉES
D'ALEXANDRE DUMAS
1864-1870

I

Retour d'Alexandre Dumas à Paris, en avril 1864. — Quatre ans de séjour en Italie. — Motifs de ce séjour. — Garibaldi et Dumas. — Le yacht *l'Emma*. — Insurrection dans les Deux-Siciles. — Le palais Chiatamone. — Tracasseries. — Départ de Naples.

Au commencement du mois d'avril 1864, la plupart des journaux parisiens publiaient un entrefilet dont voici le sens, sinon le texte exact :

« Nous apprenons que notre illustre romancier, Alexandre Dumas, vient de quitter Naples et sera à Paris dans quelques jours. »

Suivaient quelquefois des réflexions sur le séjour trop prolongé en Italie de l'auteur des *Trois Mousquetaires*, et sur le vif désir que l'on éprouvait de le revoir parmi nous.

Alexandre Dumas, en effet, avait quitté Paris depuis le printemps de 1860.

Quand il voyageait à l'étranger, il redevenait populaire à Paris; on s'inquiétait de lui; l'éloignement semblait rehausser sa renommée. Quelques détails rapides sur ce séjour de quatre ans en Italie ne seront pas inutiles ici.

L'imagination vagabonde de Dumas et la lassitude de la vie parisienne — elle le tourmentait souvent — l'avaient décidé à un long voyage, voyage qui devait rappeler cette excursion splendide faite par lui, peu d'années auparavant, à travers la Russie et le Caucase. Mais, cette fois, ce nouveau voyage devait s'effectuer dans les contrées de l'Orient.

Il publiait alors *le Monte-Cristo*, journal hebdomadaire, dont il était l'unique rédacteur; dans ses causeries, il raconte souvent au lecteur ce projet d'une excursion en Orient; il évoque le souvenir des précédents voyages de Chateaubriand et de Lamartine.

Il s'étend même avec complaisance sur son futur itinéraire.

Il équipera, pour deux ou trois amis et pour lui, un navire confortable où ils seront seuls maîtres.

Il visitera d'abord tous les ports de la Sicile; il longera les côtes de l'Égypte; il verra successivement Sparte, Athènes, Corinthe; il fera halte au milieu des populations si pittoresques des îles Ioniennes.

Constantinople le retiendra quelque temps.

Puis il traversera les flots azurés du Bosphore, en

saluant au passage Abydos, son héroïne et le souvenir de Byron.

Il ira visiter ensuite les antiques cités de l'Asie Mineure, et les champs où fut Troie.

Ce voyage devait être la réalisation d'un rêve de Monte-Cristo.

Ce projet s'affermit de plus en plus dans son esprit, et il se rendit à Marseille pour commander à un armateur de cette ville une petite goélette, sur laquelle il devait effectuer ce voyage si désiré.

La goélette fut construite à Syra, et reçut le nom de *l'Emma;* au milieu de l'hiver de 1860, le romancier retourna à Marseille pour recevoir et faire installer ce léger bâtiment.

Les événements dont l'Italie avait été le théâtre, à la suite de la guerre de 1859, avaient accusé la personnalité de Garibaldi.

Un violent désir de voir le fameux chef de bandes s'empare de Dumas, et il se rend à Turin, où se trouvait alors celui-là.

Il passe quelques semaines avec lui, et recueille dans cette hospitalité les matériaux des *Mémoires de Garibaldi,* c'est-à-dire le récit des aventures et des prouesses de ce dernier dans l'Amérique du Sud.

De Turin, Dumas revint passer deux ou trois semaines à Paris : le temps de choisir les amis, les secrétaires, les artistes qui devaient l'accompagner dans son voyage. Escorté de cette joyeuse troupe, le romancier reprit, pour la troisième fois, le chemin de la cité phocéenne, et, par un beau jour d'avril, on leva l'ancre de la goélette.

Toute la ville — dont Dumas était l'enfant gâté — assista à son départ; elles furent bruyantes, enthousiastes, les acclamations qui accompagnaient cet embarquement!

La verve méridionale trouvait dans cette circonstance un légitime motif d'expansion.

L'auteur des *Trois Mousquetaires*, joyeux comme un collégien qui va en vacances, répondait par de cordiales étreintes à toutes ces mains amies qui se tendaient vers lui.

Parmi les passagers de *l'Emma* se trouvaient, en qualité de secrétaires, Paul Parfait et Édouard Lockroy, — le député actuel; — dans le cours du voyage, ce dernier quitta Dumas, et alla rejoindre Ernest Renan, qui accomplissait en Phénicie une mission scientifique.

La Méditerranée fut propice à *l'Emma;* on longea d'abord la côte de Marseille jusqu'à Nice, par un temps splendide. Ceci se passait dans les premiers jours de mai 1860.

Dumas apprit alors le débarquement de Garibaldi et de ses mille aventuriers dans une petite baie de la côte de Sicile, voisine de Marsala.

Il fit immédiatement voile sur Palerme, et entra dans le port au moment où Garibaldi venait de s'emparer de la ville.

Le romancier et ses amis débarquèrent, puis traversèrent toute la Sicile avec les garibaldiens, et assistèrent successivement à la prise de Calatifini, de Milazzo et de Messine.

Singulière épopée que celle qui se déroula pendant trois mois sous les yeux de l'auteur des *Trois Mousquetaires!* son esprit fantaisiste y recueillit une ample moisson d'aventures.

L'arrivée de Garibaldi en Sicile avait été le signal d'une débandade inouïe, immédiate; les troupes royales envoyées contre lui s'enfuyaient ou jetaient leurs fusils, après un simulacre de défense.

L'unité de l'Italie exaltait toutes les têtes; l'armée et l'administration de François de Bourbon étaient démoralisées.

La ville de Palerme seule essaya quelque résistance; elle fut prise après un siège de trois jours. Garibaldi se proclama alors dictateur de la Sicile, décréta la déchéance du roi de Naples, et, après avoir organisé militairement ses bandes qui s'élevèrent bientôt à trente mille hommes, il se disposa à traverser le détroit. La stupeur régnait dans le royaume de Naples.

François de Bourbon avait cependant encore quatre-vingt mille hommes, une flotte intacte, de nombreuses forteresses : c'étaient des éléments plus que suffisants pour arrêter l'invasion. A Reggio, l'armée napolitaine s'enfuit, on fraternisa; Garibaldi marcha directement sur Naples.

Les habitants de la capitale attendaient tranquillement l'arrivée du nouveau dictateur. Aucun trouble, aucune agitation ne remuait la ville; on saluait même sans hostilité le roi, quand il passait en voiture dans la rue de Tolède, avec sa femme Marie-Sophie.

Ce dernier — pour combattre le danger — avait eu la crédulité de se reposer sur les assurances de Liborio Romano, type étrange de premier ministre, qui avait trouvé moyen d'être à la fois l'homme de François de Bourbon, de Victor-Emmanuel, du comte de Cavour et de Garibaldi.

Au moment où le chef des chemises rouges se disposait à franchir le détroit, il avait donné à Dumas la mission d'aller en France acheter des armes pour ses hommes.

Le romancier exultait; ces événements le rajeunissaient, le reportaient à trente ans en arrière, aux journées de juillet 1830, pendant lesquelles il avait combattu les Bourbons de France.

Il vint donc à Marseille à bord du *Pausilippe* — un bâtiment des Messageries maritimes — pour contracter un achat d'armes au nom de Garibaldi. Il avait une cinquantaine de mille francs à lui, il les avança pour les besoins de la cause qu'il avait adoptée; puis il revint à Naples, ou plutôt dans la rade de Naples attendre sur *l'Emma* l'arrivée de Garibaldi.

Il n'attendit pas longtemps.

Quelques jours après, le dictateur entrait triomphalement à Naples sans avoir tiré ou essuyé un coup de fusil. Revêtu de la chemise rouge traditionnelle, il était juché sur un fiacre qu'une foule délirante entourait et poussait.

Il prit tranquillement possession de la ville, et François de Bourbon courut s'enfermer à Gaëte.

Dumas s'installa à Naples dans le palais Chiatamone ; cette demeure — très modestement meublée — était plutôt un *palazzino* qu'une fastueuse habitation : toutes les aventures dont il venait d'être acteur ou témoin avaient éteint chez le romancier le désir de son grand voyage en Orient.

Garibaldi le nomma conservateur des musées de Naples, et lui donna mission d'opérer de nouvelles fouilles à Pompéi. Il lui arriva à ce propos une petite aventure, très joliment racontée par Maxime Ducamp dans ses intéressants *Souvenirs littéraires*. Maxime Ducamp faisait partie d'un état-major garibaldien dans l'expédition de Sicile ; il avait retrouvé Dumas à Naples et il était devenu un des hôtes assidus du palais Chiatamone.

« Alexandre Dumas, dit-il, était tout à ce projet de fouilles qu'il avait épousé avec son ardeur habituelle ; les plans de Pompéi étaient étalés sur sa table ; il me les montrait ; nous les discutions, car je connaissais le terrain. Il me disait : « Vous verrez, vous » verrez ce que nous allons découvrir ; à coups de » pioche, nous mettrons l'antiquité à découvert. » Il

---

1. *Souvenirs littéraires, Revue des Deux-Mondes*, numéro du 15 juin 1882.

voulait écrire à Paris pour qu'on fît partir immédiatement des savants, des archéologues, des artistes qui l'aideraient dans ses travaux, dirigeraient les tranchées, classeraient et numéroteraient les objets. Il n'était plus question ni de Capoue, qui tenait encore et menaçait de tenir encore longtemps, ni de Gaëte, où l'on rassemblait des troupes, ni de Lamoricière, qui s'épuisait à équiper ses hommes.

» Il ne s'agissait que de Pompéi, de la maison de Diomède, du théâtre et de la caserne des Vétérans : — *Hic jacet felicitas!* me disait-il avec son bon rire et en me répétant l'inscription gravée sur une des maisons de la ville endormie.

» Dumas espérait que Victor-Emmanuel pourrait mettre à sa disposition une compagnie de sapeurs du génie qui conduiraient le travail des fouilles. Il avait compté sans son hôte, c'est-à-dire sans le peuple de Naples, qui trouva mauvais que l'on pourvût un étranger d'une fonction — non rétribuée; — qui demanda si le régime des privilèges allait renaître, qui estima que l'intrusion d'Alexandre Dumas dans les cendres de Pompéi était un scandale, et qui murmura : *Fuori straniero!*

» De tout ceci Alexandre Dumas ne se doutait guère, mais nous étions prévenus et sur nos gardes. Parmi *les popolani* du quartier de Santa-Lucia, où se brassent à Naples toutes les émeutes, nous avions quelques amis qui n'étaient point avares de renseignements, lorsque ces renseignements pouvaient nous intéresser et étaient suffisamment payés. C'est par un de ces hommes que l'on apprit au palais de la Forestiera, où se trouvait notre quartier général, qu'une manifestation se préparait contre Alexandre Dumas, dont on voulait exiger l'expulsion : le jour et l'heure furent indiqués. Je reçus directement les instructions du général, et, au moment indiqué, je me rendis chez Dumas en compagnie de deux officiers supérieurs qui avaient été avertis. La garde de Castelnuovo, située dans le voisinage du palazzino de Chiatamone avait été confiée à une compagnie hongroise.

» C'était vers la fin du jour.

» Dumas était encore à table, entouré de quelques-uns de ces commensaux qui ne manquèrent jamais autour de lui; il était en verve et riait à gorge déployée des histoires qu'il nous racontait. Une rumeur vint du dehors, lointaine, indécise, comme un bruit de flots sur les galets; elle se rapprocha, Dumas dressa l'oreille et dit :

» — Il y a donc une manifestation ce soir? contre qui? contre quoi? que veulent-ils encore? n'ont-ils pas leur *Italia una?*

» Comme les clameurs commençaient à devenir distinctes :

» — Dehors Dumas ! Dumas à la mer !

» Les deux colonels et moi, nous sortîmes, et nous nous postâmes devant la porte du palais Chiatamone; au Castelnuovo, la compagnie hongroise était massée dans la première cour.

» Les sentinelles avaient été doublées; le capitaine, qui est actuellement général de brigade, se tenait les bras croisés, et le dos appuyé contre la muraille. La manifestation s'avança, précédée d'une grosse caisse, d'un chapeau chinois, et d'un drapeau aux couleurs de l'Italie. Elle était composée d'environ trois cents braillards qui vociféraient à toute poitrine; elle n'était guère redoutable, car il suffit de quelques paroles et de quelques gestes pour la disperser. La vue des fantassins qui prirent position dans la rue acheva de la mettre en déroute. Tout cela n'avait pas duré cinq minutes.

» Lorsque je rentrai dans le palais, je trouvai Dumas assis, la tête entre les deux mains. Je lui frappai sur l'épaule, il me regarda; ses yeux étaient baignés de larmes, il dit :

» — J'étais accoutumé à l'ingratitude de la France, je ne m'attendais pas à celle de l'Italie.

» Ce mot fera sourire, il me toucha. Dumas avait le droit de s'attendre, non pas à la reconnaissance, mais du moins au bon vouloir du peuple napolitain; il ne s'était pas ménagé pour lui ; il avait donné son temps, son argent, son activité, et ce n'était pas faire acte d'outrecuidance que d'espérer qu'on le lui pardonnerait.

» Le comte ***, qui était un des colonels dont j'étais accompagné lui dit :

» — C'est toujours la même racaille que du temps de Masaniello !

» Dumas leva les épaules, et répondit :

» — Bah! le peuple de Naples est semblable à tous les autres peuples : exiger qu'une nation ne soit pas ingrate, c'est demander aux loups d'être herbivores. C'est nous qui sommes des naïfs de nous tant fatiguer pour ces espèces-là ! Quand je calcule ce que l'unité de l'Italie m'a rapporté, et me rapportera, ce n'est vraiment pas la peine de me le reprocher, travail perdu, argent dépensé; il faut avoir le caractère mal fait pour vouloir me mettre à la porte pour cela !

» Cet incident qui n'était que ridicule fut pénible à Alexandre Dumas.

» Dans notre état-major, chacun s'efforça d'effacer l'impression pénible; on donna un grand dîner en son honneur; on organisa une excursion à Pompéi; on lui délivra une permission de chasser dans le parc de Capo-di-Monte. Il restait triste, il parlait de remonter à bord de *l'Emma*, et de s'en aller à Tripoli de Barbarie.

» Peu à peu l'insouciance, qui était une des forces de sa nature, reprit le dessus et le souvenir de sa mésaventure sembla s'être effacé. »

Cet incident ne rendit pas au romancier le séjour de Naples désagréable, car il y demeura quatre ans. Dans cet intervalle, il ne fit que deux ou trois apparitions très courtes à Paris.

Il travailla beaucoup.

Il écrivit les *Mémoires de Garibaldi*.

On avait mis à sa disposition les archives de la police des Deux-Siciles. Il fit l'*Histoire des Bourbons de*

Naples; il écrivit *la San-Felice,* grand roman publié qui fut par l'*Avenir national.* Enfin, il fonda un journal quotidien ; il le rédigeait presque à lui seul. Cette feuille, empreinte des idées garibaldiennnes, lui suscita des difficultés avec la police de Victor-Emmanuel.

Dans l'hiver de 1864, ces tracasseries s'accrurent, et le dégoûtèrent du séjour de Naples.

Il écrivit à ses amis qu'il se disposait à revenir à Paris.

Les journaux imprimèrent alors l'entrefilet dont nous avons parlé en commençant ces pages.

II

Les cordialités du retour. — Polydore Millaud. — *La San-Felice.* — L'été à Enghien. — La villa Catinat. — Une chanteuse acharnée. — Musiciens et parasites. — Danger de
renvoyer trois domestiques à la fois. — Un déjeuner embarrassant. — Le riz aux tomates. — Un triomphe culinaire.

Son ami Polydore Millaud lui avait retenu un appartement provisoire, dans cette grande maison qui forme le coin de la rue Richelieu et du boulevard Montmartre.

A cette époque, cette maison renfermait tout un monde, c'était le berceau de toutes les feuilles de Millaud.

Le rez-de-chaussée était occupé par la librairie et les bureaux de vente; à tous les étages se trouvaient des bureaux de rédaction.

L'appartement de Dumas était au quatrième ou au cinquième; sur le même palier que le local habité par le photographe Reutlinger, qui s'y trouvait déjà installé, et qui s'empressa de tirer la photographie du maître.

Ces quatre ans d'absence n'avaient pas modifié l'apparence physique de l'auteur des *Trois Mousquetaires.*

C'était toujours le même homme, grand, fort, robuste, et si bien proportionné, que l'embonpoint ne s'accusait pas trop. La tête, attachée aux épaules par un cou puissant, était couronnée d'une forêt de cheveux gris et crépus. La figure, illuminée par la vivacité des yeux et la mobilité de la bouche, reflétait un épanouissement presque perpétuel. Jamais la bonne humeur, la cordialité, l'expansion, l'affabilité ne furent empreintes sur une physionomie humaine en traits plus expressifs que sur celle de Dumas.

La satisfaction de la vie éclatait dans tout son être, et ce sentiment était si intense en lui, qu'il devenait presque contagieux dans sa compagnie.

Aucune trace de pesanteur dans ce corps puissant, — sauf pendant les deux dernières années de sa vie, — mais une débordante activité et une incessante expansion de vitalité qui lui conservaient l'apparence de la jeunesse.

Inutile de dire si, dans les premiers jours de son arrivée, le romancier fut choyé, disputé, accaparé par ses nombreux amis.

— Jamais je ne suis plus populaire sur le boulevard, disait-il en riant, que lorsque je reviens d'un lointain voyage.

Du reste, il aimait à faire des effets de retour; quelques années auparavant, revenant de son grand voyage dans le Caucase, il s'était montré à ses amis en costume de chef circassien.

Toutes les feuilles de Millaud firent un bruit énorme, à propos du retour du célèbre romancier.

Timothée Trimm, le premier, emboucha la trompette et publia des alinéas ruisselants de lyrisme.

Par hasard, dans cette année, le mois de mai fut très beau, les jours étaient déjà chauds; Dumas, se trouvant à l'étroit, dans son pied-à-terre de la rue Richelieu, songea à émigrer à la campagne.

Après quelques excursions dans les environs de Paris, il résolut de passer l'été à Enghien.

Il loua une jolie maison, spacieuse, confortable : la *villa Catinat*. Elle se dressait au milieu d'un vaste jardin semé de grands arbres, coupé de massifs, figurant assez bien un parc. La propriété était riveraine du grand lac d'Enghien. La situation était charmante, Dumas s'y installa avec toute sa maison; il s'était beaucoup prodigué pendant le mois qui avait suivi son arrivée, il avait à rattraper le temps perdu. Au second étage de la maison se trouvait une vaste salle de billard, éclairée par une grande fenêtre d'où l'on découvrait une jolie perspective sur la campagne. Le romancier en fit son cabinet de travail; le billard, recouvert d'une toile de coutil, sur lequel avaient été jetés pêle-mêle livres, brochures, papiers, devint une bibliothèque improvisée. Dumas n'avait pas tout à fait terminé *la San-Felice*, que *l'Avenir national* publiait au fur et à mesure qu'il lui fournissait de la copie ; il travailla à finir ce long roman.

Le directeur de la Gaîté était venu lui demander un drame pour son théâtre. Dumas songea aux *Mohicans de Paris*, et se mit à la besogne pour tirer une pièce de cette œuvre touffue.

Cet été de 1864 fut agréable pour l'auteur des *Trois Mousquetaires*.

Les amis anciens, nouveaux ou improvisés s'empressaient autour de lui à Enghien.

La villa de l'avenue Catinat était pleine de joyeux échos. Il est deux personnes que Dumas fréquentait souvent dans cette villégiature : la princesse Mathilde, qui habitait sa belle résidence de Saint-Gratien, et Émile de Girardin, encore propriétaire de cette splendide villa aux allures gothiques qui se dresse sur une des rives du grand lac.

Ce fut dans une causerie sous les grands arbres de cette propriété que Girardin parla pour la première fois à Dumas de cette pièce qui devait s'appeler, *le Supplice d'une femme*. On sait que, plus tard, Girardin, fit la pièce avec Dumas fils.

Des amis anciens et improvisés abondaient à Enghien, avons-nous dit plus haut. L'empressement de ceux-là était tout naturel ; mais la présence de ceux-ci demande une explication.

Dumas avait ramené de Naples une jeune femme assez jolie, Fanny G...; elle possédait un filet de voix agréable, à propos duquel elle se faisait d'ambitieuses illusions. Elle se croyait cantatrice, et voulait, grâce à l'appui de Dumas, débuter au grand Théâtre-Italien.

On lui représenta qu'auparavant elle ferait peut-être mieux d'étudier encore, et de travailler à étendre le volume de sa voix.

La jeune femme se rendit à ces raisons, et tenta une nouvelle éducation musicale.

Dès lors, commença à Enghien un interminable défilé de musiciens de tout genre : professeurs de piano, maîtres de chants, accompagnateurs, — la plupart inconnus, en quête d'un cachet, venus par raccroc, ou envoyés par un tiers.

Ils louaient le sujet, lui reconnaissaient des aptitudes vocales extraordinaires, et lui prédisaient un magnifique avenir théâtral, si on suivait leurs conseils.

La jeune femme prenait ces flagorneries pour argent comptant, et prodiguait surtout celui de Dumas.

A la fin de la visite, le musicien ne manquait pas de solliciter l'honneur d'être présenté à l'illustre maître. Au moins une fois par jour, Dumas s'entendait ainsi interpeller :

— Mon cher Dumas, je vous présente M. A..., un illustre pianiste qui veut bien me donner des leçons.

Ou bien :

— Mon cher maître, M. X..., un célèbre chanteur, dont je vais suivre les conseils, réclame l'honneur de vous être présenté.

L'auteur des *Trois Mousquetaires* tendait la main à l'illustre *Machin*, ou au célèbre *Chose*, et finalement l'invitait à dîner. Le musicien se trouvait implanté.

A la seconde leçon donnée à la jeune femme, il restait à dîner à Enghien, sans même attendre une invitation.

A la troisième leçon, il amenait quelquefois un camarade besogneux, qui restait aussi à dîner.

Chose plaisante ! Dumas se trouva un jour avoir à sa table des musiciens dont il ne savait même pas le nom !

— Je suis la proie de la musique, répondit-il en souriant à un ami qui s'étonnait de cette avalanche de croque-notes.

Au fond, cela l'agaçait ! Comme tous les gens qui ont beaucoup vécu avec de vrais artistes, il avait expérimenté que le musicien — l'instrumentiste surtout — est le plus agaçant, le plus inintelligent des êtres créés.

Tous les dimanches, il y avait grand déjeuner à la villa Catinat.

Quiconque venait voir le maître pouvait rester à déjeuner. Cette perspective attirait très souvent nombre d'amis, et surtout de musiciens affamés.

La salle à manger présentait alors l'aspect d'un banquet; les conversations étaient bruyantes, et les appétits superbes.

La jeune femme dont nous avons parlé plus haut

avait un défaut : outre celui de se croire une cantatrice d'avenir, elle était médiocre ménagère.

Elle aimait à renouveler souvent le personnel de la maison, dans des circonstances quelquefois inopportunes.

Sur les trois domestiques qui faisaient le service, parfois elle en renvoyait deux le samedi soir. Le lendemain, à l'heure du fameux déjeuner, cette diminution du personnel amenait de la gêne.

Elle fit mieux un jour, — un samedi toujours, — elle congédia les trois domestiques à la fois!

Le lendemain, il faisait un de ces dimanches superbes, ruisselants de soleil, qui invitent les amis à quitter Paris, et à venir à la campagne, surtout quand les douceurs d'un bon déjeuner doivent les réconforter des fatigues de la route.

Les convives arrivent donc à Enghien vers dix heures du matin, vont saluer le maître et se répandent dans le jardin, attendant le signal habituel pour envahir la salle à manger.

D'une des fenêtres de la villa, Dumas contemplait avec une angoisse poignante cette foule affamée qu'il fallait satisfaire. La situation était critique.

Les domestiques étaient partis sans faire aucune provision ; il n'y avait rien sur le chantier.

Que faire ? Dire la vérité aux invités ? C'était lamentable ! Les requérir pour aller chercher des victuailles à Saint-Gratien ou à Enghien ? C'était désobligeant !

Le romancier, bourrelé de perplexités, se décida à

descendre, et à informer à voix basse deux ou trois intimes du péril de la position.

On tint immédiatemement conseil et l'on se rendit à la cuisine.

Les fourneaux s'éteignaient tristement, sans le moindre récipient sur leur bouche enflammée; on ouvrit les tiroirs, on inspecta les placards.

On découvrit plusieurs sacs de riz et deux ou trois livres de beurre de cuisine. Quelques invités, désireux de concourir au menu du déjeuner, avaient apporté du jambon, de la mortadelle et deux saucissons. Tout cela était maigre, et à peine suffisant pour fournir un hors-d'œuvre. On s'aperçut qu'on avait oublié de fouiller un placard.

On l'ouvrit, et on en retira un grand plat de faïence, où reposaient plusieurs belles tomates écarlates !

Cette trouvaille amena un éclair de rayonnement sur la figure de Dumas; une inspiration venait de jaillir en lui !

— Ravivez les fourneaux, fit-il en allant décrocher lui-même une énorme casserole.

Il y précipita les tomates, après les avoir ouvertes.

— Maintenant, deux ou trois verres d'eau, demanda-t-il à un de ses aides de cuisine improvisés.

On lui obéit.

Au bout de quelques minutes, le fond de la casserole frémit, et les tomates ne tardèrent pas à se transformer en une sauce du plus bel écarlate. Dumas y incorpora alors un gros morceau de ce beurre jaune safran — médiocre sur la table, mais exquis dans les sauces — et laissa bouillir encore un temps.

On se taisait autour de lui ; on devinait qu'il avait trouvé un joint pour parer à la situation.

L'auteur des *Trois Mousquetaires*, en effet, par goût et par étude, était devenu un véritable artiste culinaire. Il avait l'invention, la fantaisie, la hardiesse des mélanges, la mémoire d'une foule de recettes apprises dans ses voyages! La sauce faite, il y précipita les trois ou quatre livres de riz, ajouta de l'eau en quantité suffisante, remit le reste du beurre, saupoudra le tout de poivre et de sel, et couvrit la vaste casserole.

— Allez aider Fanny à mettre le couvert ; dans une heure, le déjeuner sera prêt. Je tiens un succès !

Les aides de cuisines sortirent.

Le couvert mis, ils revinrent, très curieux de voir le résultat du mélange improvisé par le romancier.

Le riz, en se gonflant par l'ébullition, avait augmenté de volume dans des proportions stupéfiantes. Transvasé de la casserole dans deux grands plats, il avait l'apparence de deux montagnes rosées de la meilleure saveur.

Çà et là des tranches de jambon, frites à part, crevaient la surface du riz, comme des îlots de viande appétissante. En un mot, Dumas avait confectionné un plat très répandu en Amérique, inconnu chez nous, et assez copieux pour rassasier quinze ou vingt convives affamés.

— Servez! fit il à ses aides, qui s'emparèrent des deux bienheureux plats; puis ouvrant la fenêtre de la cuisine qui donnait sur le jardin : — Le déjeuner est prêt, exclama-t-il d'une voix qui retentit comme un son de trompe.

Par bonheur, la cave de la maison était bien garnie. Le riz aux tomates fut trouvé excellent.

Dans le cours du repas, Dumas conta la vérité.

On rit beaucoup; on applaudit à son idée; on loua surtout son talent de cuisinier. Jamais on ne mangea plus gaiement à la villa Catinat que dans ce dimanche mémorable.

Mais Dumas ne permit plus à son amie de renvoyer trois domestiques à la fois le samedi soir.

Les Mohicans de Paris. — Un drame pour la Gaîté. — Sévérité de la censure. — Une lettre à Napoléon III. — Les cochers d'Enghien. — Le professeur d'armes Grisier. — Histoire d'un jambonneau.

Stimulé par les instances du directeur de la Gaîté, — c'était Harmant, — aiguillonné par ce perpétuel besoin d'argent qui le tourmentait toujours, Dumas avait terminé le drame tiré des *Mohicans de Paris.*

L'opération n'avait pas été facile à faire!

Les Mohicans — œuvre très remarquée lors de sa publication — appartiennent à cette famille de romans, composés de trois ou quatre parties très touffues, coupés de longs récits, le tout se rattachant à un tronc commun. En un mot, c'est le roman à épisodes, à tiroirs par excellence.

L'auteur des *Trois Mousquetaires* avait bâti son drame avec l'épisode le plus intéressant de l'ouvrage!

La lecture eut lieu en juillet 1864; aussitôt les répétitions commencèrent. La Gaîté avait alors une bonne troupe dramatique. Dumaine, Lacressonnière, Paulin Ménier, Perrin, Alexandre eurent les principaux rôles de la pièce.

Dumas venait tous les jours à Paris pour faire répéter ses interprètes.

Les petites plaintes, les petites réclamations habituelles ne tardèrent pas à se produire.

Le rôle de M. Jackal — ce type de policier devenu légendaire grâce à la phrase : *En tout, cherchez la femme !* — était échu à Paulin Ménier. Celui-ci, estimant que ce personnage, un peu correct, ne prêterait pas assez à la fantaisie, à la composition, demanda à Dumas d'y introduire quelques changements.

L'auteur refusa.

L'artiste rendit le rôle, qui fut donné à Perrin.

Ce petit différend avec Dumas contribua beaucoup à établir une légende qui a toujours été grossissant depuis. On a fait à Paulin Ménier la réputation d'un refuseur obstiné de rôles, réputation qui afflige énormément cet artiste convaincu.

Mais un incident plus sérieux menaçait le drame des *Mohicans de Paris*.

L'action se passe en 1829, et contenait beaucoup d'allusions jugées trop libérales pour 1864.

La censure arrêta net la pièce quelques jours avant la première représentation. L'interdit officiel ne déconcerta pas Dumas. Il était accoutumé aux petites plaisanteries d'*Anastasie*. Il eut une idée comme lui en inspirait son imagination fantaisiste dans les circonstances critiques. Il écrivit à Napoléon III une lettre à effet. Elle fut très remarquée, très commentée, cette lettre !

Aujourd'hui, elle est oubliée, mais elle nous paraît assez curieuse pour mériter d'être reproduite.

La voici :

« Sire,

» Il y avait en 1830, et il y a encore aujourd'hui, trois hommes à la tête de la littérature française.

» Ces trois hommes sont : Victor Hugo, Lamartine et moi.

» Victor Hugo est proscrit, Lamartine est ruiné.

» On ne peut me proscrire comme Hugo : rien dans mes écrits, dans ma vie ou dans mes paroles ne donne prise à la proscription.

» Mais on peut me ruiner comme Lamartine, et, en effet, on me ruine.

» Je ne sais quelle malveillance anime la censure contre moi.

» J'ai écrit et publié douze cents volumes. Ce n'est pas à moi de les apprécier au point de vue littéraire. Traduits dans toutes les langues, ils ont été aussi loin que la vapeur a pu les porter. Quoique je sois le moins digne des trois, ils m'ont fait, dans les cinq parties du monde, le plus populaire des trois, peut-être parce que l'un est un penseur, l'autre un rêveur, et que je ne suis, moi, qu'un vulgarisateur.

» De ces douze cents volumes, il n'en est pas un

qu'on ne puisse laisser lire à un ouvrier du faubourg Saint-Antoine, le plus républicain, ou à une jeune fille du faubourg Saint-Germain, le plus pudique de nos faubourgs.

» Eh bien, sire, aux yeux de la censure, je suis l'homme le plus immoral qui existe.

» La censure a successivement arrêté depuis douze ans :

» *Isaac Laquedem*, vendu quatre-vingt mille francs au *Constitutionnel*.

» *La Tour de Nesle*, après huit cents représentations (le *veto* a duré sept ans).

» *Angèle*, après trois cents représentations (le *veto* a duré six ans).

» *Antony*, après trois cent cinquante représentations (le *veto* a duré six ans).

» *La Jeunesse de Louis XIV*, qui n'a jamais été jouée qu'à l'étranger, et qu'on allait jouer au Théâtre-Français.

» *La Jeunesse de Louis XV* reçue au même théâtre.

» Aujourd'hui, la censure arrête *les Mohicans de Paris*, qui allaient être joués samedi prochain. Elle va probablement arrêter aussi, sous des prétextes plus ou moins spécieux, *Olympe de Clèves* et *Balsamo*, que j'écris en ce moment.

» Je ne me plains pas plus pour *les Mohicans* que pour les autres drames ; seulement je fais observer à Votre Majesté que, pendant les six ans de Restauration de Charles X, pendant les dix-huit ans du règne de Louis-Philippe, je n'ai jamais eu une pièce ni arrêtée ni suspendue, et j'ajoute, toujours pour Votre Majesté seule, qu'il me paraît injuste de faire perdre plus d'un demi-million à un seul auteur dramatique, lorsqu'on encourage et que l'on soutient tant de gens qui ne méritent pas ce nom !

» J'en appelle donc, pour la première fois et probablement pour la dernière, au prince dont j'ai eu l'honneur de serrer la main à Arenenberg, à Ham et à l'Élysée, et qui, m'ayant trouvé comme prosélyte dévoué sur le chemin de l'exil et sur celui de la prison, ne m'a jamais trouvé comme solliciteur sur celui de l'Empire !

» ALEXANDRE DUMAS.

» Paris, 10 août 1864. »

Après cette lettre, qui peint si bien Dumas, la censure desserra les dents, et lâcha le drame. Il fut joué le 20 août 1864. Il obtint un très honorable succès.

La direction gagna même trente mille francs avec la représentation de cet ouvrage.

Affranchi des préoccupations de son drame, Dumas passa tranquillement à Enghien la fin de l'été et tout l'automne.

Le marquis de Cherville était un des hôtes assidus de la villa Catinat; ils nouèrent une collaboration et commencèrent ensemble le livre intitulé : *Parisiens et*

Provinciaux, qui parut quelques mois plus tard au rez-de-chaussée d'un grand journal politique.

Il commença un drame, tiré d'*Olympe de Clèves*, qui devait demeurer inachevé.

Même à cette époque, sa puissance de travail était étonnante. Tous les jours, il montait à la salle de billard et se mettait à la besogne, depuis six heures du matin jusqu'à quatre heures du soir, ne prenant, dans l'intervalle, que juste le temps nécessaire pour déjeuner.

Malgré ce labeur, c'est à peine s'il parvenait à boucher le passif courant et à couvrir les dépenses quotidiennes.

La maison était lourde, et le défaut d'ordre, le gaspillage et l'indiscrétion des parasites achevaient de ruiner le budget du romancier.

Oh! les parasites! on peut dire qu'ils ont dévoré les trois quarts du gain de la plume de Dumas!

Cependant, soit faiblesse, habitude ou facilité de tempérament, il ne pouvait se passer de ceux-ci! Il aimait la vie, le mouvement autour de lui! L'existence de Dumas était une représentation; la figuration lui devenait nécessaire. Sa cordialité, du reste, encourageait singulièrement l'indiscrétion des parasites, ou le sans gêne des gens d'une éducation douteuse. Ainsi, un lundi matin, on vit venir à la villa Catinat plusieurs cochers, de la station de fiacres d'Enghien, qui réclamaient chacun le prix d'une course.

Le domestique, ne comprenant rien à cette avalanche de réclamations, voulut renvoyer les cochers. Ceux-ci insistèrent. On va informer Dumas, qui déclare ne rien devoir du tout.

Alors un des cochers explique qu'un des visiteurs de la veille ne lui avait pas payé le prix de sa course de la gare à la villa Catinat, mais lui avait dit de venir en réclamer le montant le lendemain au maître de la maison.

Quelques invités, comme s'ils se fussent donné le mot, avaient usé du même sans-gêne, et voilà comment il se faisait que vingt-cinq cochers venaient réclamer à la fois vingt-cinq courses.

On les paya; mais on leur enjoignit de ne plus faire crédit dorénavant aux gens qu'ils conduisaient à la villa Catinat.

Combien de fois les meilleurs amis de Dumas ont-ils usé avec lui d'un sans façon pareil!

Un trait entre mille.

Un jour, le célèbre professeur d'armes Grisier lui écrit qu'il viendra dîner à Enghien dans le courant de la semaine, et il ajoute qu'il envoie un jambon pour corser le dîner. Le jambon arrive, ou plutôt un jambonneau, tant il était exigu.

Le port n'était pas payé, bien entendu. Dumas oublia ce dîneur qui s'invitait ainsi lui-même, et alla chasser à Argenteuil.

Au jour indiqué, Grisier arrive. Il a emmené une femme avec lui, puis un collégien qui, lui-même, traînait un chien en laisse.

Le domestique informe tout ce monde que le maître

de la maison est sorti, et ne rentrera probablement que très tard dans la soirée.

— Je reconnais bien la négligence de Dumas! s'écrie Grisier en colère ; on n'invite pas les gens à dîner pour leur fausser compagnie.

Le domestique essaye quelques excuses.

— Enfin, je lui avais envoyé un jambon, reprend le maître d'armes. Où est-il? je le veux.

On lui dit que le jambonneau doit se trouver à la cuisine ou à l'office.

Alors, voilà Grisier, la femme, le collégien et même le chien qui pénètrent dans la maison, visitent la cuisine, ouvrent les placards, décoiffent le garde-manger.

Rien !

— Il me faut mon jambon, glapit Grisier.

On monte explorer la salle à manger.

On trouve le jambon dans un placard.

Le maître d'armes pousse un cri de joie, enveloppe la victuaille dans un journal tiré de sa poche, et met le colis sous son bras.

Pendant ce temps, la femme et le collégien, suivi de son chien, avaient pénétré dans le cabinet de travail de Dumas, et avaient fait main-basse sur plusieurs volumes et autres objets qu'ils emportèrent en souvenir du maître !

Grisier — chargé de son jambon — donna enfin le signal du départ, non sans avoir chargé le domestique stupéfait de transmettre à Dumas l'expression de son plus vif mécontentement.

IV

Eugène Delacroix. — Dumas conférencier. — Succès de ses conférences. — Ses deux secrétaires. — *Un pays*, de Villers-Cotterets.

Eugène Delacroix était mort quelque temps avant le retour d'Italie de Dumas.

Le peintre et le romancier professaient l'un pour l'autre une solide amitié, née pendant l'éclosion du mouvement romantique de 1830.

Dumas a raconté longuement dans ses *Mémoires* ses premières relations avec Delacroix.

M. Martinet — un impressario malchanceux — qui exploitait alors le local des *Fantaisies-Parisiennes*, sur le boulevard des Italiens, eut l'idée de réunir tous les tableaux de Delacroix et d'en faire une exposition publique.

Depuis, cette idée a été souvent exploitée. Un matin, M. Martinet vint à Enghien et demanda à parler à l'auteur des *Trois Mousquetaires*.

— Mon cher monsieur Dumas, lui dit-il, vous savez

que j'ai fait une exposition des œuvres de Delacroix. Maintenant il m'est venu une idée qui doit honorer la mémoire du peintre, et pour laquelle je viens réclamer votre concours.

— Voyons votre idée, mon cher Martinet.

— Voulez-vous, pouvez-vous faire une conférence publique sur les œuvres et la vie de Delacroix ?

— Y pensez-vous ? Je n'ai jamais fait de conférence... à Paris du moins !

— Raison de plus pour commencer ; je vous prédis un succès colossal.

Dumas fit encore quelques objections ; mais Martinet l'endoctrina si bien, qu'il finit par le persuader.

L'annonce de la conférence fut publiée plusieurs jours d'avance.

Le local choisi était la salle des *Fantaisies*, encore tapissée des tableaux de Delacroix.

On avait mis le prix d'entrée à dix francs. Le soir de la conférence, une foule compacte envahissait l'entrée des *Fantaisies*.

Une faible partie seulement put trouver place.

A l'intérieur, la salle était littéralement bondée.

L'apparition sur l'estrade de Dumas, en habit et en cravate blanche, fut saluée par une triple salve d'applaudissements.

Les femmes se faisaient remarquer surtout par la vivacité de leur enthousiasme.

La conférence fut une causerie pleine d'anecdotes sur la vie, les tableaux, les luttes artistiques de Delacroix, causerie faite sur ce ton de bonhomie spirituelle, si familier à Dumas et qui le mettait si bien en communication avec ses auditeurs !

A sa sortie de la salle, mille mains amies cherchaient la sienne.

Le succès de cette première conférence fut si grand, qu'il détermina le romancier à en faire une seconde.

Tant de gens n'avaient pu trouver place la première fois !

Il reçut le même accueil enthousiaste !

La confiance, la bonté de Dumas l'avaient conduit à donner l'hospitalité à deux singuliers personnages, dont se souviendront peut-être ceux qui ont connu le romancier à cette époque.

Le premier de ces individus était un nommé X... — inutile de le nommer, il vit peut-être encore. — X... avait été primitivement clerc de notaire à Nantes ; le dégoût de la province et du papier timbré l'avait pris à la gorge. Il avait déserté son étude pour venir à Paris, et pour tenter la fortune... la fortune littéraire.

Frédéric Soulié a dit quelque part que, lorsqu'un homme n'est même pas bon à faire un garçon épicier, il s'improvise généralement homme de lettres.

C'était le cas de X... ; il fit de la bohème littéraire. Un jour, il rencontra une choriste de l'Opéra, à laquelle il plut, et elle partagea ses appointements avec lui.

Cette rencontre releva un peu notre homme ; il

parvint à faire éditer par Dentu une façon de roman historique.

Il glissa quelques articles dans les journaux de Millaud; il rasa même assez celui-ci pour lui donner envie de se débarrasser d'une manière quelconque de ce plumitif râpé et tenance.

Un des premiers soins de Dumas, en revenant d'Italie, avait été de demander à Millaud de lui procurer un homme à peu près présentable pour faire ses courses, porter ses articles et voir les huissiers.

Le père du *Petit Journal* pensa à X..., qui fut accepté d'emblée par le romancier. X... jubila; il était appointé; il suivit Dumas à Enghien; il eut sa chambre dans la villa; il prit le titre de secrétaire du maître.

A son tour, il entrevit un commencement de réalisation dans sa destinée littéraire.

Mais Dumas ne tarda pas à se donner le luxe d'un second secrétaire, taillé sur le même patron, à la suite des circonstances suivantes :

Un jour, on vit sonner, à la grille de la villa Catinat, un grand gaillard entre deux âges, aux épaules carrées, aux cheveux coupés en brosse... toutes les allures, enfin, d'un sous-officier de cavalerie. Il venait de Villers-Cotterets; il demanda à parler à Dumas, en qualité de *pays*.

Il s'appelait Z... inutile également de le nommer.

— Il était, en effet, de Villers-Cotterets, et fils d'un

meunier qui avait servi dans la brigade du général Dumas, le père du romancier.

Z... sortait d'un régiment de cavalerie, où il avait servi pendant plusieurs années. Se trouvant sans ressources, il s'était rappelé que Dumas était *un pays*, et il venait lui demander de lui procurer une situation.

Le romancier n'avait pas sous la main une position, pour la servir à ce *pays* qui lui tombait des nues ; mais la *villa Catinat* renfermait encore une chambre vide, il l'offrit à Z... en attendant qu'il lui eût trouvé quelque chose.

Ce dernier fut ainsi implanté dans la maison du maître ; il eut l'art de faire durer pendant plusieurs mois l'hospitalité provisoire qui lui avait été offerte, il prit la qualification de secrétaire de Dumas, et partagea la besogne de X...

Ces deux personnages, qui se détestaient secrètement comme deux chiens aux prises sur le même os, formaient quelquefois le conseil de Dumas, quand celui-ci, pressé par le besoin d'argent, cherchait le moyen d'en trouver.

Ils mettaient alors sur le tapis des projets d'affaires plus ou moins fantastiques ; — affaires pleines d'avenir et de succès, disaient-ils, grâce au nom et à l'influence du maître.

Dumas approuvait quelquefois leurs idées et les invitait à tenter des démarches. Ils partaient fiévreusement en chasse, sachant que, s'il y avait butin, ils auraient leur part. Ces individus déconsidéraient l'auteur des *Trois Mousquetaires* par leurs allures quémandeuses; ils montraient trop crûment cette réalité nécessiteuse qui talonnait Dumas dans sa vieillesse.

V

1865. — Dumas, directeur du Grand-Théâtre parisien. — *Les Gardes forestiers.* — La montre du duc d'Orléans. — L'appartement du boulevard Malesherbes. — Jules Norfac et *les Nouvelles.* — *Le Comte de Moret.* — *Gabriel Lambert.* — Le dominicain et *l'Art d'accommoder la salade.*

L'hiver venu, Dumas quitta Enghien pour aller s'installer dans un appartement meublé d'une maison située au coin de la rue Saint-Honoré.

Il mit alors à exécution une idée bizarre. On avait construit depuis quelques mois, sur un terrain de la rue de Lyon, une vaste salle qui prit le nom ambitieux de *Grand-Théâtre parisien.*

On parla un jour de cette salle à Dumas. La faillite ne l'avait pas encore hantée.

Il alla la visiter avec Millaud.

Il pensa que l'exploitation du drame populaire dans ce quartier populeux serait une excellente affaire d'argent.

Il s'emballait vite sur la pente de ce genre d'idées.

L'approche de l'été ne l'effraya point. Il loua donc

la salle pour quelque temps. Désireux de ne pas se replonger dans des embarras commerciaux, la location de la salle fut faite au nom de Z..., son secrétaire.

Z... rayonnait !

Il tenait la situation qui lui avait été promise par son *pays*.

Il était directeur de théâtre, et du *Grand-Théâtre parisien* encore. Il ne faut pas oublier qu'en 1865, cette qualification n'avait pas été vulgarisée comme elle l'a été depuis !

Le fait est que le poignet solide et les épaules carrées de l'ancien sous-officier n'étaient pas des qualités à dédaigner pour l'exploitation de ce théâtre, où, de temps à autre, l'impresario doit faire preuve de biceps à l'égard de spectateurs trop turbulents.

On ramassa une troupe un peu partout, et Dumas choisit son drame des *Gardes forestiers* comme spectacle d'inauguration.

Les Gardes forestiers avaient été un essai de décentralisation dramatique ; ils furent joués primitivement sur le Grand-Théâtre de Marseille, le 23 mars 1858.

Ce drame, qui contient deux ou trois grosses situations, fut inspiré à Dumas par ses souvenirs d'enfance.

L'action se passe à Villers-Cotterets ; tous les personnages sont ces vaillants forestiers avec lesquels il avait chassé, adolescent, dans les grandes forêts qui avoisinent son pays natal.

On distribua les rôles; tous les jours, Dumas se rendait au théâtre de la rue de Lyon pour faire répéter ses artistes.

Sa personnalité devint bientôt populaire dans le quartier. *Les Gardes forestiers* firent sensation et recette.

L'exploitation parut d'abord bien marcher, malgré la température.

Mais Z... était d'une probité grecque, il embrouillait la comptabilité du théâtre.

Il faisait des confusions dans la balance des frais et des recettes, de manière qu'une partie de celles-ci tombait dans sa poche.

Le directeur ostensible gagna de l'argent, mais Dumas fut loin d'en récolter.

Z... réservait un dernier tour à son *pays*.

Dumas lui devait un arriéré de gages. Un jour, il lui confie — nous ne savons trop dans quelle circonstance — une très belle montre ornée de rubis, présent du duc d'Orléans, et à laquelle le romancier tenait beaucoup en raison de cette particularité.

Trois ou quatre jours se passent.

Z... ne souffle pas mot de la montre.

Il oublie même complètement de la rendre.

Dumas se décide à lui rafraîchir la mémoire.

— Mon cher Z..., je voudrais bien ravoir ma montre, j'en ai besoin.

— Votre montre? reprend impudemment X...; vous

savez bien que vous me l'avez donnée en dédommagement des gages que vous me devez.

Maintenant son mensonge avec aplomb, il refusa de restituer la montre.

Dumas pouvait faire arrêter ce personnage, il se contenta de le chasser.

Quant à X..., le romancier le congédia à la suite de nous ne savons trop quelle circonstance. Ce renvoi devait être la fin de la carrière littéraire du plumitif.

Dumas résolut vers cette époque de se remettre — comme on dit — dans ses meubles; depuis son retour d'Italie, il logeait chez autrui : c'était dispendieux et peu confortable. Au commencement de 1866, il loua un appartement boulevard Malesherbes, 107, presque à côté du parc Monceau.

Il garnit ce local de différents meubles qu'il avait mis en dépôt chez des amis, avant son départ pour l'Italie.

L'auteur des *Trois Mousquetaires* devait occuper cet appartement jusqu'au mois d'août 1870, époque où son fils l'emmena dans sa maison de campagne de Puys, près de Dieppe.

Le succès toujours croissant du *Petit Journal* avait alors encouragé la naissance d'une foule de feuilles à un sou qui eurent une durée plus ou moins éphémère.

Une seule de ces feuilles résista plus longtemps que les autres, et parvint même à un tirage relativement considérable : ce furent *les Nouvelles*.

L'auteur du *101ᵉ Régiment*, Jules Noriac, était le

rédacteur en chef de ce petit journal ; tous les jours il écrivait une causerie qui rivalisait avec celle de Timothée Trimm.

Noriac voyait souvent Dumas chez Millaud ; il pensa qu'un roman de l'auteur de *Monte-Cristo* accroîtrait le succès de son journal.

— Cher maître, lui dit-il un jour, vous devriez bien nous donner un roman : ce serait une vraie bonne fortune pour *les Nouvelles*.

— Quel genre de roman ?

— Mais un roman historique, comme vous savez si bien les faire.

— Très volontiers.

— Je vous prends au mot ; je vais annoncer cette bonne nouvelle à mes lecteurs... Vos conditions sont les nôtres.

Bientôt Dumas écrivit à Noriac qu'il tenait un sujet de roman... Ce roman s'appellerait *le Comte de Moret*, c'est-à-dire l'histoire de ce bâtard de Henri IV qui disparut si mystérieusement au milieu de la bataille de Castelnaudary, qu'on ne retrouva jamais son corps.

Noriac, flairant un récit plein de péripéties émouvantes, lui répondit qu'il approuvait d'avance le sujet et lui envoya, en même temps — pour le signer — un traité qui cotait le futur roman à cinquante centimes la ligne.

Les Nouvelles annoncèrent avec un grand luxe de publicité l'apparition du nouveau feuilleton.

Les premiers numéros intéressèrent, et promettaient un récit empoignant. Par malheur, d'autres préoccupations, d'autres travaux vinrent distraire Dumas du roman commencé.

Il le lâcha.

Sa copie n'était plus que de longs extraits des mémoires de Pontis, de Delaporte, et autres documents historiques du xvii° siècle.

Le feuilleton tournait à la compilation, une compilation sans action, sans péripéties.

Les lecteurs des *Nouvelles* se plaignirent. Noriac porta, à son tour, ses doléances à Dumas.

Celui-ci promit de soigner sa copie ; mais il avait perdu le fil du roman ; il ne put s'y retrouver.

Bref, *le Comte de Moret* fut interrompu.

Jamais il ne devait être fini.

Quelque temps après *les Nouvelles* cessèrent de paraître.

Depuis *les Mohicans de Paris*, Dumas n'avait rien écrit pour le théâtre.

L'idée de tirer un drame de son roman de *Joseph Balsamo* l'arrêta un instant ; il commença même un scénario, — scénario resté dans ses papiers.

Dumas fils a repris l'idée, et a terminé le drame.

Les nécessités de la vie courante empêchaient désormais l'auteur des *Trois Mousquetaires* d'élaborer et de terminer seul une œuvre de longue haleine. Il arriva qu'au lieu d'écrire *Joseph Balsamo*, il travailla à un autre sujet dont la destinée fut peu heureuse à la scène.

Un homme d'esprit qui avait déjà fait ses preuves au théâtre, M. Amédée de Jallais, vint trouver Dumas, et lui apporta un scénario de drame tiré du roman de *Gabriel Lambert*.

Ce dernier avait toujours estimé très difficile de tirer une pièce de cet ouvrage.

Gabriel Lambert est un personnage antipathique ; c'est un type de vulgaire aventurier qui fabrique de faux billets de banque pour arriver à épouser la fille d'un riche banquier : caractère peu intéressant à la scène, comme on le voit.

Cependant, Dumas trouva si bien découpé le scénario que lui avait apporté M. de Jallais, qu'il vit alors la pièce possible, et résolut de l'écrire avec son nouveau collaborateur.

M. de Jallais, enchanté, s'occupa de la négociation de l'affaire ; il alla à l'Ambigu trouver Chilly, alors directeur de ce théâtre, qui n'était pas devenu — comme aujourd'hui — la proie de la malechance et l'antre de la faillite.

Chilly, qui fit une jolie fortune pendant sa direction, était un homme de flair ; il savait le goût de son public, aussi se trompait-il rarement dans le choix des pièces.

Il écouta M. de Jallais, accepta le nouveau drame, et promit même une prime.

Dumas et son nouveau collaborateur se mirent

activement à la besogne. La pièce fut lue et entra en répétitions à la fin de janvier 1866.

Le rôle de Gabriel Lambert échut à Lacressonnière. Mademoiselle Page eut, de son côté, le principal rôle de femme.

Au théâtre, on augurait bien de la pièce. Les répétitions marchèrent avec entrain.

Un jour, en revenant de l'Ambigu, Dumas trouva chez lui un moine dominicain qui arrivait de Naples — où il l'avait déjà vu — et qui ne voulait pas quitter Paris sans avoir serré la main du romancier.

Celui-ci l'accueillit avec sa cordialité accoutumée. A la fin de l'entretien, le moine parla de la pauvreté de son couvent, et fit même allusion à l'opportunité d'une offrande.

Dumas comprit. Il alla regarder dans cette coupe placée d'habitude au milieu de sa table de travail, et qui renfermait toute sa fortune au jour le jour.

A cette époque, le contenu de la coupe ne dépassait pas quotidiennement quelques louis.

O déception! Le romancier vit que la coupe était vide; la dépense de la maison l'avait sans doute déjà épuisée. Dumas laissa seul le dominicain, et passa dans une pièce voisine où l'attendait M. de Jallais, — revenu avec lui du théâtre pour causer de quelques modifications à faire dans la pièce.

Il le mit au courant de la situation.

M. de Jallais se tâta.

— Ma foi, cher maître, je n'ai rien d'offrable.

En effet, il avait vidé sa bourse pour payer plusieurs heures de la voiture qui les avait attendus à l'Ambigu, et qui les avait ramenés boulevard Malesherbes.

— Je ne veux pas que ce révérend père sorte d'ici les mains vides; comment faire?

Et Dumas réfléchit deux ou trois minutes.

— Il me vient une idée!

— Laquelle, cher maître?

— *Le Grand Journal* me doit mon dernier article.

— Votre article sur *l'Art d'accommoder la salade?*

— Précisément.

Dumas revint trouver le dominicain :

— Mon révérend, lui dit-il, je me trouve n'avoir pas assez d'argent pour vous remettre une offrande convenable; mais il m'est dû une certaine somme par un journal dont les bureaux ne sont pas très éloignés d'ici. Voulez-vous y aller avec ce bon?

Le dominicain prit le bon, remercia Dumas, et alla se présenter aux bureaux du *Grand Journal,* où on lui compta le prix de la copie du romancier.

VI

Insuccès de *Gabriel Lambert*. — Miss Adda Menken, sa beauté, ses triomphes. — *Les Pirates de la Savane.* — Une rencontre à la Gaîté. — Une présentation à l'américaine. — Mort prématurée d'Adda Menken.

La première représentation de *Gabriel Lambert* eut lieu le 16 mars 1863.

Elle fut bruyante et agitée, cette première; elle décida mal de la destinée de l'ouvrage. Le soir, cependant, Dumas se montra plein de confiance dans le sort du drame; il avait une telle certitude d'un bon accueil, qu'il dit ces paroles à un ami avec lequel il se promenait dans les corridors de l'Ambigu, en attendant le lever du rideau :

— Je suis sûr de ma pièce; ce soir, je me moque des critiques!

Ces propos furent entendus par les lundistes qui se rendaient à leur place; ils devinrent hostiles; ils accrochèrent sans pitié quelques phrases malheureuses qui se trouvaient çà et là dans la pièce.

Seule, la partie comique du drame désarma les

mauvaises dispositions de la salle; une scène souleva l'hilarité générale : c'est celle où le chenapan de la pièce enlève une pendule en présence de son propriétaire avec un aplomb superbe.

Mais la verve de cette partie comique ne put sauver le drame de son vice originel : l'antipathie excitée par le personnage principal.

Aussi *Gabriel Lambert* eut-il une courte carrière; Chilly, qui n'aimait pas à s'attarder dans les affaires neutres, arrêta la pièce à sa vingt-troisième représentation.

Amédée de Jallais fut particulièrement contrarié du retrait de la pièce. Le directeur de l'Ambigu avait promis une prime de cinq cents francs à la première représentation, et une seconde prime d'égale valeur, après la cinquantième.

Mais il avait été convenu entre M. de Jallais et Dumas, que celui-ci toucherait la première prime sans la partager; à la cinquantième, son collaborateur toucherait intégralement la seconde prime.

Par malheur, la décision de Chilly empêcha l'infortuné Amédée de Jallais d'encaisser les bienheureux cinq cents francs !

Ce fut vers cette époque que commença la liaison de Dumas avec la fameuse Adda Menken.

Cette liaison devait d'abord être révélée au public par l'indiscrétion d'un photographe qui mit dans la circulation des portraits-cartes, représentant Dumas en compagnie d'Adda Menken.

Un procès maladroit — fait à ce même photographe — vint augmenter la publicité de cet incident.

Toutes ces circonstances donnèrent trop de retentissement à cette liaison pour que nous puissions nous dispenser d'en parler — très rapidement d'ailleurs — dans une étude des dernières années de Dumas.

A cette époque — 1866 — Adda Menken était une superbe fille de vingt-neuf à trente ans ; elle ne paraissait pas cet âge, du reste. Elle était Américaine.

Son remarquable talent d'écuyère lui avait valu de nombreux succès dans son pays.

Souple, agile, robuste, Adda Menken faisait penser aux amazones de l'antiquité.

La nature avait largement doté cette jeune femme ; elle ne lui avait pas seulement donné la souplesse du corps ; elle lui avait octroyé aussi la séduction du visage, le rayonnement de la physionomie.

On oubliait difficilement — quand on l'avait vue une fois — cette figure aux yeux brillants, aux traits mobiles, au front couronné d'une forêt de cheveux bouclés : Menken faisait impression.

Sa beauté et son originalité l'avaient jetée dans maintes aventures ; c'était une nature ardente et fantaisiste.

La légende avait grossi ses aventures.

Ainsi on disait qu'elle avait contracté aux États-Unis plusieurs mariages, toujours suivis de divorce.

Elle quitta l'Amérique et vint en Europe, précédée d'une grande réputation de *fantasia*.

Une circonstance bizarre l'avait prédestinée à devenir l'amie de Dumas.

Elle avait lu — traduits en anglais — plusieurs romans de celui-ci; cette lecture l'avait enthousiasmée!

— Quand je viendrai en Europe, je serai l'amante de cet homme extraordinaire, avait-elle dit.

Elle se trouvait à Londres à la fin de 1865; elle figurait dans un spectacle de l'*Alhambra*.

Dumaine — alors directeur de la Gaîté, et de passage à Londres — la vit, fut frappé de son originalité, de son adresse comme écuyère. Il lui proposa de venir à Paris et de débuter à son théâtre.

Adda Menken accepta; elle promit de se rendre à Paris aussitôt que son engagement avec l'Alhambra serait expiré.

A son retour, Dumaine commanda à un faiseur du boulevard un drame, qui devait être un prétexte d'un rôle pantomine pour l'écuyère américaine.

Celle-ci, parlant à peine français, ne pouvait remplir qu'un rôle muet, qu'un personnage d'exhibition.

Elle vint bientôt se mettre à la disposition du directeur de la Gaîté.

Il se trouva que le drame commandé par Dumaine ne lui parut pas satisfaisant; il songea à faire débuter Adda Menken dans un mélodrame — *les Pirates de la Savane* — qui avait eu quelque succès en 1859.

Il y a dans cette pièce une scène, où le traître fait attacher sur un cheval sauvage le héros sympathique, et l'envoie se perdre dans le désert; à un moment donné, l'acteur chargé du rôle de ce personnage disparaissait dans la coulisse, et Adda Menken prenait sa place.

L'inspiration était excellente.

Quand, le soir de la première représentation, on vit s'avancer cette belle fille aux formes sculpturales, à la physionomie expressive, il y eut comme un élan d'enthousiasme dans la salle. On n'était pas alors blasé sur les exhibitions de ce genre; aussi le public fit-il à l'écuyère américaine une chaleureuse ovation, après ses exercices terminés.

La presse constata et étendit ce succès; en quelques jours, Adda Menken devint à la mode; tout le monde voulait la voir; la Gaîté faisait salle comble chaque soir.

A son tour, Dumas eut la curiosité de voir miss Menken.

Pendant une représentation, il se rendit dans les coulisses de la Gaîté.

Il assista aux exercices de l'artiste; il admira sa souplesse, sa grâce, sa hardiesse. Ce soir-là, comme d'habitude, miss Menken fut couverte de bouquets et rappelée maintes fois par le public.

Après la toile baissée, au moment où elle traversait le théâtre pour rentrer dans sa loge, on lui désigna, on lui nomma Dumas.

Elle s'arrêta alors, et contempla en silence cet homme dont les œuvres l'avaient si prodigieusement intéressée ; puis, comme saisie d'un élan d'enthousiasme subit, elle se jeta à son cou, et... l'embrassa.

C'était une présentation « à l'américaine ». Le caractère si sympathique de Dumas acheva de la gagner ; elle lui voua une amitié passionnée qui devait durer jusqu'à sa mort.

Le romancier se laissa prendre à cet attachement enthousiaste ; ce fut comme un dernier reflet de jeunesse sur ses vieux ans. Le succès avait adopté Adda Menken, elle s'installa dans un confortable appartenant de la rue de la Chaussée-d'Antin, et elle fut de toutes les fêtes du Paris artistique.

Un impresario de Vienne lui fit des propositions magnifiques pour venir, pendant quelques semaines, produire ses exercices équestres dans la capitale de l'Autriche.

Elle accepta ces offres.

Elle eut moins de succès à Vienne qu'à Paris.

Elle revint un peu découragée.

En 1867, — pendant l'Exposition, — elle reparut au Châtelet dans la pièce qui avait servi à ses débuts ; elle retrouva, devant le public cosmopolite qui nous inondait alors, son succès de l'année précédente.

Pendant une représentation, elle faillit devenir victime d'un grave accident. Sous le poids du cheval qui la portait, l'échafaudage du décor s'effondra, et miss Menken tomba avec sa monture — d'une assez grande hauteur — au milieu de la scène. On la releva évanouie, contusionnée, l'oreille déchirée.

Cet accident fit impression sur elle ; désormais elle ne se livrait plus à ses exercices habituels qu'avec un sentiment de pénible inquiétude.

Pendant l'hiver 1867-1868, elle refusa plusieurs engagements avantageux pour l'étranger ; elle préféra demeurer à Paris.

L'été venu, elle alla s'installer dans une petite villa de Bougival.

Elle fut atteinte d'une péritonite aiguë. On la soigna à la mode anglaise ; mais cette médication énergique jusqu'à la brutalité acheva de la mettre dans un état désespéré.

La jeune femme eut une douloureuse agonie ; elle conserva jusqu'au bout sa connaissance.

Et elle pleura la vie qui la quittait si prématurément, avec tous les regrets de sa nature ardente.

Elle n'avait pas trente-trois ans !

VII

Projet d'un théâtre par souscription. — Une circulaire. - La guerre de 1866. — Dumas part pour l'Allemagne. — Les Prussiens à Francfort. — Anecdotes. — Une contribution de guerre. — Le général de Falkenstein et le sénateur Fellner.

Malgré les amertumes et les pertes que Dumas avait eu à subir pendant et après sa direction du Théâtre-Historique, le désir d'avoir une scène à lui était resté dans son esprit.

Il aurait voulu de nouveau posséder un théâtre pour faire jouer d'abord ses drames, puis aussi pour donner asile à des œuvres telles que son tempérament les comprenait.

Il sentait que l'art dramatique achevait de s'abîmer dans une décadence irréparable; en 1866, l'opérette, qui venait de naître, faisait fureur, et s'élevait déjà à la hauteur d'un genre.

Dumas s'affligeait également de voir nos principales scènes de drame livrées à l'industrialisme; il s'indignait de voir la majorité des auteurs obligés de subir de mortifiantes capitulations ou de désobligeantes combinaisons pour faire jouer leurs ouvrages.

Ce désir amena Dumas à former un projet : le projet d'un théâtre, élevé par souscription.

L'auteur des *Trois Mousquetaires* croyait à ses idées d'affaires ; aussi écrivit-il de sa meilleure plume ce curieux prospectus, oublié aujourd'hui, et il le lança dans la circulation à plusieurs milliers d'exemplaires :

« *A mes amis connus ou inconnus de la France et de l'étranger.*

» On m'a souvent dit que mes amis inconnus étaient mes meilleurs amis : cela, je suis tenté de le croire, la quantité leur permettant de se retirer sur la qualité. Puis il est vrai que, dans mes bons et mauvais jours, j'ai expérimenté mes amis connus. Ce que je n'ai pu faire à l'endroit de mes amis inconnus.

» Aujourd'hui j'entreprends une œuvre dans laquelle j'ai besoin de tout le monde, de mes amis pour la soutenir ; de mes ennemis pour l'attaquer.

» Je ne puis dépenser vingt mille francs en annonces et en prospectus, et il me les faudrait dépenser pour mener à bien mon projet ; mais je puis dire : J'ai dépensé un demi-million dans des aumônes plus ou moins légitimes, mon habitude étant, lorsque je vois un malheureux, de le secourir, sans lui demander pourquoi il est malheureux !

» On m'a souvent parlé de la *popularité* que m'avaient value mes œuvres, de la *sympathie* que j'avais inspirée pour mes œuvres.

» Or il me semble, à moins que l'on ne m'ait menti, que ces deux mots : *sympathie* quand il s'agit de la France, *popularité* quand il s'agit du monde, valent bien vingt mille francs d'annonces et de prospectus!

» Vous avez entendu raconter qu'à peu près vers le même temps où Samson renversait le temple des Philistins, il y avait, aux jeux Olympiques, un athlète nommé Alcidamus, lequel, couronné vingt fois pour ses victoires, et présumant trop de ses forces, se trouva dans une maison qui craquait, menaçant de s'écrouler.

» Tous ceux qui se trouvèrent avec lui dans cette maison s'enfuirent éperdus; lui resta seul, et, levant ses deux mains il dit :

» — Je soutiendrai le plafond ou je serai écrasé par lui.

» Le plafond s'écroula, et, comme Porthos, cet athlète des temps modernes, l'athlète antique fut écrasé sous ses débris.

» L'art dramatique croule en France : aussi présomptueux, aussi fou qu'Alcidamus, tandis que chacun déserte le beau, le simple, le vrai, je dis :

» — Mieux vaut, comme Alcidamus, essayer de soutenir une maison qui croule que, comme Samson, renverser un temple, ce temple fût-il celui des Philistins.

» Que ceux qui croient que l'art dramatique est là où l'avaient placé les hommes de 1830 viennent à moi et me disent :

» — Nous voulons deux places au nouveau Théâtre-Historique, pour applaudir encore une fois ce que nous avons applaudi jadis et pour que nos fils puissent applaudir ce qu'ont applaudi leurs pères!

» Et qu'ils souscrivent pour la somme qu'ils voudront, afin que ce qui n'est encore qu'un projet, c'est-à-dire un rêve, devienne une réalité, c'est-à-dire un fait.

» Jusqu'à ce qu'il y ait cinq cent mille francs de souscription, aucune somme ne sera versée, et, comme cette somme sera versée aux mains d'un des banquiers les mieux famés de Paris, toutes les dépenses doivent être faites par moi, afin que, si le projet manque, toutes les dépenses retombent sur moi.

» Que chacun de mes amis connus ou inconnus m'aide donc, et de ses moyens et des moyens de ceux qui l'entourent, et je serai payé de ces quarante ans de travail incessant qui me donnent le droit d'écrire les quelques lignes quelque peu orgueilleuses qui précèdent mon nom!

» ALEXANDRE DUMAS. »

Il demanda la publicité de cette circulaire à tous les journaux.

Généralement on la lui accorda.

Dumas avait imaginé de rembourser ainsi ses souscripteurs.

Le théâtre devait rendre, en billets de spectacle qui auraient eu droit d'entrée, le double de la souscription; la personne qui aurait souscrit pour cent francs, aurait eu droit à deux cents francs de billets.

Le projet eût été viable à la condition de rencontrer une grande unanimité. Mais on ne le prit pas au sérieux; il avorta dans l'indifférence.

On ne recueillit que quelques souscriptions isolées.

Un matin, cependant, quelques élèves de l'École polytechnique vinrent voir Dumas, et lui remirent — à titre de souscription pour le nouveau Théâtre-Historique — une collecte qu'ils avaient faite entre eux.

L'auteur des *Trois Mousquetaires* fut touché de la démarche particulière de ces jeunes gens; il les remercia chaleureusement, ce fut comme un adoucissement à l'indifférence que son projet rencontrait dans le grand public. Cette indifférence qu'accueillit son appel lui fut sensible; il y vit un signe de la diminution de son crédit, de son influence et de sa popularité.

Vingt ans auparavant, avec quelle faveur le public n'eût-il pas accueilli l'idée d'un projet comme celui qu'il lui soumettait aujourd'hui.

En juillet 1866, Dumas partit pour Francfort.

La rapide campagne de la Prusse contre l'Autriche, terminée par la bataille de Sadowa, avait ému l'Europe.

Partout les curiosités étaient surexcitées; chacun calculait les conséquences de ce grand fait qui s'appelait désormais la prépondérance de la Prusse en Allemagne.

Cet événement — on doit se le rappeler — éveilla aussitôt en France une violente émotion et de pénibles pressentiments.

En même temps, les journaux rapportaient d'étranges choses dont étaient le théâtre Francfort et les autres États de la Confédération germanique qui — au début de la guerre — avaient pris parti pour l'Autriche. La curiosité de l'auteur des *Trois Mousquetaires* s'éveilla aussitôt; il partit pour Francfort afin d'observer les événements de près.

Francfort était alors en proie à une véritable panique.

En voici la raison :

Cette ville libre, au milieu de la Confédération germanique, n'avait pu fournir, pendant la guerre, aucun contingent militaire, soit à la Prusse, soit à l'Autriche; mais ses sympathies, ses vœux avaient été pour cette dernière puissance.

L'antipathie des Francfortois pour les Prussiens était proverbiale; on raconte à ce sujet une anecdote plaisante :

Un officier prussien faisait visiter à quelques amis les curiosités de Francfort.

On arriva au dôme.

Là, parmi quelques ex-voto ordinaires, représentant soit des cœurs, soit des mains, soit des pieds, le sacristain montra aux curieux une souris en argent.

— Oh! qu'est-ce que cela?

— Par une vengeance du ciel, répondit le sacristain, tout un quartier de Francfort se trouva un jour plein de souris qui le dévoraient. On eut beau faire venir tous les chats des autres quartiers, tous les terriers, tous les bouledogues, tous les animaux mangeurs de souris, rien n'y fit. Alors, une dame dévote eut l'idée de faire fabriquer une souris d'argent et de la consacrer à la Vierge en manière d'ex-voto. Au bout de huit jours, toutes les souris avaient disparu.

Et, comme cette légende jetait ceux qui l'entendaient dans un certain étonnement :

— Sont-ils bêtes, ces Francfortois, dit le Prussien, de raconter ces choses-là et d'y croire!

— Nous les racontons, dit le sacristain, mais nous n'y croyons pas. Si nous y croyions, il y a longtemps que nous aurions offert à la Vierge un Prussien d'argent.

Quand la guerre fut déclarée, le régiment prussien et le régiment autrichien qui tenaient garnison à Francfort durent quitter la ville.

Les habitants, qui avaient laissé partir silencieusement les Prussiens, accompagnèrent les Autrichiens jusqu'à la gare du chemin de fer, avec mille démonstrations de sympathie, avec mille souhaits d'un glorieux et prompt retour dans leurs murs.

Les Prussiens vainqueurs se souvinrent de cette hostilité secrète de Francfort; aussi, quelques jours après la bataille de Sadowa, le général de Falkenstein — avec un corps d'armée respectable — vint occuper les environs de la ville; il fit garnir de canons les principales voies stratégiques; puis, deux heures après, il adressait aux sénateurs Fellner et Muller une note dans laquelle il disait que, les armées en guerre devant se procurer en pays ennemi ce dont elles ont besoin, la ville de Francfort fournirait à l'armée du Mein placée sous ses ordres :

1° Pour chaque soldat, une paire de bottes, d'après le modèle qui sera fourni;

2° Trois cents bons chevaux dressés à la selle, pour remplacer le nombre considérable de ceux que l'armée a perdus;

3° La solde de l'armée du Mein pendant un an; solde qui devait être envoyée à l'instant à la caisse de l'armée; or la somme réclamée pour la solde de l'armée du Mein s'élevait à sept millions sept cent quarante-sept mille huit florins (7 747 008 florins).

Il se passa alors une scène caractéristique qui est déjà de l'histoire ancienne, mais qui mérite d'être rapportée. Les deux sénateurs francfortois se rendirent au quartier général pour faire leurs observations.

Le général de Falkenstein les fit introduire auprès de lui.

— Eh bien, messieurs, m'apportez-vous mon argent?

— Nous voudrions d'abord faire observer à Votre Excellence, répondit le sénateur Fellner, que nous n'avons pas mission de décréter le payement d'une pareille somme, puisque les autorités de la ville, étant dissoutes, ne peuvent nous donner leur consentement.

— Cela ne me regarde pas, dit le général; j'ai conquis le pays, je lève une contribution. C'est dans les habitudes de la guerre.

— Voulez-vous me permettre de faire observer à Votre Excellence, répondit le sénateur Fellner, que l'on ne conquiert que ce qui se défend. Francfort, ville libre, s'est crue défendue par les traités, et n'a pas eu un instant l'idée de se défendre elle-même.

— Francfort a bien trouvé vingt-quatre millions pour les Autrichiens, s'écria le général, elle en trouvera bien quinze ou seize pour nous. D'ailleurs, si elle ne les trouve pas, je me charge de les trouver, moi. Quatre heures de pillage, et nous verrons bien si la rue des Juifs et les caisses de vos banquiers ne nous produisent pas le double.

— Je doute, général, reprit Fellner, que des Allemands consentent à traiter ainsi des Allemands.

— Bon! qui vous parle d'Allemands? J'ai un régiment polonais que j'ai amené tout exprès pour cette expédition.

— Nous n'avons jamais fait de mal aux Polonais; nous leur avons donné asile contre vous et contre les Russes toutes les fois qu'ils nous l'ont demandé. Les

Polonais ne sont pas nos ennemis; les Polonais ne pilleront pas Francfort.

— C'est ce que nous verrons, dit le général en frappant du pied et en laissant échapper un juron. Peu m'importe à moi, que l'on m'appelle un second duc d'Albe.

Le général de Falkenstein était tenace; en présence de cette perspective de pillage, Francfort dut s'exécuter : elle paya la rançon demandée.

Mais, quelques jours après, le général de Falkenstein partit, et le général de Manteuffel vint à son tour prendre possession de la ville ; il décréta une nouvelle contribution de guerre pour subvenir aux besoins de l'armée du Mein.

Le même sénateur Fellner fut requis — comme bourgmestre de Francfort — pour désigner au quartier général les citoyens riches de la cité, et qui paraissaient devoir fournir dans le plus bref délai la rançon demandée.

Mais Fellner, plutôt que de dénoncer ses concitoyens, préféra se pendre.

Le suicide de cet homme de bien jeta en Allemagne une profonde émotion.

VIII

La Terreur prussienne. — Le journal *la Situation.* — Pressentiments. — Origine de la fortune du prince de Bismarck. — Le roi Georges V de Hanovre. — Bataille de Langensalza. — Bravoure des Hanovriens.

Dumas arriva à Francfort quelques jours après ces événements.

Il recueillit une ample moisson de renseignements, de faits, d'anecdotes sur la rapide campagne de 1866. Il alla à Gotha, à Hanovre, à Berlin; il visita le champ de bataille de Langensalza, où le roi Georges V de Hanovre, après avoir d'abord battu les Prussiens, fut cerné et obligé de se rendre; il visita aussi le champ de bataille de Sadowa, où Benedeck laissa tomber la suprématie de l'Autriche en Allemagne.

Ce voyage terminé, il revint à Paris muni de renseignements précieux, bourré de documents inédits; et il écrivit ce roman d'histoire contemporaine qui s'appelle *la Terreur prussienne.*

Cet ouvrage parut en 1867 dans le journal *la Situation.*

Il est intéressant par les faits historiques et par une intrigue passionnée.

Chez Dumas, l'histoire — contemporaine ou passée — est toujours essentiellement vivante ; mais, ici, on sent qu'à chaque ligne de sa narration, il est inquiet, impressionné des conséquences du triomphe de la Prusse.

Il semble dire au lecteur : « Veillez ! le danger est proche, imminent ! » Le romancier devient d'une clairvoyance prophétique.

Son imagination ne lui voile pas le péril ; sous l'obsession de ces idées, sa plume s'élève parfois à une grande hauteur de pensée.

« Sur la route du progrès, dit-il, la France est le symbolique conducteur de la raison humaine ; elle est la colonne de fumée, le jour, la colonne de feu, la nuit.

» Sa politique peut se résumer en deux sentences : — Ne jamais marcher assez lentement pour arrêter l'Europe. — Ne jamais marcher assez vite pour empêcher le monde de la suivre ! »

Dans ces circonstances, le romancier se rencontre en communauté de pressentiments et d'inquiétudes avec Lamartine — le poète historien — et Thiers — l'homme d'État divinateur.

La Terreur prussienne renferme de curieuses anecdotes sur les antécédents et sur les hommes de la Prusse.

En voici une qui prétend expliquer l'origine de la

fortune du prince de Bismarck auprès de l'empereur Guillaume.

On sait jusqu'à quel point est portée en Prusse l'exagération de l'étiquette militaire [1]. M. de Bismarck aurait préservé l'empereur d'Allemagne, à l'époque où il n'était encore que prince royal, d'une cruelle humiliation.

C'était en 185... Le comte de Bismarck était attaché d'ambassade à Francfort. Lorsque le prince royal fit halte dans la ville libre, en allant passer la revue de la garnison de Mayence, M. de Bismarck eut l'honneur d'accompagner ce dernier dans le trajet de Francfort à Mayence.

On était au mois d'août.

On faisait la route en chemin de fer; la chaleur était étouffante et avait, en dépit de l'étiquette prussienne, forcé chacun, le prince royal comme les autres, à ouvrir son habit.

En arrivant à Mayence, on devait être reçu par les troupes rangées de chaque côté de la gare.

Le prince reboutonna son habit, mais il négligea un bouton!

Par bonheur, au moment où il allait descendre, M. de Bismarck s'aperçut de l'erreur et, s'élançant vers lui :

— Oh! mon prince, s'écria-t-il, qu'alliez-vous faire?

Et, oubliant à son tour un instant l'étiquette royale,

---

1. *La Terreur prussienne.*

qui ne veut pas que l'on touche aux princes, il força le bouton de rentrer dans la boutonnière.

Le prince royal remercia cet attaché d'ambassade qui se montrait si diligent, et grava dans sa mémoire son nom et ses traits.

Si c'est là l'origine de la fortune de M. de Bismarck auprès de l'empereur Guillaume, on conviendra qu'elle est singulière !

La Terreur prussienne de Dumas, entre autres choses intéressantes de cette rapide campagne de 1866, met en relief un fait émouvant, passé inaperçu dans le fracas des événements.

Ce fait est la belle défense du roi Georges V et de l'armée hanovrienne sur le champ de bataille de Langensalza. Ce fut une vaillante protestation du courage contre la force brutale du nombre. Le roi Georges V de Hanovre, en 1866, était un prince libéral, bienveillant, adoré de ses sujets.

Il était aveugle de naissance.

Possesseur de grands biens patrimoniaux — particularité originale chez un monarque — il ne coûtait pas un sou de liste civile à son peuple.

Il se contentait de sa fortune privée.

Il protégeait les arts et les lettres avec empressement et semblait devoir faire encore pendant de longues années le bonheur des Hanovriens, quand éclata la guerre entre la Prusse et l'Autriche.

Dès le 15 juin 1866, M. de Bismarck lui envoyait une dépêche dans laquelle, au nom du roi son maître, il offrait au Hanovre une alliance offensive et défensive, à la condition que le Hanovre soutiendrait, dans la mesure de ses moyens, la Prusse, de ses hommes et de ses soldats, et donnerait le commandement de son armée au roi Guillaume.

Le roi Georges assembla son conseil des ministres.

La dépêche de M. de Bismarck ajoutait que, si la proposition pacifique n'était point immédiatement acceptée, le roi de Prusse se regardait comme en état de guerre avec le Hanovre.

Malgré cette menace, le conseil du roi Georges répondit à la dépêche par un refus ainsi formulé :

Sa Majesté le roi de Hanovre refuse les propositions de Sa Majesté le roi de Prusse, ainsi que l'obligent à le faire les lois de la Confédération germanique.

Cette réponse — transmise par dépêche — arriva à minuit à Berlin; à minuit un quart, des troupes prussiennes, concentrées à Minden, entraient en Hanovre.

Un quart d'heure avait suffi à la Prusse pour recevoir le refus, et donner l'ordre d'entrer en campagne.

La rapidité dans l'exécution a toujours été une des causes du succès de M. de Bismarck. Immédiatement, des ordres furent transmis aux différents corps d'armée hanovriens de se mettre en mouvement et de se réunir à Gœttingue.

Le lendemain, le roi Georges quittait la capitale pour se rendre dans cette dernière ville.

Cette circonstance montra au prince l'étendue de sa popularité. Toute la ville, debout, malgré l'heure matinale, l'accompagna jusqu'à la gare du chemin de fer en criant :

— Vive le roi ! vive Georges V ! Qu'il revienne victorieux !

Ce dernier monta dans le wagon royal au milieu d'un concert de larmes et de sanglots. On eût dit que chaque fille perdait un père, chaque mère un fils, chaque sœur un frère. Les femmes se précipitaient sur les marchepieds pour lui baiser les mains. Il fallut faire siffler cinq ou six fois la locomotive, donner cinq ou six fois le signal du départ, enfin arracher la foule des portières où elle se cramponnait.

Deux jours après, l'armée, accourue de tous les points du royaume, se pressait autour de Georges V, qui devait établir son quartier général à Gœttingue.

L'enthousiasme était universel ; dans cette guerre qui commençait, tous les vœux, toutes les sympathies étaient pour l'Autriche. On savait gré au prince d'avoir obéi à ce courant d'opinion.

Tous les vieux soldats en congé, qu'on n'avait pas eu le temps de rappeler, accouraient d'eux-mêmes rejoindre leur drapeau. Chacun partait joyeux, faisant dans son village et tout le long de la route le plus de recrues possibles.

Le troisième jour, le roi Georges donna le signal du départ : son objectif était de réunir son armée, — forte de seize mille hommes environ, — à l'armée bavaroise, qui comptait quatre-vingt mille soldats, sous les ordres du prince Charles de Bavière.

Le roi de Hanovre envoya donc un courrier à ce dernier pour l'avertir de son mouvement en avant.

Pendant ce temps, les Prussiens, de leur côté, avaient manœuvré ; trois corps d'armée, venus par trois directions différentes, s'étaient approchés de Gœttingue, en enfermant les Hanovriens dans un triangle.

Le roi Georges se dirigea vers Gotha ; sur la route se trouve la petite ville de Langensalza, où campa l'armée hanovrienne.

Dès le lendemain, son avant-garde était attaquée par deux corps prussiens ; la rapidité de leur feu indiqua tout d'abord qu'ils devaient être armés de fusils à aiguille, — cette infernale surprise de la guerre de 1866.

Ce premier engagement se passait sur les bords d'une petite rivière appelée l'Unstrut.

Au bruit de la fusillade, le roi mit son cheval au galop pour arriver le plus tôt possible sur l'emplacement où allait se livrer la bataille.

— Y a-t-il un point élevé d'où je puisse dominer le combat ? demanda le roi à l'officier d'état-major qui tenait par un imperceptible bridon le cheval du souverain aveugle.

— Il y a une colline à un demi-kilomètre de l'Unsrut, mais sous le feu de l'ennemi.

— C'est là ma place, dit le roi. Allons, messieurs !

Il remit sa monture au galop et se plaça sur le

sommet le plus élevé de la petite colline. Son cheval était le seul qui fût blanc, et pouvait servir de mire aux boulets comme aux balles.

A côté du roi, se tenait son fils, le prince royal, qui lui rendait compte de tous les mouvements.

La bataille était engagée.

Les Prussiens avaient repoussé les avant-postes hanovriens; ceux-ci avaient été forcés de repasser la rivière.

Bientôt une canonnade très vive s'échangea entre l'artillerie hanovrienne et l'artillerie ennemie placée de l'autre côté de l'Unstrut. Puis, — toujours derrière la rivière, — sur le versant très peu rapide d'une montagne, des masses prussiennes s'avancèrent, précédées d'une formidable batterie qui faisait feu tout en marchant.

Le roi Georges, qui dominait le champ de bataille, comme une statue équestre, avait été reconnu; les boulets ricochaient jusque dans les jambes de son cheval.

— Sire, lui dit l'officier d'état-major, qui retenait sa monture, peut-être serait-il bon de chercher un point un peu plus éloigné du champ de bataille.

— Pourquoi cela? demanda le roi.

— Les boulets viennent jusqu'à Votre Majesté!

— Qu'importe! Ne suis-je pas partout entre les mains du Seigneur?

Le prince royal se rapprocha de son père.

— Sire, lui dit-il, les Prussiens s'avancent par

masses serrées vers l'Unstrut, malgré le feu de l'artillerie.

— Notre infanterie, que fait-elle?

— Elle marche à la rencontre de l'ennemi pour prendre l'offensive.

— Et... elle marche bien?

— Comme à la parade, sire.

— Les troupes hanovriennes ont été autrefois d'excellentes troupes; en Espagne, elles ont tenu en échec l'élite des troupes françaises. Aujourd'hui qu'elles combattent en présence de leur roi, elles seront dignes d'elles-mêmes, je l'espère.

En effet, toute l'infanterie hanovrienne, formée en colonne d'attaque, s'avançait sous le feu des batteries prussiennes avec le calme de vieilles troupes habituées au feu. Après avoir été étonnée une seconde de la grêle de balles que faisaient pleuvoir sur elle les fusils à aiguille, elle avait repris sa marche, et, après avoir traversé les eaux marécageuses de l'Unstrut, elle enlevait à la baïonnette des bouquets d'arbres où s'était réfugié l'ennemi et luttait corps à corps avec lui!

On instruisait le roi des péripéties de la lutte.

— Courez dire à la cavalerie de charger, fit-il à un capitaine de son état-major.

Celui-ci lança son cheval au galop en criant :

— Hourrah!

Un instant après, on entendit comme un ouragan. C'étaient les cuirassiers de la garde qui chargaient.

Il serait impossible de dire l'enthousiasme de ces

hommes passant au bas de la colline où se tenait cet héroïque roi qui avait voulu être au poste le plus dangereux.

Les cris de « Vive le roi ! vive Georges V ! vive le Hanovre ! » faisaient trembler l'air comme une tempête.

En voyant cet ouragan humain qui fondait sur eux, les Prussiens s'étaient formés en carrés. Le premier que rencontra la cavalerie hanovrienne disparut sous les pieds des chevaux ; puis, pendant que l'infanterie la fusillait de face, les cuirassiers prirent à revers l'armée prussienne.

Celle-ci — après une lutte désespérée — essaya de se mettre en retraite ; mais, poursuivie avec acharnement, elle se trouva bientôt en pleine déroute.

Le champ de bataille appartenait aux Hanovriens ; l'ennemi se retira jusqu'à Gotha.

Les résultats furent : huit cents prisonniers, deux mille morts ou blessés, deux canons enlevés. Après avoir parcouru le champ de bataille pour consoler les blessés, le roi rentra dans la ville de Langensalza.

La situation eût été excellente, si en ce moment les Bavarois fussent venus opérer leur jonction avec les Hanovriens.

Le lendemain de la bataille de Langensalza se passa à attendre des nouvelles de l'armée bavaroise, et à lui envoyer de nouveaux courriers.

Les Prussiens se tinrent tranquilles : ils avaient été

trop bien battus, la veille, pour ne pas se reposer un jour.

Le prince Charles de Bavière continuait à ne pas donner signe de vie; il était, comme Grouchy à Waterloo, invisible!

Le troisième jour, à onze heures du soir, les avant-postes annonçaient un corps d'armée considérable qui s'avançait dans leur direction.

Étaient-ce enfin les Bavarois? Hélas! non: c'était un nouveau corps prussien, sous les ordres du général Manteuffel.

Toute la petite armée hanovrienne, qui, alors, ne comptait que quinze mille hommes, se trouva entourée, cernée par trente mille Prussiens.

Le lendemain, vers midi, un officier supérieur vint en parlementaire, de la part du général Manteuffel, proposer au roi de se rendre.

Georges V répondit qu'il savait parfaitement qu'il était cerné de toutes parts; mais lui, son fils, son état-major, ses officiers, ses soldats, étaient décidés à se faire tuer, depuis le premier jusqu'au dernier, si une capitulation honorable ne leur était pas offerte.

En même temps, il réunit un conseil de guerre, qui déclara par écrit que l'unanimité des voix était pour une capitulation, pourvu que la capitulation fût honorable.

Une capitulation était urgente.

L'armée n'avait plus que trois cents coups de canon à tirer.

Elle n'avait plus de vivres que pour un jour.

Toute la cour, le roi compris, avait dîné d'un morceau de bœuf bouilli et de pommes de terre; la soupe avait été distribuée aux blessés.

Chaque convive n'avait eu qu'un verre de mauvaise bière.

On discuta chaque article de la capitulation, traînant en longueur le plus possible.

On espérait toujours la venue des Bavarois. Enfin, pendant la nuit, les conditions suivantes furent arrêtées, entre le général Manteuffel, pour le roi de Prusse, et un officier supérieur, pour le roi de Hanovre :

L'armée hanovrienne est dissoute et renvoyée dans ses foyers.

Tous les officiers demeurent libres, ainsi que les sous-officiers.

Ils gardent leurs armes et leurs équipages.

Le roi de Prusse leur garantit leur solde à perpétuité.

Le roi, le prince royal et leur suite sont libres d'aller où ils voudront.

C'était la fin de l'antique monarchie de Hanovre.

Quand la capitulation fut signée, le général Manteuffel vint au quartier général.

En entrant dans le cabinet du roi, il lui dit :

— Je suis désolé, sire, de me présenter devant Votre Majesté dans des circonstances si douloureuses; nous devons comprendre ce que souffre Votre Majesté, nous autres Prussiens qui avons eu Iéna. Je prie Votre

Majesté de me dire où elle veut se retirer et de me donner des ordres. Je veillerai à ce que rien ne lui manque dans son voyage.

— Monsieur, répondit le roi avec froideur, je ne sais encore où je me retirerai en attendant qu'un congrès décide si je dois rester roi ou redevenir un simple prince anglais ; mais ce sera probablement chez mon beau-père, le duc de Saxe-Altenbourg, ou chez Sa Majesté l'empereur d'Autriche. Dans l'un et l'autre cas, je n'ai nullement besoin de votre protection, dont je vous remercie.

Le roi Georges V se retira à Vienne. Depuis, il est toujours resté en exil, et il est mort à Paris au mois de juin 1878.

IX

Mort de Méry et de Roger de Beauvoir. — Deux contemporains littéraires. — Prodige d'improvisation. — Les *bouts rimés.* — Un concours poétique. — 5 280 vers. — Un quatrain de Victor Hugo. — Le docteur Favrot. — Fin mélancolique de Roger de Beauvoir.

Dans le cours de cet été 1866, et pendant son voyage en Allemagne, Dumas perdit deux amis, deux intimes, deux contemporains de sa vie littéraire, Méry et Roger de Beauvoir.

Méry mourut d'une méningite; il a laissé plutôt un nom que des œuvres; il a touché à tout, et en tout il se montra improvisateur.

« Ce fut en 1827, dans le jardin du Luxembourg, que je fis connaissance avec Méry, écrit Dumas quelque part dans ses *Mémoires.* On me présenta à lui. Nous nous accolâmes l'un à l'autre comme le fer à l'aimant; et, depuis, je ne sais lequel de nous deux est le fer, lequel de nous deux est l'aimant, mais nous ne nous sommes plus quittés. »

Pendant quarante ans, cette amitié littéraire ne se

démentit pas ; à un esprit étincelant, Méry joignait une grande sociabilité dans les rapports de la vie.

Il paraît avoir laissé cette double impression à tous ses contemporains.

« L'homme le plus spirituel a ses bons et ses mauvais jours, continue Dumas, en parlant de son ami, ses lourdeurs et ses allégements de cerveau, Méry n'est jamais fatigué ; Méry n'est jamais à sec. — Quand, par hasard, il ne parle pas, ce n'est point qu'il se repose, c'est tout simplement qu'il écoute ; ce n'est point qu'il est fatigué, c'est qu'il se tait.

» Voulez-vous que Méry parle ? Approchez la flamme de la mèche et mettez le feu à Méry ! Méry partira : laissez-le aller ; ne l'arrêtez plus ; et, que la conversation soit à la morale, à la littérature, à la politique ou aux voyages, vous aurez la plus lumineuse improvisation que vous ayez jamais entendue ; et puis quelque chose d'incroyable au milieu de tout cela : jamais une critique, jamais une amertume, jamais une médisance sur ses amis [1] ! »

Il est peu d'écrivains dont on puisse, n'est-ce pas ? tracer aujourd'hui un pareil portrait. Entre autres talents, Méry possédait une verve poétique intarissable ; sur n'importe quel sujet donné, il improvisait des vers faciles, spirituels, nombreux. Dans ce genre d'exercice, il exécutait des prodiges qui étonnaient même ses amis les mieux accoutumés à sa souplesse d'esprit.

1. *Mes Mémoires.*

Un jour, — c'était à Marseille, — Dumas veut emmener Méry dans une promenade en mer, au château d'If; mais ce dernier avait le mal de mer rien qu'à regarder le balancement d'un bateau : aussi Dumas mit-il sa peur à rançon. Il le dispensa du voyage à la condition qu'au retour il y aurait deux cents vers faits.

Au retour de la promenade, il y en avait deux cent cinquante. Sur ce sujet, le poète était de bonne mesure, il donnait toujours plus qu'on ne lui demandait.

En 1864, la verve poétique de Méry fut l'occasion d'un concours original singulier.

Nous voulons parler du concours des *bouts rimés;* mais ces bouts rimés avaient eux-mêmes une histoire.

La voici. Elle vaut la peine d'être rapportée.

Quelques années auparavant, Dumas, qui habitait alors un charmant petit hôtel rue d'Amsterdam, avait donné à ses amis une soirée.

Méry était du nombre des invités.

On lui demanda d'improviser quelques vers sur des bouts rimés en l'honneur d'une charmante femme qui assistait également à la soirée donnée par le romancier.

— De grand cœur, répondit le poète, mais à la condition que Dumas me fournisse les rimes.

On passa une feuille de papier et un crayon à Dumas, qui écrivit les rimes suivantes. Ne semblent-elles pas choisies pour déconcerter l'imagination poétique la mieux douée ?

Femme	*Orestie*
Catilina	*Gabrio*
Ame	*Répartie*
Fouina	*Agio*
Jongle	*Figue*
Citoyen	*Faisan*
Ongle	*Ligue*
Païen	*Parmesan*
Mirabelle	*Noisette*
Mirabeau	*Pâté*
Belle	*Prisette*
Flambeau	*Bâté*

A la lecture de ces rimes étranges, chacun des invités se demanda comment Méry s'en tirerait à son honneur.

Le poëte s'écarta dans un coin, et se recueillit pendant une demi-heure environ.

Ce temps écoulé, il revint prendre place auprès de la jeune femme et lui récita les vers suivants, au milieu d'un cercle attentif :

A LA COMTESSE M...

En vous voyant ce soir, jeune et charmante *femme*,
Chez l'auteur d'*Henri III* et de *Catilina*,
Pour écrire ces vers, la peur glaça mon *âme*,
Ma plume tressaillit, le poète *fouina*.
Oui, je regrettai l'Inde, et le Gange, et la *jongle*.
J'aurais voulu dans Rome être humble *citoyen*,
Vivre obscur, labourer la terre avec mon *ongle*,

Et m'appeler d'un nom musulman ou *païen*.
Hélas! le jardinier greffant la *mirabelle*,
N'est pas digne, je crois, d'admirer *Mirabeau*.
Et le poète nain qui vous trouve si *belle*
Est l'aveugle devant la clarté d'un *flambeau*,
C'est le sourd écoutant les vers de *l'Orestie*,
Ou la divine voix de sa sœur *Gabrio* [1].
Ou Dumas aiguisant sa fine *répartie*,
Ou l'usurier chrétien réduisant l'*agio*.
Cependant, au dessert, entre marron et *figue*,
Après un beau chevreuil, bien meilleur qu'un *faisan*,
Je me décide enfin, contre moi je me *ligue*,
Et je vous fais ces vers, sablés de *parmesan*.
Car vous m'avez promis, au lieu de la *noisette*,
Un bonbon, un gâteau, un citron, un *pâté*,
De doux marrons glacés, aimés de la *grisette*,
Et que j'aime aussi, mais comme un âne *bâté*!

Toute l'assistance applaudit chaleureusement ce tour de force poétique, exécuté si rapidement. Quelques années plus tard, à son retour d'Italie, Dumas retrouva dans ses papiers l'autographe de Méry. Le romancier envoyait alors des chroniques, des correspondances au *Petit Journal*. Cette circonstance lui inspira une causerie sur Marseille, la bouillabaisse, Méry et ses improvisations poétiques; puis l'idée lui vint de soumettre au public les bouts rimés en question, en promettant — comme récompense — l'autographe de Méry, à l'aspirant poète qui ferait la meilleure pièce de vers avec les rimes proposées.

Imprudente proposition! imprudente promesse!

---

1. *Gabrio* était une allusion au prénom de la comtesse Dash; elle s'appelait Gabrielle.

Dans le mois de novembre 1864, l'auteur des *Trois Mousquetaires* ne reçut pas moins de deux cent vingt lettres !

Chacune de ces lettres renfermait une poésie de vingt-quatre vers ; elles formaient en bloc un compte de cinq mille deux cent quatre-vingts vers.

Ce n'était plus un concours : c'était une avalanche poétique.

Circonstance aggravante : tous les signataires de ces lettres demandaient à Dumas de faire insérer leur pièce de vers.

Le romancier, ne voulant mécontenter personne, eut la pensée de former un volume avec toutes les pièces de vers que lui avait fournies ce bizarre concours.

Il ouvrit donc une souscription pour couvrir les frais d'impression de ce volume. Modeste souscription ! Il ne demanda que cinq cents francs ; la cotisation fut fixée à un franc par personne contre l'envoi de l'ouvrage.

Elle fut rapidement recueillie, cette souscription littéraire, et chacun de ceux qui avaient participé au concours proposé par Dumas eut le plaisir de se voir imprimé.

On rencontre encore quelquefois ce volume des *Bouts rimés*. Il est curieux à feuilleter, car le romancier l'a enrichi d'une amusante préface.

Roger de Beauvoir — que Dumas aimait à l'égal de Méry — mourut quelques semaines après le poète marseillais.

Il s'éteignit le 27 août 1866, à la suite d'une cruelle maladie !

Il n'avait que cinquante-trois ans !

Le romancier se lia avec Roger de Beauvoir au commencement de 1832.

Ce dernier venait de publier *l'Écolier de Cluny*, un roman moyen âge qui fit alors beaucoup de bruit, où il était grandement question des légendes de la tour de Nesle.

Au lendemain de la naissance de cet ouvrage, un ami de Dumas vint lui proposer de faire un drame sur Buridan !

Un mois après, Harel — alors directeur de la Porte-Saint-Martin — lui envoyait le manuscrit de Gaillardet.

L'Écolier de Cluny fut donc le point de départ de *la Tour de Nesle* et de tout le bruit suscité par ce drame.

Comme Méry, Roger de Beauvoir a touché à tout dans le domaine littéraire : roman, poésie, théâtre, journalisme, etc., et il a su répandre la vie et l'esprit sur toutes ses productions.

Dumas, qui avait connu à peu près tous les hommes d'esprit de son époque, avouait que pas un peut-être n'avait la verve de Roger de Beauvoir.

C'était dans un dîner surtout qu'il était charmant.

Comme à presque tous les aimables causeurs, deux ou trois verres de vin de Champagne suffisaient pour faire de lui le convive le plus bruyant de la table.

Mais qui s'en plaignait ? Jamais l'électricité n'avait allumé autant d'étincelles que sa parole n'en faisait jaillir, même des lèvres les plus médiocres.

Avec cela, il avait de charmantes allures des époques passées : — son esprit appartenait au XVIII° siècle, son cœur au XVI°. — Il faisait des chansons; certaines d'entre elles avaient la naïveté des poésies des ménestrels.

Roger de Beauvoir avait pris cette devise : *Video nec invideo* (je vois et je n'envie pas).

Cette devise était tout son caractère.

Un jour, il vint chez Dumas, qui était absent. Il cherche sa carte : il l'avait oubliée. Il demande une plume, du papier pour écrire son nom. Au lieu de le faire entrer dans le cabinet du romancier, on le fait entrer dans la cuisine.

Il trouve le livre de comptes de la cuisinière et y laisse ce quatrain :

> Sur ce carnet, Dumas écrit,
> Jour par jour, tout ce qu'il dépense,
> Il n'y pourrait mettre, je pense,
> Tout ce qu'il dépense d'esprit.

Quelques idées noires qui — comme contraste — appartenaient plutôt à l'époque dans laquelle il vivait qu'à son tempérament et à son caractère, glissaient dans sa vie sans s'y arrêter, comme les nuages qui glissent et passent sur un ciel bleu d'été.

Ainsi il avait un magnifique squelette monté sur un piédestal.

Un jour, on déjeunait chez lui, Victor Hugo vint, examina le squelette avec une grande curiosité.

— Oh! dit Roger, mon bien cher Hugo, écrivez-moi donc des vers sur mon squelette.

Hugo prit une plume, et sur l'os de l'omoplate écrivit les vers suivants :

> Squelette, réponds-moi : Qu'as-tu fait de ton âme?
> Flambeau, qu'as-tu fait de ta flamme?
> Cage déserte, qu'as-tu fait
> De ton bel oiseau qui chantait?
> Volcan, qu'as-tu fait de ta lave?
> Qu'as-tu fait de ton maître, esclave?

Roger de Beauvoir, outre son esprit et sa verve, avait reçu de la nature une santé de fer, un tempérament de feu. Tout cela fut mis, pendant quarante ans, au service d'une imagination qui inventait tous les jours quelque défi contre la vie.

Cette santé, qui, jusque-là, avait été son esclave, fut, en un jour et d'un seul coup, brisée par une chute. Une hypertrophie du cœur, qui n'attendait qu'un prétexte pour se déclarer, profita de celui-là.

Les jambes enflèrent, le ventre se ballonna.

Comme tous les hommes de lettres distingués, Roger avait grand nombre d'amis parmi les premiers médecins de Paris.

Ils accoururent tous à son chevet.

Malgré ce formidable concours des princes de la science, la maladie continua de faire des progrès.

Enfin, il fut décidé que la ponction était nécessaire

et que ce serait le docteur Favrot qui la lui ferait.

Favrot se présente chez le malade avec l'arrêt des médecins, et l'instrument de supplice.

Roger demande à examiner le *trois-quarts*, puis déclare qu'il aime mieux mourir que de se laisser opérer.

— Ma foi, vous faites peut-être bien, dit le docteur Favrot, qui appartenait à l'école sceptique.

— Alors, mon cher ami, dit Roger, du moment où il n'est plus question d'opération, buvons un verre de vin de Champagne.

— Buvons un verre de vin de Champagne, répète Favrot, qui ne veut pas contrarier son malade.

Au lieu d'un verre de Champagne, on vide deux bouteilles.

— Allons ! dit le docteur Favrot en quittant Roger, embrassons-nous, mon cher malade, car il est probable que nous ne nous reverrons pas !

— Vous croyez donc que ce ne sera pas long ? demande Roger.

— Je ne peux pas vous promettre que cela passera beaucoup dix ou douze heures !

Et le malade et le médecin s'embrassèrent pour la seconde fois.

Favrot se retire.

— Venez toujours demain, lui crie Roger de Beauvoir.

— Certainement, répond le médecin, je viendrai, ne fût-ce que par curiosité.

Et Roger s'accommode du mieux qu'il peut dans

son fauteuil pour y mourir tranquillement. Contre son attente, il s'endort d'un sommeil assez calme.

Pendant son sommeil, une crise s'opère; un exutoire se forme aux jambes; l'eau s'écoule, et, en se réveillant, Roger trouve sa chambre inondée, et lui guéri.

Le lendemain, Favrot revient, convaincu qu'il va trouver son malade mort.

Il sonne.

Et c'est Roger, qui n'avait pas marché depuis un an, qui vient lui ouvrir la porte.

Mais ce ne fut qu'un répit.

Bientôt la maladie revint, âcre, acharnée.

Dans ce combat quotidien, les forces de Roger s'usèrent peu à peu.

Sa joie se tarit, sa gaieté disparut.

Un instant encore, il garda, contre les douleurs morales et physiques, le masque menteur de Scarron!

Mais, un jour, vaincu, désarmé, il laissa tout tomber, même son masque, et il pleura.

Les larmes les plus amères ne sont-elles pas celles qui vous sont arrachées par les regrets de vous-même?

Le malheureux souffrait des douleurs atroces!

Pendant toute cette longue maladie, Roger demeura cloué dans un fauteuil.

La position horizontale, qui l'eût soulagé comme repos, lui devenait impossible. L'eau, dès qu'il était couché, lui remontait dans l'estomac et l'étouffait.

Enfin, torturé de douleur physique, abreuvé de

tristesse morale, se souvenant de son joyeux passé, il écrivit ces vers; ils sont peu connus; ils sont désespérés comme ceux que Gilbert envoyait de son lit d'hôpital :

> J'eus un ami pendant vingt ans,
> C'était la fleur de mon printemps;
> Tout cédait à son gai délire.
> Le plus morose le fêtait.
> Comme il buvait! comme il chantait!
> Cet ami s'appelait le Rire!
>
> Hélas! hélas! il est parti!
> A ses serments il a menti.
> Je demeure seul en ma chambre!
> Le grésil tinte à mes carreaux;
> Je me chauffe avec mes journaux,
> C'était avril. — Je suis décembre.
>
> Eh quoi! l'avoir sitôt perdu!
> J'ai brisé le verre où j'ai bu
> Si souvent dans sa compagnie!
> Quelquefois je fais un effort,
> Mais mon pauvre rire est bien mort,
> Et mon âme est à l'agonie!

Pourquoi donc la fin de ces joyeux esprits est-elle toujours si mélancolique!

X

Les journaux de Dumas. — Causeries culinaires. — Un souvenir d'Afrique. — Le mouton braisé. — Recette donnée à M. de Courchamp. — Rossini et Dumas. — Madame Ristori et son cuisinier. — La vraie manière de faire le macaroni à l'italienne.

Après avoir successivement fondé *le Mousquetaire*, *le Dartagnan*, *le Monte-Cristo*, Dumas créa un dernier journal. Ce journal s'appela *les Nouvelles*. Pendant quelque temps, il devint même quotidien.

D'habitude, le romancier rédigeait à lui seul ces feuilles qui lui coûtaient plus d'argent qu'elles ne lui en rapportaient. Il aimait cette publicité du journal personnel. Pour le public, c'était la preuve qu'il était encore actuel; pour lui, c'était le meilleur moyen de converser avec tous ses amis connus ou inconnus.

La causerie avec le lecteur — causerie familière, anecdotique, — tenait la première place dans les journaux de Dumas. Il s'y montrait toujours intarissable, amusant, habile à répandre l'intérêt sur les sujets les plus humbles.

Ces causeries intimes roulaient souvent sur l'art culinaire.

L'art de la cuisine était devenu une des préoccupations de Dumas dans les dernières années du romancier ; sa réputation très méritée s'était étendue ; on le consultait sur tel ou tel mets ; on parlait de son futur livre de cuisine, un livre bourré de recettes mirifiques qui devait être une révélation pour la gastronomie moderne.

Dumas, en cuisine, était éclectique et fantaisiste, mais d'un éclectisme toujours confirmé par l'expérience, d'une fantaisie sanctionnée par le succès.

Ainsi c'est une expérience faite pendant une halte de voyage qui lui prouva la supériorité du poulet rôti à la ficelle sur le poulet rôti à la broche.

Les lignes suivantes prouvent combien était fier de cette réputation nouvelle l'auteur des *Trois Mousquetaires*.

« Je vois avec plaisir que ma réputation culinaire se répand, et promet d'effacer bientôt ma réputation littéraire. Dieu soit loué ! Je pourrai donc me vouer à un état honorable et léguer à mes enfants, au lieu de livres dont ils n'hériteraient que pour quinze ou vingt ans, des casseroles ou des marmites dont ils hériteront pour l'éternité et qu'ils pourront léguer à leurs descendants, comme je les leur aurai léguées, à eux.

» Or, comme il est probable qu'un jour ou l'autre je quitterai la plume pour la cuiller à pot, je ne suis pas fâché de jeter d'avance les fondations du vrai monument de ma renommée. Qui nous dit que Carême ne vivra pas plus longtemps qu'Horace, et Vatel, qui se coupa la gorge, que Lucain, qui s'ouvrit les veines?... Je reçois déjà des lettres de toutes les parties de la France, des lettres où l'on me consulte, qui sur la polenta, qui sur le caviar, qui sur les nids d'hirondelle !

» Maintenant, vous me demanderez d'où vient mon goût pour la cuisine, et sous quel maître j'ai étudié la cuisine. Mon goût pour la cuisine, comme celui de la poésie, me vient du ciel.

» L'un était destiné à me ruiner, — le goût de la poésie, bien entendu; — l'autre à m'enrichir, car je ne renonce pas à être riche un jour.

» Quant au maître sous lequel j'ai étudié, comment voulez-vous que je vous dise cela, moi, éclectique par excellence !

» J'ai étudié sous tous les maîtres, et particulièrement sous ce grand maître qu'on appelle la nécessité.

» Demandez à mes compagnons de voyage en Espagne comment, pendant trois mois, je suis arrivé à leur faire manger de la salade sans huile et sans vinaigre, si bien qu'à leur retour en France, ils étaient dégoûtés de l'huile et du vinaigre.

» Ils vous le diront [1].

» En outre, j'ai connu de grands praticiens, Grimod de la Reynière, oncle de mon bon ami Dorset; Brillat-

---

1. *Le Mousquetaire.*

Savarin, qui survit non pas comme magistrat, mais comme inventeur des omelettes aux laitances de carpe; Courchamp, qui a laissé le meilleur dictionnaire de cuisine qui existe... J'ai beaucoup voyagé. Partout dans mes voyages, je me suis fait présenter aux cuisiniers habiles et aux gourmets reconnus. »

Dumas était également persuadé qu'en science culinaire, comme en toute science, on doit beaucoup au hasard.

Ainsi c'est un hasard qui lui enseigna une recette non moins étonnante que celle du poulet rôti à la ficelle.

Nous voulons parler du lapin cuit dans sa peau.

Cette nouvelle façon de préparer le lapin a fait sensation dans la gastronomie moderne. Elle se rapporte à un incident de voyage du romancier, incident qui mérite d'être cité.

En 1836, Dumas voyageait sur la côte d'Afrique.

Avant de traverser un bout de désert pour aller visiter l'amphithéâtre de Djemdjem, il fit halte à moitié chemin avec ses guides.

Moyennant la somme de six francs, il avait acheté un mouton de belle apparence et en avait fait cadeau à ses Arabes pour leur souper.

Il allait souper, lui, avec des œufs, du pilau et des figues d'Inde, lorsqu'en tournant les yeux vers les Arabes, il les vit préparer leur mouton d'une manière qui l'intéressa.

Ils l'avaient, avant tout, saigné au nom de Mahomet :

après quoi, sans le dépouiller, ils lui avaient ouvert le ventre, en avaient tiré les intestins, et, en y laissant le foie et les rognons, avaient introduit, dans l'ouverture, de la graisse, du sel, des aromates, du poivre, des figues et des raisins secs.

Après quoi, ils lui avaient proprement recousu le ventre.

Pendant ce temps d'autres avaient creusé un trou en terre, l'avaient garni de pierres plates, l'avaient bourré de branches sèches et avaient mis le feu aux branches. Les branches avaient formé un lit de braise. Sur ce lit de braise, les Arabes couchèrent leur mouton, et le couvrirent d'autres branches sèches auxquelles ils mirent le feu. Ces branches sèches, au bout d'un instant, furent réduites en braise à leur tour. Le mouton se trouva donc entre deux lits de braise, cuisant comme une châtaigne. Cette cuisson produisit d'abord une odeur de laine grillée assez désagréable, mais qui s'évapora bientôt pour faire place à un parfum de viande rôtie tellement succulent, que l'on vit poindre à l'horizon huit ou dix chacals et deux ou trois hyènes, attirés par cette délicieuse émanation.

Au bout d'une heure, les Arabes jugèrent le mouton arrivé à son degré de cuisson, et le tirèrent de son four.

On le plaça sur une longue feuille de bananier et on le gratta comme un charcutier gratte le cochon qu'il vient de flamber.

A la place de cette première couche noircie et calcinée, apparut une seconde couche rissolée et rousse à ravir.

Au bout d'un instant, une sueur onctueuse et parfumée couvrait cette peau.

Les Arabes firent signe au romancier de venir s'asseoir au milieu d'eux, ils l'invitaient à dîner.

Il accepta. Ce mouton braisé lui parut bien autrement succulent que les œufs à la coque et la poule au riz destinés à son souper.

La farce du ventre surtout lui sembla une chose merveilleuse.

Dumas conserva le souvenir de ce souper fait sur la côte d'Afrique.

Il se trouvait un jour à Compiègne avec quelques amis; il était descendu à l'*Hôtel de la Cloche et de la Bouteille*.

Il fit part au chef de cuisine de ses souvenirs à l'endroit du mouton arabe, et résolut de faire avec lui un essai de ce mode de cuisson sur un lapin.

L'expérience réussit à merveille.

Le lapin, dûment farci, mis et cuit à la broche avec sa peau, se trouva exquis. Courchamp, qui était un gastronome raffiné, mit à la mode cette manière de manger le lapin.

Un jour, un des amis de Dumas lui écrit pour lui demander la véritable recette du macaroni à la napolitaine. Cette fois, grand fut l'embarras du romancier.

Il ne pouvait souffrir le macaroni; c'était un sens

qui lui manquait. Il avait séjourné cinq ans en Italie sans pouvoir se décider à en manger.

Il en résultait que, n'aimant pas le macaroni, il ne s'était jamais inquiété de la façon dont il se faisait.

Pour se tirer d'embarras, et aussi pour obliger son ami, il écrivit à Rossini.

Le père de *Guillaume Tell* était, disait-on, l'homme qui mangeait le meilleur macaroni de Naples.

Rossini lui répondit par une lettre aimable, où il l'invitait à venir manger chez lui un succulent macaroni. Le maestro s'engageait, quand il en aurait mangé, à lui donner sa recette.

Dumas alla donc dîner chez Rossini ; mais celui-ci, s'apercevant que son hôte goûtait à peine le macaroni confectionné en son honneur, se froissa et le jugea indigne de connaître sa recette.

Le romancier eut beau insister sur ce sujet, il ne put rien obtenir. Aussi, il lui vint un soupçon, c'est que Rossini se contentait de manger du macaroni, mais que c'était son cuisinier qui, en réalité, le préparait. Il ne se gêna pas pour répéter partout que la réputation de l'illustre compositeur, comme macaroniste, était usurpée.

Son embarras subsistait toujours. Un matin, on sonne à sa porte et on lui annonce la visite du marquis del Grillo — le mari de madame Ristori, la célèbre tragédienne italienne qui faisait alors courir Paris. — Le marquis entre. Dumas devine un sauveur ; il lui tend les bras.

— Savez-vous faire le macaroni? lui demanda-t-il.

— Moi, non, fit-il; mais madame Ristori a su votre embarras, cher ami; venez dîner lundi avec elle, quoiqu'elle joue dans un bénéfice. Nous dînerons de bonne heure, et je vous ferai faire, la queue de la casserole à la main, connaissance avec un virtuose d'une bien autre force que Rossini.

— Bravo ! Je serai à trois heures chez vous.

En effet, le jour dit, à trois heures, Dumas arrivait chez le marquis del Grillo. On le conduisit à la cuisine et on le mit en présence du virtuose culinaire annoncé.

Ce dernier, prévenu de l'honneur qui l'attendait, était déjà à l'œuvre : il venait de plonger son macaroni dans une marmite pleine d'eau bouillante.

— Voilà un commencement d'exécution, fit le romancier; mais maintenant, mon ami, je vous serai obligé de me révéler votre procédé dans tous ses détails.

L'artiste culinaire alla prendre un plat où reposait une espèce de gelée liquide de couleur brune.

— Vous voyez bien ce jus de viande?

— Il paraît succulent.

— Eh bien, c'est la substance indispensable pour mouiller, pour lier notre macaroni.

Dumas ouvrit son carnet, prit un crayon et se mit en devoir d'écrire.

— Apprenez-moi, mon ami, avec quels ingrédients vous avez préparé cet appétissant jus de viande.

— Quatre livres de gîte à la noix, une livre de jambon fumé cru, quatre livres de tomates, quatre gros oignons blancs, avec thym, laurier, persil, gousse d'ail, le tout mouillé d'eau ordinaire et réduit par trois heures de cuisson.

L'artiste culinaire revint vers ses fourneaux, où bouillait le macaroni ; puis, après un silence :

— Retenez bien ceci, monsieur Dumas, continua-t-il : le macaroni trop cuit ne vaut rien ; il tombe en pâte et perd toute saveur ; il faut, selon l'expression napolitaine, *que cresca in corpo*, c'est-à-dire qu'il s'enfle dans le corps. Le degré de cuisson est une affaire de sentiment : quand vous l'aurez manqué deux fois, vous le réussirez une troisième. Aussi celui-ci est-il maintenant juste à point. Regardez bien ce que je fais pour arrêter une plus longue ébullition.

Dumas était tout yeux, tout oreilles.

L'artiste, après avoir retiré la marmite du feu, y précipita une carafe d'eau glacée.

La vapeur qui s'élevait au-dessus du vase tomba aussitôt.

Alors, il renversa aussitôt le contenu dans une passoire, afin d'en extraire toute l'eau.

Cette opération terminée, il prit une soupière, — une soupière tiède, — déposa au fond une poignée de parmesan finement râpé. Sur ce lit de fromage, il plaça un lit de macaroni, puis une couche de jus de viande, et ainsi de suite, en alternant fromage, macaroni, jus de viande, macaroni, fromage. Quand la soupière fut pleine, il la boucha hermétiquement.

— Maintenant, monsieur Dumas, vous en savez autant que moi, reprit l'artiste; dans dix minutes, je vais servir.

Le romancier rentra au salon.

Cette fois, il possédait bien la véritable recette du macaroni à la napolitaine!

Dumas n'était pas toujours seul à rédiger son journal *le Mousquetaire*.

Il lui arrivait quelquefois d'ouvrir les colonnes de sa spirituelle feuille à des jeunes gens désireux de débuter dans la littérature, et chez lesquels il reconnaissait l'étoffe ou la promesse d'un talent en herbe.

En voici un exemple :

Un jour de l'année 1868, un tout jeune homme vint sonner à la porte de l'appartement du boulevard Malesherbes, et demanda à être introduit auprès du maître.

Il donna son nom.

Il s'appelait Albert Delpit.

C'était, en effet, le futur auteur du poème de *l'Invasion*, de *Jean-nu-Pieds*, du *Fils de Coralie*, du *Père de Martial*, qui sollicitait une audience de Dumas.

Albert Delpit avait terminé ses études; il habitait le quartier Latin; il voulait faire de la littérature, et naturellement, sa famille s'y opposait de toutes ses forces. Il avait déjà proposé de la copie à différents journaux, mais partout il avait essuyé des refus.

On le trouvait trop jeune; il n'avait alors que seize ans.

L'idée lui vint que Dumas lui serait bienveillant et *le Mousquetaire* accueillant.

Il fut aussitôt introduit dans le cabinet de travail du romancier.

Celui-ci regarda l'adolescent, et se mit à le tutoyer tout de suite. C'était son habitude avec les jeunes.

Après les phrases préliminaires, il lui tint ce langage :

— Voyons, mon jeune ami, quel est le but de ta visite? Je t'écoute : tu as quelque chose à me demander, n'est-ce pas?

— Certainement, monsieur Dumas; je crois avoir quelques dispositions littéraires; mais aucun directeur de journal ne veut me donner l'hospitalité, alors je viens à vous, bien persuadé que vous m'ouvrirez toute grande la porte du *Mousquetaire*.

— Vraiment! Et qu'est-ce qui te donne cette persuasion?

— Un raisonnement que je me suis fait à moi-même, sachant votre bienveillance.

— Tiens! tiens! Quel est ton raisonnement?

— Je suis né à la Nouvelle-Orléans, un des États du sud de l'Amérique.

— C'est-à-dire que tu es un créole de la Louisiane... Après?

— Dans la Louisiane, nous sommes tous esclavagistes.

— Le progrès moral est en retard, chez vous. Ensuite?

— Vous, monsieur Dumas, étant d'origine mulâtre, vous êtes nécessairement anti-esclavagiste : nous différons d'origine, de couleur, d'opinion; nous sommes donc ennemis, et c'est précisément pour ce motif que vous ne pouvez me refuser le service que je viens vous demander.

Dumas se mit à rire.

— Oui, ton raisonnement est original; tu veux donc entrer au *Mousquetaire?*

— Actuellement, c'est mon plus cher désir.

— Accordé... Que veux-tu faire, au *Mousquetaire?*

— La chronique, la causerie de première page.

— Mets-toi devant ce bureau... Tiens... voici du papier, une plume... Fais-moi une chronique.

— Sur quel sujet?

— Je laisse le sujet à ton choix.

— En prose ou en vers, cette chronique?

— Pourquoi cette question?

— Si vous désirez que ma chronique soit en vers, je l'aurai bien plus vite faite.

Le romancier regarda le jeune homme plus attentivement.

— Tu as de l'esprit, mon garçon, j'augure bien de toi... Fais ta chronique en prose... je jugerai une autre fois de tes talents poétiques.

Delpit s'assied devant le bureau, réfléchit quelques secondes et se met à écrire.

Dumas reprend son travail, interrompu par l'arrivée du visiteur.

Trente ou trente-cinq minutes s'écoulent.

— Monsieur Dumas, j'ai terminé mon improvisation, reprend le jeune homme.

— Déjà?

— Je vais vous la lire, et dites-moi franchement si vous êtes satisfait.

— Va, je suis tout oreilles.

Et Delpit lut une chronique vive, alerte, amusante. La lecture terminée, il interrogea du regard la physionomie du romancier.

Celui-ci paraissait satisfait.

— Très réussie, ta chronique, lui dit-il; je vais l'envoyer à l'imprimerie; elle passera dans le premier numéro du *Mousquetaire*.

— Ainsi, vous m'admettez au nombre de vos rédacteurs?

— C'est convenu. Maintenant, mon cher enfant, laisse-moi, j'ai de la besogne pressée à terminer; mais à bientôt!

Delpit se retira en serrant avec effusion les mains de Dumas.

Quelques semaines après, il devenait son secrétaire; il garda cette fonction auprès de lui pendant plusieurs mois.

Il lui arriva alors l'aventure suivante, qui se passa sous les yeux de Dumas.

Delpit avait fait connaissance d'une jeune comédienne dont le nom nous échappe, et qui annonçait à cette époque un certain talent. Celle-ci eut l'idée de jouer *la Dame aux camélias*, et elle obtint l'autorisation de donner une représentation de cette pièce aux Nouveautés.

Les Nouveautés étaient alors un tout petit théâtre, situé au premier étage d'une maison du faubourg Saint-Martin.

Il a fermé depuis pour cause de faillite perpétuelle.

Les directeurs de cette petite salle y faisaient de déplorables affaires; les choses se passaient un peu comme à la salle de *la Tour-d'Auvergne* : les spectateurs s'amusaient à dialoguer avec les acteurs, ou à s'interpeller entre eux, le public sérieux et payant ne venait pas.

Ce soir-là, Delpit conduisit Dumas aux Nouveautés, et l'installa dans la principale avant-scène.

La petite salle était pleine; il y avait là des critiques, des journalistes, venus pour apprécier le talent de la jeune comédienne. La seconde galerie se trouvait occupée par des gens du faubourg Saint-Martin.

C'est Mounet-Sully — le futur sociétaire du Théâtre-Français — qui tenait le rôle d'Armand Duval.

Avant le lever du rideau, Delpit était derrière le théâtre. Il apprend que l'acteur qui devait jouer le personnage du comte de Giray, au second acte, ne peut venir. Il propose de jouer le rôle. On accepte sa proposition, et on lui donne la brochure. La représentation commence; le premier acte se termine sans accroc

6.

Delpit, au second acte, était entré dans la peau du comte de Giray; ce personnage n'a qu'une scène à jouer, scène dans laquelle il offre vingt mille francs à la dame aux camélias.

Notre futur auteur fait son entrée avec aisance, débite sa scène et propose vingt mille francs à Marguerite Gautier.

A peine avait-il fini d'énoncer son offre qu'une voix de la seconde galerie s'écrie :

— Eh! mon garçon, tu es encore bien jeune pour jeter ainsi vingt mille *balles* à la tête des femmes.

La saillie était drôle.

Toute la salle éclata de rire. Dumas s'épanouit dans une large hilarité.

Delpit était furieux; l'acte terminé, il monta à la seconde galerie pour chercher querelle au loustic qui l'avait interpellé; il était encore excité par Dumas, qui lui criait de son avant-scène :

— Montre à ce gaillard-là que tu n'es pas trop jeune pour taper dessus.

Une rixe allait éclater.

Des amis s'interposèrent, le tumulte cessa et on put écouter paisiblement le troisième acte de *la Dame aux camélias*.

A l'issue de la représentation, Dumas avoua à son jeune secrétaire que cette petite soirée passée aux Nouveautés l'avait beaucoup amusé.

XI

Histoire de mes bêtes. — Une ménagerie à Monte-Cristo. — Les méfaits du chien Pritchard. — Le jardinier Michel. — Le chat Mysouff. — Anecdotes.

Dumas, en 1867, publia, dans *les Nouvelles* l'*Histoire de mes bêtes*; c'est une série de causeries sur tous les animaux domestiques que le romancier avait successivement possédés.

Oh! les amusantes causeries! comme elles sont gaies, spirituelles, pleines d'imprévu! l'anecdote — toujours intéressante — y abonde; le charme vous empoigne, et ne vous permet pas de quitter le livre avant de l'avoir terminé.

Au temps de sa splendeur, Dumas avait installé dans sa propriété de *Monte-Cristo* une véritable ménagerie, une arche de Noé en diminutif.

On comptait d'abord un chien appelé *Pritchard*;

Puis un vautour appelé *Jugurtha*;

Trois singes : l'un qui portait le nom d'un traducteur célèbre, l'autre le nom d'un romancier illustre, et le troisième, qui était une guenon, celui d'une actrice à succès.

La demeure du romancier abritait, en outre, un grand perroquet bleu et rouge appelé *Duval;*

Un autre perroquet — jaune et vert — appelé *Papa Everard;*

Un chat appelé *Mysouff II;*

Un faisan doré appelé *Lucullus;*

Un coq appelé *César;*

Plus un paon et sa paonne; une douzaine de poules, et deux pintades.

Tout ce petit monde domestique était placé sous les ordres et sous la surveillance de Michel, concierge et jardinier de *Monte-Cristo*. Seul, le chien *Pritchard* échappait au contrôle et à la surveillance de ce dernier.

C'était un indépendant, qui vivait à sa guise, ne relevant que de sa volonté. C'était un chien étonnant que ce *Pritchard,* qui acquit bientôt une tapageuse notoriété, non seulement à Saint-Germain, à Marly, mais aussi dans de nombreuses localités de Seine-et-Oise.

Il appartenait à la race des *pointers* écossais; il avait les oreilles presque droites, les yeux couleur de moutarde, les poils longs, gris et blancs; sa queue se terminait par un magnifique plumet.

Dumas l'avait ramené d'une excursion qu'il avait faite à Ham, où il s'était rendu pour faire une visite à Louis-Napoléon Bonaparte, alors prisonnier dans le château de cette ville.

Comme chasseur, Pritchard était d'une intelligence remarquable : sa qualité maîtresse était le flair et la ténacité dans l'arrêt.

Découvrait-il au gîte un lièvre ou un lapin, il le tenait en arrêt vingt, trente, quarante minutes s'il le fallait.

De nombreux défauts ternissaient cette qualité : il était pillard, indiscipliné, gourmand ; il excitait les plaintes et les reproches des voisins ; il suscitait, en raison de ses déprédations, des réclamations et des procès-verbaux à son maître.

Malgré ces inconvénients, — résultats d'un tempérament fougueux, — Dumas s'attacha vite à son chien et lui marqua toute sa vie une prédilection très sensible.

Peut-être en est-il de certains animaux comme de certaines gens, on les aime autant pour leurs qualités que pour leurs défauts.

Pritchard, qui était un malin, avait des moyens à lui pour se réconcilier avec son maître ; il savait toujours racheter ses méfaits par quelque prouesse, quelque trait original, exécuté dans le cours d'une chasse ou d'une promenade.

Il était hospitalier, du reste, comme Dumas. A l'époque où celui-ci était propriétaire de *Monte-Cristo*, il n'y eut jamais ni mur, ni fossé, ni haie, ni clôture quelconque. Il en résultait que les gens comme les bêtes pouvaient entrer dans la propriété, s'y promener tout à leur aise, cueillir les fleurs, récolter les fruits, sans crainte d'être prévenus de vol avec escalade ou effraction.

Aussi Pritchard mettait-il largement à profit cette absence de toute clôture autour de la demeure de son maître, pour exercer ses qualités hospitalières [1].

Cette hospitalité s'exerçait de sa part de la façon la plus simple et la plus antique.

Il s'asseyait au beau milieu de la route de Marly, allait à tout chien qui passait avec ce grognement moitié menaçant, moitié amical, qui constitue la manière de s'aborder des chiens.

Les deux quadrupèdes se souhaitaient alors un bonjour de bienvenue; puis la conversation s'engageait entre eux à peu près en ces termes :

— As-tu un bon maître? demandait le chien étranger.

— Pas mauvais, répondait Pritchard.

— Est-on bien nourri chez ton maître?

— Mais on a la pâtée deux fois par jour, des os au déjeuner et au dîner, et, pendant le reste de la journée, ce qu'on peut voler à la cuisine.

Le chien étranger se léchait les babines.

— Peste! disait-il, tu n'es pas malheureux.

— Je ne me plains pas, répondait Pritchard.

Puis, voyant que le chien étranger devenait pensif :

1. *Histoire de mes bêtes.*

— Te plairait-il de dîner avec moi ce soir?

Le nouveau venu acceptait l'invitation avec reconnaissance.

Et, à l'heure du dîner, Dumas était fort étonné de voir entrer, à la suite de Pritchard, un animal qu'il ne connaissait pas, qui s'asseyait à côté de lui, et allongeait sur lui une patte sollicitcuse, de manière à lui prouver que les meilleurs rapports lui avaient été faits sur sa charité chrétienne.

Invité sans doute par Pritchard à passer la soirée à Monte-Cristo avec lui, comme il y avait passé la journée, le chien restait, trouvait le soir qu'il était trop tard pour retourner chez lui, se couchait à un endroit ou à un autre sur le gazon et passait là sa grasse nuit.

Le matin, au moment de s'en aller, le chien faisait trois ou quatre pas vers la porte, puis, se ravisant, disait à Pritchard :

— Est-ce que ce serait bien indiscret si je restais dans la maison ?

Pritchard répondait :

— Avec certains ménagements, tu pourras parfaitement faire croire que tu es le chien du voisin; au bout de deux ou trois jours, on ne fera plus attention à toi et tu seras de la maison.

Le chien restait, se dissimulait le premier jour, faisait la révérence à Dumas le second jour, sautait après lui le troisième, et il y avait un hôte de plus dans la maison.

Un jour, Michel aborda le romancier avec un air de circonstance; Michel prenait ses fonctions au sérieux, et il lui arrivait souvent d'échanger avec son maître d'étonnants dialogues au sujet des hôtes improvisés de Monte-Cristo[1].

— Monsieur sait-il combien il y a de chiens dans sa propriété ?

— Non, Michel, répondit Dumas.

— Monsieur, il y en a treize.

— C'est un mauvais compte, Michel, et il faut prendre garde qu'ils ne se mettent à table tous ensemble; il y en aurait infailliblement un qui mourrait le premier.

— Mais ce n'est pas cela, monsieur, reprit Michel.

— Qu'est-ce que c'est ?

— C'est que ces gaillards-là mangeraient par jour un bœuf avec ses cornes !

— Croyez-vous qu'ils mangeraient les cornes, Michel ? Moi, je ne le crois pas.

— Ah ! si monsieur le prend comme cela, je n'ai rien à dire.

— Vous avez tort, Michel. Dites : je le prendrai absolument comme vous voudrez.

— Eh bien, si monsieur veut me laisser faire, je prendrai tout simplement un fouet, et je mettrai tout ça à la porte dès ce matin.

---

1. *Histoire de mes bêtes.*

— Voyons, Michel, mettons-y des formes. Tous ces chiens, au bout du compte, en restant ici, rendent hommage à la maison; donnez-leur aujourd'hui un grand dîner, prévenez-les que c'est le dîner d'adieu, et, au dessert, vous les mettrez tous à la porte.

Michel allait se retirer, quand Dumas — saisi d'un scrupule — le retint du geste.

— Michel, reprit-il, il faut supporter certaines charges qui sont les conditions du terrain, de la position sociale, du caractère que l'on a le malheur d'avoir reçu du ciel; puisque les chiens sont dans la maison, eh! mon Dieu, qu'ils y restent. Je ne crois pas que ce soient les bêtes qui me ruinent jamais, Michel; seulement, dans leur intérêt, veillez à ce qu'ils ne soient plus treize, mon ami.

— Monsieur, j'en chasserai un, afin qu'ils ne soient plus que douze.

— Non, Michel, laissez-en venir un au contraire, afin qu'ils soient quatorze.

Michel poussa un soupir.

— Si c'était une meute, encore! murmura-t-il.

C'était bien une meute, mais une singulière meute. Dans ce tas de chiens errants, toutes les races comptaient un représentant.

Il y avait un loup de Vienne, il y avait un caniche, il y avait un barbet, il y avait un griffon, il y avait un basset à jambes torses, un jeune terrier, un jeune king-charles, il y avait jusqu'à un chien turc, qui n'avait de poil par tout le corps qu'un plumet sur la tête et une bouffette au bout de la queue.

Du reste, tout ce monde de quadrupèdes vivait dans la meilleure harmonie du monde ; c'était à donner des leçons de fraternité à un phalanstère.

Le jardinier Michel recruta une petite épagneule nommée Lisette, et ainsi le nombre des chiens fut porté à quatorze.

« Eh bien, ajoute gaiement Dumas après avoir raconté tout ce qui précède[1], ces quatorze chiens, tout compte fait, me coûtaient cinquante ou soixante francs par mois. Un seul dîner, donné à cinq ou six de mes confrères, m'eût coûté le triple, et encore fussent-ils certainement sortis de chez moi en trouvant mon vin bon peut-être, mais, à coup sûr, ma littérature mauvaise. »

Monte-Cristo, on le voit, était une véritable maison du bon Dieu.

La libéralité envers les gens, l'hospitalité envers les bêtes s'y exerçaient largement du matin au soir.

Monte-Cristo fut une des causes de la pauvreté finale de Dumas. C'est sans doute en pensant à ces années d'abondance qu'il laissa échapper cette réflexion — consignée dans un de ses derniers livres :

« On m'appelle panier percé ; mais trop souvent on oublie de dire que ce n'est pas toujours moi qui qui ai fait des trous à mon panier. »

---

1. *Histoire de mes bêtes.*

Ce n'étaient pas les chiens seuls qui avaient droit à la grande hospitalité de Monte-Cristo. Les chats y recevaient également bon accueil.

Un jour, comme Dumas se trouvait dans son cabinet de travail, il aperçut sur une causeuse, placée en retour de la cheminée, un objet qui ressemblait à un manchon blanc et noir, et qui n'était pas de sa connaissance.

Il s'approcha.

Le manchon ronronnait de la façon la plus sensuelle.

C'était un jeune chat qui dormait.

— Madame Lamarque! s'écria-t-il, madame Lamarque!

Cette dernière était la cuisinière de Monte-Cristo; elle accourut à l'appel de son maître.

— D'où me vient ce nouvel hôte? fit Dumas en lui montrant le chat.

— Monsieur, dit le cordon bleu d'un ton sentimental, vous avez devant vous un Antony.

— Comment, un Antony, madame Lamarque?

— Autrement dit, un enfant trouvé, monsieur.

— Ah! ah! — Pauvre bête!

— Je savais bien que cela intéresserait monsieur!

— Et où l'avez-vous trouvé?

— Dans la cave, monsieur.

— Dans la cave?

— Oui, j'entendais: « Miaou! miaou! miaou! » Je me suis dit: « Ça ne peut être qu'un chat. »

— Vraiment! vous vous êtes dit cela?

— Oui, et je suis descendue, monsieur, et, derrière les fagots, j'ai trouvé le pauvre animal. Alors, je me suis rappelé que monsieur avait dit une fois : « Madame Lamarque, il faudra avoir un chat. »

— J'ai dit cela, moi? Je crois que vous vous trompez, madame Lamarque.

— Monsieur l'a dit, pour sûr. Alors je me suis dit : « Puisque monsieur désire un chat, c'est la Providence qui nous envoie celui-ci. »

— Tiens! tiens! vous vous êtes dit cela, chère madame Lamarque?

— Oui, et je l'ai recueilli, comme monsieur voit.

— Si vous éprouvez absolument le besoin de partager votre tasse de café avec un convive, vous êtes parfaitement libre.

— Seulement, comment l'appellerons-nous, monsieur?

— Nous l'appellerons Mysouff, si vous voulez bien.

— Comment, si je veux? monsieur est le maître.

Dumas avait à Monte-Cristo une grande volière remplie d'oiseaux rares, de bengalis, entre autres, auxquels il tenait beaucoup. L'introduction de ce chat dans la maison lui causait des appréhensions sur la destinée de ces volatiles.

— Faites bien, madame Lamarque, attention que ce nouveau venu ne mange pas mes bengalis.

En ce moment, Michel entra; Dumas lui fit part de ses craintes au sujet du chat.

Mais Michel était un garçon d'un esprit fertile; il avait des recettes applicables à toutes les circonstances.

— Monsieur, dit-il, je connais un moyen d'empêcher les chats de manger les oiseaux.

— Voyons le moyen, mon ami !

— Monsieur, vous avez un oiseau dans une cage, vous le cachez de trois côtés, vous faites rougir un gril; vous mettez le gril du côté de la cage qui n'est pas caché, vous lâchez le chat et vous sortez de la chambre. Le chat prend ses mesures, il s'accroupit, et, d'un bond, il retombe les quatre pattes et le nez sur le gril. Plus le gril est rouge, plus il est guéri !

— Le moyen doit être efficace, reprit Dumas; je vous laisse juge du moment où vous devrez y soumettre Mysouff; car il est bien entendu que nous appelons ce nouveau venu Mysouff.

— Certainement on appellera cette bête Mysouff, puisque monsieur paraît tant tenir à ce nom, fit la cuisinière en emportant le chat dans ses bras.

Pourquoi Dumas tenait-il si fort à ce nom ? C'est que ce chat — rencontré dans son cabinet de travail — lui avait rappelé un passé déjà loin; il s'était reporté par le souvenir à quinze ans en arrière. Il était alors employé expéditionnaire chez le duc d'Orléans; il habitait avec sa mère un modeste logement, situé rue de l'Ouest.

Sa place, qui lui valait quinze cents francs par an,

l'occupait de dix heures du matin à cinq heures de l'après-midi ; elle faisait vivre la mère et le fils.

Dumas et sa mère avaient un chat qui s'appelait Mysouff, un chat véritablement extraordinaire : il était fidèle et dévoué comme un caniche d'aveugle.

Tous les matins, quand Dumas sortait pour se rendre à son bureau, Mysouff l'accompagnait depuis la rue de l'Ouest jusqu'à la rue de Vaugirard.

Tous les soirs, vers cinq heures, Mysouff attendait rue de Vaugirard son jeune maître, qui revenait de son bureau, et il lui faisait la conduite jusqu'au logis.

Mais Mysouff ne franchissait jamais la rue de Vaugirard : c'était sa limite.

Il possédait une merveilleuse qualité d'intuition : il devinait les jours où Dumas, retenu à dîner en ville ou occupé ailleurs, ne devait pas rentrer à la maison.

On avait beau alors lui ouvrir la porte, pour l'inviter à sortir, Mysouff ne bougeait pas de son coussin. Au contraire, les jours où Dumas devait rentrer au logis, si l'on oubliait de lui ouvrir la porte, Mysouff la grattait de ses griffes jusqu'à ce qu'on lui livrât passage.

Aussi la mère de Dumas adorait-elle ce chat ; elle l'appelait son baromètre.

— Mysouff marque mes bons et mes mauvais jours, disait l'excellente femme à son fils : les jours où tu viens, c'est mon beau fixe ; les jours où tu ne viens pas, c'est mon temps de pluie.

C'étaient ces souvenirs qui avaient plaidé en faveur du nouveau venu.

Monte-Cristo compta donc un hôte de plus.

Mais Mysouff II ne ressemblait pas du tout à Mysouff Ier ; il était sournois, peu sociable, et rebelle aux prévenances !

Un jour, il se rendit coupable d'un forfait abominable. Il s'était lié avec les singes de la maison, et avait décidé ceux-ci à fracturer un des côtés de la volière, où se trouvaient les bengalis, les cailles et autres oiseaux précieux. Il avait pénétré alors dans la cage ; et, après avoir fait un massacre affreux des volatiles, avait mangé sans remords plusieurs de ses victimes.

Michel fut le premier qui s'aperçut de la catastrophe, et, consterné, il vint prévenir Dumas.

A son tour, celui-ci ne put que constater le carnage de ses oiseaux.

— Monsieur, dit Michel en montrant le coupable qu'on avait été querir, ce gredin mérite un châtiment exemplaire.

— Le fait est que Mysouff a étrangement méconnu les lois de l'hospitalité !

Michel voulait gratifier ce dernier d'un coup de fusil.

Mais Dumas s'opposa à cette exécution, qui lui parut trop prompte et trop brutale ; il résolut d'attendre le dimanche suivant pour faire juger Mysouff par les amis qui, ce jour-là, viendraient déjeuner à Monte-Cristo.

Le dimanche suivant, les amis hebdomadaires, au nombre desquels se trouvait Nogent-Saint-Laurens, étant venus, on procéda au jugement de Mysouff.

Michel fut nommé procureur général, et Nogent-Saint-Laurens défenseur d'office.

Celui-ci, prenant au sérieux l'accusation, déploya toute son éloquence pour faire valoir l'innocence de Mysouff; il fit ressortir la malice des singes, qui, en fracturant la volière, avaient invité le chat au carnage des volatiles; il s'efforça d'établir que le coupable avait parfaitement pu croire que les bengalis, les cailles surtout, étaient destinés à la table, à la nourriture du maître, et qu'en les étranglant, il n'avait fait, selon lui, que devancer l'arrêt de la cuisinière... Enfin, il plaida si bien les circonstances atténuantes, que Mysouff évita la peine capitale; il fut condamné seulement à partager pendant cinq ans la cage des singes.

Et encore la durée de cette peine fut-elle par la suite considérablement abrégée.

XII

Le nègre Alexis. — Ses aventures. — Un serviteur trop chan
geant. — Souvenirs de 1846. — M. de Salvandy. — Un vautour de 50 000 francs. — Une interpellation à la Chambre.

En racontant cette amusante *Histoire de mes bêtes*, Dumas raconte un peu aussi l'histoire de ses serviteurs.

Il n'y a pas de grand homme pour son valet de chambre, dit-on; dans son intérieur, Dumas savait toujours rester original et fantaisiste. Un jour, cependant il rencontra un serviteur aussi original — dans son genre — et aussi fantaisiste que lui.

Les rapports du maître et du serviteur devaient amener une succession de scènes, empreintes d'un haut comique.

Madame Dorval étant venue une fois à Monte-Cristo, avait emmené avec elle un jeune nègre, nommé Alexis et né à la Havane. Il était noir comme la nuit, mais avait un sourire pas trop niais, et deux bons yeux à fleur de tête.

Madame Dorval pria Dumas de prendre Alexis à son service.

Dumas n'avait pas besoin d'un serviteur de plus; mais cela paraissait faire plaisir à madame Dorval, puis il y avait de la place à Monte-Cristo. Il agréa Alexis, et le remit aux mains de Michel, avec mission de voir ce que l'on pourrait faire du nouveau venu.

Michel commença par regarder le nègre.

— Qui est-ce qui t'a blanchi, mon garçon? lui demanda-t-il.

— Plaît-il? fit Alexis.

— Je te demande le nom de ta blanchisseuse, afin de lui réclamer la monnaie de ta pièce; en voilà une qui t'a volé. Allons! viens, Soulouque!

Par la suite, Michel appela toujours Alexis du nom de Soulouque.

Comme ce dernier ne savait absolument rien faire, il demeura longtemps à Monte-Cristo sans occupation définie.

Quand Dumas eut enrichi sa ménagerie de trois singes, la garde, la surveillance de ces quadrumanes revint de droit à Alexis.

Cette situation dura jusqu'à la révolution de février 1848.

Le lendemain de la proclamation de la République, Alexis entra dans le cabinet de travail de Dumas et vint se planter devant son bureau.

Le nègre avait la figure épanouie.

— Eh bien, mon ami, qu'y a-t-il? demanda le romancier.

— Monsieur sait qu'il n'y a plus de domestiques, dit Alexis.

— Non! je ne savais pas cela.

— Eh bien, monsieur, je vous l'apprends.

— Mais il me semble que voilà une bien mauvaise nouvelle pour toi.

— Non, monsieur, au contraire.

— Tant mieux! Alors, que vas-tu devenir?

— Monsieur, je voudrais être marin.

— Voilà une vocation bien subite; du reste, tu tombes bien, j'ai dans le nouveau gouvernement des amis qui pourront te donner un coup d'épaule pour devenir amiral.

En effet, Dumas comptait pour ami François Arago, membre du gouvernement provisoire et ministre de la marine, ainsi qu'un nommé Allier, qui occupait un poste important dans le même ministère.

Alexis demanda à son maître une lettre de recommandation pour ce dernier.

— Volontiers, fit Dumas; mais réfléchis bien, mon garçon.

— A quoi, monsieur?

— Tu renonces à une bonne place; tu sacrifies à la patrie les trente francs que je te donne par mois.

— Mais, monsieur, puisqu'il n'y a plus de domestiques!

— Tu feras exception... C'est toujours bon d'être rangé dans les exceptions.

— Non! monsieur, je veux être marin.

— Alors, voici une lettre pour mon ami Allier, les trente francs du mois que je te dois, et un certificat... J'ai menti, car il est excellent... Maintenant, mon garçon, tâche de devenir amiral le plus tôt possible, et au revoir!

Alexis partit.

Quelques semaines après, le valet de chambre de Dumas venait l'avertir qu'un marin demandait à le voir.

— Un marin? Qu'est-ce que cela peut être? je n'en connais pas.

— C'est un marin nègre, monsieur.

— Ah! ce doit être Alexis... Fais entrer.

Effectivement, c'était Alexis; il portait le costume de marin de la flotte.

Le romancier ne tarda pas à s'apercevoir que son ancien serviteur était mélancolique.

— Qu'est-ce que tu as, mon garçon? Un marin doit toujours être content.

— Peut-être, monsieur; mais, en ce moment, je ne suis pas content... oh! du tout!

— Ah çà! que t'est-il donc arrivé?

— Eh bien, monsieur m'a donné un trop bon certificat.

— Tu deviens obscur, Alexis... Explique-toi.

— Sachez d'abord que M. Allier m'a engagé comme

mousse ; puis, ayant lu le certificat que m'avait donné monsieur, il m'a demandé comme cela : « Est-ce vrai, tout le bien que ton maître dit de toi ? — C'est l'exacte vérité, ai-je répliqué. — Eh bien, en considération du certificat, au lieu de t'envoyer dans un port de mer, je te prends à mon service. »

— Alors, maintenant, tu es le domestique d'Allier?

— Oui, et je ne sers la République qu'après avoir servi M. Allier.

— Combien te donne-t-il par mois ?

— Absolument rien du tout !

— Hum! tu attrapes bien, de temps en temps, quelque coup de pied au derrière, quelque taloche sur l'oreille. Je connais Allier, il n'est pas homme à lésiner sur ce chapitre.

— Ça, c'est vrai; il ne compte pas de ce côté-là, les appointements sont fameux.

Alexis se mit à soupirer.

— Cela te prouve, mon garçon, que l'expérience est une science qu'on achète à ses dépens... Tu m'as quitté parce que tu ne voulais plus être domestique... Maintenant, tu sers Allier gratis !

Le nègre soupira encore plus profondément.

— Tiens, continua Dumas, voilà cent sous pour boire; ne te décourage pas et tâche de devenir amiral.

Le romancier n'en avait pas fini avec son ancien serviteur.

Quelques jours après l'insurrection de juin, Alexis

revint le voir; il avait l'air rayonnant; il portait le sabre au côté et le chapeau sur l'oreille.

— Eh bien, mon ami, qu'est-ce qu'il y a de nouveau dans ta destinée? lui demanda Dumas.

— Je suis toujours au service de la République, mais j'ai quitté celui de M. Allier.

— Alors le but de ta visite est de m'annoncer cette bonne nouvelle?

— Je viens aussi vous faire part d'un désir : je voudrais être incorporé dans la garde mobile.

— Tiens! tiens! pourquoi veux-tu quitter la marine pour la mobile?

— Dans la mobile, on est décoré.

— Quand on s'est battu.

— Je me battrai, s'il le faut. Monsieur connaît-il le colonel de la mobile?

— C'est Clary, un de mes intimes.

— Si monsieur voulait avoir la bonté de me donner une lettre pour lui... Mais, cette fois, pas de certificat.

— Volontiers.

Le romancier se mit en devoir d'écrire une lettre au colonel Clary.

— Voici un mot de recommandation pour le chef de la mobile; mais ne reviens me voir qu'avec la décoration.

— Oh! monsieur peut être sûr que je ferai tout mon possible.

Le nègre se retira enchanté.

Six semaines après, Alexis revenait encore voir son ancien maître.

Il portait l'uniforme de la mobile, mais il avait l'attitude et le langage d'un homme désappointé.

Il l'était, en effet.

Depuis qu'il était garde mobile, il n'y avait plus d'émeutes, et, par conséquent, plus d'occasions de gagner la croix; puis on allait licencier la garde mobile et verser les hommes dans l'armée régulière.

Cette dernière perspective attristait surtout Alexis; il venait donc demander conseil à son ancien maître.

— Décidément, fit Dumas, tu as le caractère versatile, tu n'es content d'aucune position.

— Alors, monsieur me conseille de rester soldat?

— Non seulement je te le conseille, mais je ne sais même pas comment tu pourrais faire autrement.

— Allons! je vois qu'il faut que je me résigne.

— Oui, mon garçon, c'est le meilleur parti que tu aies à prendre.

Et Alexis partit, mal résigné.

Trois mois se passèrent. Dumas n'entendait plus parler de son ancien serviteur; il n'y pensait donc plus. Un matin, on lui remit une lettre portant le timbre d'Ajaccio. Il ouvrit la lettre : elle était d'Alexis. Dans cette missive, le nègre se plaignait de la triste vie de garnison qu'il menait dans la capitale de la Corse.

Il n'avait pas d'argent, il ne pouvait pas régaler les camarades; il n'osait courtiser aucune femme par crainte de la *vendetta*. Enfin, il faisait un pressant appel au bon cœur de son ancien maître pour que celui-ci fît des démarches au ministère de la guerre et qu'il obtînt sa libération du service militaire. Dans ce dernier cas, il lui proposait de rentrer à son service et d'être son domestique gratis. Il terminait sa lettre par ces quelques lignes bien senties :

« Si, dans votre désir de me revoir plus vite, vous vouliez m'envoyer quelque monnaie, afin de ne pas prendre congé de mes camarades comme un pleutre, elle serait la bienvenue pour boire à votre santé et faciliter le voyage. »

Cette missive toucha Dumas; il alla trouver au ministère de la guerre son ami Charras et le pria d'appuyer sa demande auprès du colonel d'Alexis; puis il écrivit à ce dernier et mit dans sa lettre un mandat de cinquante francs, destiné à son ancien serviteur.

Six semaines après, Alexis faisait sa rentrée chez Dumas en qualité de valet de chambre.

Fidèle à sa parole, le nègre ne demandait à son ancien maître que la nourriture, le logement et l'habit; il entendait ne pas recevoir un sou.

Le romancier fit semblant d'accepter cette dernière condition; en réalité, il voulait faire une expérience : il désirait voir la différence qu'il y avait entre Alexis touchant trente francs par mois, et Alexis le servant gratis.

La suite lui prouva qu'il n'y en avait aucune.

Ces conventions arrêtées, le nègre s'enquit de son ancienne livrée.

— Cherche, mon garçon, et tu trouveras, suivant le précepte de l'Évangile, fit Dumas.

Alexis sortit pour se mettre à la recherche de son ancienne livrée.

Il rentra, la tenant à la main.

— Monsieur, dit-il, d'abord elle est mangée des vers; et puis je ne peux plus entrer dedans.

— Diable! Alexis, que faire?

— Est-ce que monsieur n'a pas toujours son même tailleur?

— Il est mort, et je ne lui ai pas encore donné de successeur.

— Alors, comment vais-je faire?

— Va demander à mon fils l'adresse de son tailleur, et cherche dans ma garde-robe quelque chose à ta convenance.

Profitant de cette permission, Alexis alla inspecter la garde-robe de son maître, et il choisit pour son usage un pantalon vert-chou à carreaux gris, une redingote noire, un gilet piqué blanc et une cravate de batiste. Quand il eut revêtu toutes les pièces de ce costume fashionable, il alla s'offrir aux regards de Dumas.

D'abord, celui-ci ne le reconnut pas.

— Approche, mon garçon, que je te considère de plus près.

— Monsieur me trouve-t-il convenablement habillé ainsi?

— Mais tu as mis ma redingote neuve?

— C'est bien possible, monsieur.

— Et mon meilleur pantalon?

— Je ne dis pas le contraire, monsieur.

— Ah çà! où as-tu la tête? à quoi as-tu pensé?

— Mais j'ai pensé que monsieur verrait avec plaisir que j'ai eu l'amour-propre d'être bien mis pour faire ses courses.

— Je te proclame étonnant, Alexis! Et moi, que mettrai-je?

— Oh! j'ai laissé à monsieur ses vieux habits!

— Ta discrétion me désarme, Alexis, j'ai eu tant d'amis qui m'ont pris mes hardes neuves sans même me laisser les vieilles, comme tu l'as fait!

En 1852, — à la suite de circonstances inutiles à rapporter ici, — Dumas quitta Paris pour aller habiter Bruxelles.

Il s'installa dans une petite maison située sur le boulevard Waterloo.

Il avait emmené Alexis avec lui.

Ce dernier, à Bruxelles, fut la proie de toutes les curiosités. Il voulut visiter la ville en détail, puis faire des études comparatives entre la langue belge et la langue française.

Il arriva que le valet de chambre du romancier était dehors toute la matinée, tout l'après-midi, toute la soirée; il ne se montrait à la maison qu'à l'heure des repas.

Ce manège dura plusieurs semaines.

Un jour, cependant, Dumas l'attendit à une de ses rentrées, et lui dit :

— Je vais t'annoncer, mon garçon, une nouvelle qui te fera plaisir : je viens d'engager un domestique pour nous servir ; mais, je t'en prie, ne l'emmène pas avec toi quand tu sors.

Alexis regarda son maître avec de gros yeux ébahis.

— Je vois bien que monsieur veut me donner mon congé.

— Non, Alexis, je n'ai pas encore prononcé le mot.

— Au fait, j'aime mieux être franc avec monsieur !

— Sois franc, mon garçon : que veux-tu m'avouer ?

— J'ai reconnu moi-même que je ne faisais plus l'affaire de monsieur.

— Enfin ! mieux vaut tard que jamais.

— Décidément, je ne suis pas fait pour être domestique, continua le nègre ; ma vraie vocation est d'être soldat.

— Comment, encore ?

— Oh ! mais, cette fois, je resterai au régiment.

— Je l'espère bien ainsi.

— Quand monsieur veut-il que je parte ?

— Fixe toi-même ton départ.

Au dernier moment, une contestation amicale s'éleva entre le maître et le serviteur, à propos des gages de ce dernier.

Dumas avait laissé croire à Alexis qu'il le reprenait à son service gratis ; mais, en réalité, il avait mis ses gages de côté, et il se trouvait ainsi lui devoir une somme de quatre cent cinquante francs, représentant quinze mois de service.

Quand il voulut lui donner cette somme, le nègre refusa d'abord de l'accepter.

Il avait juré qu'il servirait Dumas gratis, et il ne voulait pas démordre de cette convention.

Le romancier dut insister.

— Je te préviens, mon garçon, lui dit-il, que je peux te forcer d'accepter ton argent, les lois belges sont sévères.

— Je ne voudrais pas faire un procès à monsieur, bien certainement; je sais que monsieur ne les aime pas.

— Alors, fais des concessions, Alexis; prends tes gages.

— Je proposerai un arrangement à monsieur.

— Lequel? Parle, Alexis, je ne demande pas mieux que de nous arranger.

Alors ce dernier représenta à Dumas que, s'il lui remettait à la fois l'énorme somme de quatre cent cinquante francs, il la dissiperait en peu de jours; il désirait donc que le romancier donnât ordre à son éditeur de lui compter cinquante francs par mois.

De cette manière, il pourrait vivre de loisirs pendant huit mois; le neuvième, il s'engagerait.

Dumas accepta ce moyen terme; il remit à Alexis une délégation sur son éditeur Cadot.

Le nègre partit, non sans avoir demandé à son maître de le presser sur sa poitrine.

Il vint à Paris, et trouva moyen de vivre fastueusement avec les cinquante francs que lui remettait l'éditeur Cadot.

Cette existence de cocagne dura huit mois.

Sur le boulevard, Alexis était connu sous le nom du *prince noir*.

Le neuvième mois, il s'engagea dans un régiment, comme il l'avait promis à Dumas.

Cette fois, il fit preuve de persévérance dans la carrière militaire.

Comme il était assez fort sur l'escrime, il fut même nommé prévôt d'armes dans son régiment.

Dumas nous apprend que le nègre s'est maintenu dans cette dernière situation.

Nous insistons un peu sur l'*Histoire de mes bêtes*, non seulement parce que cet ouvrage démontre que Dumas avait conservé intact dans sa vieillesse son merveilleux talent de conteur, mais aussi parce que ces amusants récits renferment sur le romancier une foule d'anecdotes rétrospectives, mais toujours intéressantes.

Après nous avoir dit que la ménagerie de Monte-Cristo renfermait un vautour appelé *Jugurtha*, le romancier nous apprend que cet oiseau de proie lui coûta quarante mille francs, et dix mille francs au gouvernement.

Payer cinquante mille francs un vautour, c'est cher, n'est-ce pas?

L'histoire de ce vautour est un peu celle de son

voyage en Espagne et sur les côtes d'Afrique, en 1846.

Ce voyage devint lui-même un des épisodes de la vie politique de Dumas.

La carrière politique de l'auteur des *Trois Mousquetaires* se traduit par trois faits :

La prise de la poudrière de Soissons en 1830 (Dans ses *Mémoires*, il parle longuement de cet exploit) ;

Le voyage en Espagne et en Afrique, entrepris en 1846, à la demande de M. de Salvandy, alors ministre de l'instruction publique, — et une tentative de candidature dans le département de l'Yonne, en 1849.

Tout à l'heure nous parlerons de cette tentative électorale; elle est trop originale pour être passée sous silence.

Nous y reviendrons.

Disons d'abord par quel concours de circonstances le vautour Jugurtha fut transplanté du fond de l'Algérie à Monte-Cristo.

Un jour du mois de septembre 1846, Dumas reçut une lettre du secrétaire de M. de Salvandy, l'invitant à se présenter le lendemain au ministère de l'instruction publique.

A cette lettre était jointe une invitation à dîner.

Le romancier, passablement intrigué, — il connaissait à peine le ministre, — se rendit à l'invitation.

Après le dîner, M. de Salvandy prit Dumas par le bras, et l'entraîna dans le jardin du ministère.

— Mon cher romancier, lui dit-il, il faut que vous me rendiez absolument un service.

— Je ne demande pas mieux; mais en quoi un homme de lettres peut-il être utile à un ministre?

— Avez-vous pris des dispositions pour l'hiver?

— Moi? Est-ce que je prends jamais des dispositions? Je vis comme les oiseaux, sur une branche; s'il ne fait pas de vent, j'y reste; s'il fait du vent, j'ouvre mes ailes et je m'en vais où m'emporte le vent.

— Et auriez-vous quelque répugnance à ce que le vent vous emportât vers l'Algérie?

— Nullement! j'ai toujours été possédé du désir de voir l'Algérie.

— Eh bien, si vous voulez, je peux vous aider à faire ce voyage.

Alors M. de Salvandy expliqua au romancier qu'il désirait lui voir faire un voyage en Algérie et sur les côtes d'Afrique, afin qu'il écrivît un ouvrage sur notre colonie. Comme en ce moment il était à la mode, comme sa popularité littéraire était à son apogée, son livre, qui serait lu par trois millions de lecteurs, donnerait bien à cinquante ou soixante mille d'entre eux le goût de l'Algérie. En un mot, le gouvernement voulait employer Dumas comme moyen de colonisation.

La proposition du ministre flattait le romancier dans son amour-propre et dans son goût pour les voyages.

Il accepta, mais en mettant quelques conditions à son acceptation.

M. de Salvandy lui avait dit que le gouvernement mettait une somme de dix mille francs à sa disposition pour le voyage projeté.

Dumas répliqua qu'à ces dix mille francs il ajouterait quarante mille francs de sa poche pour faire convenablement les choses, car il ne se souciait pas de voyager comme un herboriste. Il emmènerait avec lui quelques amis, et puis, comme il représenterait la France en Algérie, il désirait que le gouvernement mît à son service un bâtiment de l'État.

M. de Salvandy souscrivit à cette dernière condition; l'auteur des *Trois Mousquetaires* quitta le ministre en lui promettant que, dans quinze jours, il serait prêt à partir.

Le lendemain, Dumas dînait à Vincennes avec le duc de Montpensier.

Le prince lui avait fait obtenir le privilège du Théâtre-Historique.

Il lui raconta l'idée qu'avait eue le ministre de l'instruction publique de lui faire exécuter un voyage en Afrique pour populariser l'Algérie.

— M. de Salvandy a eu là une excellente idée, répondit le duc de Montpensier, surtout si vous passez par l'Espagne.

— Et dans quel but passerai-je par l'Espagne, monseigneur?

— Dans le but de venir à ma noce; vous savez que je me marie le 11 ou le 12 octobre prochain?

— Je remercie beaucoup monseigneur, et c'est un

grand honneur qu'il me fait; mais que dira le roi? Votre Altesse sait qu'il ne partage pas précisément l'amitié qu'elle me porte.

En effet, Louis-Philippe et le romancier étaient en froid depuis quelques années.

— Le roi ne le saura qu'après, reprit le prince; et puis, du moment qu'il vous trouve bon pour aller en Algérie, il doit vous trouver bon pour aller à Madrid. D'ailleurs, c'est moi qui me marie, et je vous invite.

— J'accepte, monseigneur, et avec une profonde reconnaissance.

Cette conversation avait lieu vers le 20 ou le 25 septembre; pour être rendu à Madrid deux ou trois jours avant le 12 octobre, il n'y avait pas de temps à perdre.

Dumas fit diligence; quelques jours après, il partait pour l'Espagne; il emmenait, comme compagnons de voyage, son fils, Louis Boulanger, le peintre, et Auguste Maquet; après avoir assisté au mariage du duc de Montpensier, il alla attendre à Cadix le bâtiment à vapeur que le gouvernement mettait à sa disposition pour le porter en Algérie.

Le romancier a consigné ses impressions de voyage de cette époque dans deux ouvrages d'une lecture très intéressante :

De Paris à Cadix, et *le Véloce.*

Voici en quelles circonstances il devint propriétaire de ce vautour qu'il devait appeler Jugurtha, et qui augmenta le nombre des hôtes de Monte-Cristo.

Il se promenait dans les environs de Constantine, le fusil à la main ; quelques vautours vinrent à passer au-dessus de sa tête : il les ajusta, peine et poudre perdues !

En ce moment, Dumas entendit derrière lui une voix qui l'interpellait : c'était celle d'un gamin de Paris — transplanté en Afrique on ne sut jamais comment — qui lui avait servi deux ou trois fois de guide et qui, bien entendu, avait eu toujours à se louer de sa libéralité.

Le romancier et ses amis avaient surnommé cet enfant Beni-Mouffetard.

— Ah ! monsieur Dumas, fit ce dernier, si vous voulez un vautour, et même un vautour vivant, je peux vous en procurer un, moi, et pas cher.

— Est-il beau, ton vautour ?

— Magnifique !

— Quel âge a-t-il ?

— Dix-huit mois tout au plus ! Un vautour peut vivre jusqu'à cent cinquante ans.

— Je ne tiens pas qu'il aille positivement jusqu'à cet âge. Combien veut-on le vendre ?

— Pour dix francs, vous l'aurez.

— J'irai jusqu'à douze... Les quarante sous de surplus seront pour la commission.

— Demain, vous serez propriétaire du vautour ; seulement, je vous préviens, continua le gamin, qu'il est méchant comme un tigre ; il ne se laisse approcher que par celui qui l'a déniché.

— Bon, on lui mettra une muselière !

Le lendemain, on apportait à Dumas le vautour annoncé ; il avait l'air féroce, en effet. On l'avait livré dans une grande cage, construite avec des débris de planches. La mesure était prudente : il avait déjà coupé le doigt d'un Arabe qui tentait de se familiariser avec lui.

Malgré des dispositions aussi peu sociables, Dumas se proposa de transporter ce vautour de Constantine à Saint-Germain.

A l'énoncé de ce désir, ses compagnons de voyage se récrièrent ; ils tentèrent de lui démontrer l'excentricité d'un pareil projet et la difficulté de sa réalisation.

Mais le romancier ne voulut pas démordre de son idée ; il tenait à faire de cet oiseau de proie un souvenir d'Afrique.

Quand on quitta Constantine, on plaça le vautour, enfermé dans sa cage, sur l'impériale de la diligence qui faisait le service jusqu'à Philippeville.

La voiture s'arrêtait en cet endroit ; Dumas et ses compagnons avaient une lieue à faire pour gagner Stora, c'est-à-dire le port d'embarquement, où les attendait *le Véloce*.

Ils résolurent de faire à pied la route, qui est charmante, car elle longe le golfe, prenant sa vue sur la mer, sur de belles collines et de jolis bosquets.

Il s'agissait de faire exécuter cette promenade par Jugurtha.

Il fallait trouver un moyen de transport ingénieux.

Il n'y avait pas moyen de placer sa cage sur le dos d'un homme : à travers les intervalles des planches, il aurait dévoré le porteur.

On pouvait le suspendre à deux perches et le mettre en manière de litière sur le dos de deux hommes?

Mais c'était une dépense de cinquante francs, et Dumas — malgré sa libéralité — ne se souciait pas de payer cinquante francs le transport d'un vautour qui lui avait coûté douze francs, commission comprise.

Il avisa un moyen ; il consistait à allonger la chaîne de Jugurtha à l'aide d'une corde de huit ou dix pieds, et de le conduire devant lui à l'aide d'une canne, comme les gardiens de dindons conduisent leurs volailles sur les routes de Normandie.

Ce qui fut dit fut fait.

Sorti de sa cage, l'oiseau de proie voulut d'abord s'envoler, car on n'avait pas osé s'approcher assez près de lui pour lui couper les plumes des ailes.

Mais, se sentant retenu par la corde et par la main de Dumas, il s'apprêta à fondre sur lui et à lui dévorer les mollets. Ce dernier avait prévu l'attaque, il le cingla d'un coup de gaule.

Jugurtha, étonné, surpris d'abord, ne parut pas vouloir suspendre son offensive. Un second, puis un troisième coup de baguette vinrent lui démontrer qu'il ne serait pas le plus fort, et il se mit à marcher docilement, à quelque distance de son maître, comme un chien qu'on mène en laisse.

Nous renonçons à peindre l'hilarité des amis de Dumas à la vue de celui-ci remorquant son vautour tout le long de la route de Stora.

Jugurtha se laissa embarquer sur *le Véloce* sans trop faire de difficultés.

Au milieu des matelots qui le comblèrent de prévenances, il s'apprivoisa un peu.

A son arrivée à Saint-Germain, il avait même perdu toute sa sauvagerie; il présentait sa tête à son maître pour qu'il la lui grattât, comme on gratte les perroquets; en un mot, Jugurtha était devenu un bon enfant.

Ce voyage coûta quarante mille francs à Dumas, en plus des dix mille francs alloués par M. de Salvandy.

A son retour, le romancier alla voir le ministre. Il lui promit de résumer ses impressions de voyage dans un ouvrage qu'on appellerait *le Véloce*, en l'honneur du bâtiment que l'État avait mis à sa disposition.

Le Véloce devint le motif d'un incident politique.

Quelque temps après, un député désœuvré ou mal avisé interpella à la Chambre le ministre de l'instruction publique; il lui reprocha les dix mille francs qu'il avait donnés au romancier; il chercha chicane au gouvernement à propos de douze mille francs de charbon brûlé par *le Véloce*; enfin, il alla jusqu'à déclarer que le pavillon français s'était abaissé en protégeant *ce monsieur* de son ombre. Ce député mécontent ne daigna pas appeler le romancier par son nom. Deux autres députés firent chorus, et toute l'opposition battit des mains.

Dumas envoya un cartel à ce législateur peu poli, qui le refusa, en se retranchant derrière son inviolabilité parlementaire. Comme, à cette époque, la politique courante s'alimentait de peu de chose, pendant plusieurs jours le public et les grands journaux quotidiens s'entretinrent de cet incident.

XIII

Épisode de la carrière politique de Dumas. — Une candidature dans l'Yonne. — La statue du duc d'Orléans. — Lettre à Émile de Girardin. — Anecdotes. — Un cocher fort en géographie.

Le dernier épisode de la carrière politique de Dumas fut — après la révolution de 1848 — sa tentative de candidature dans le département de l'Yonne.

Toute sa vie, le romancier se crut et se dit républicain.

En réalité, il fut toujours très libéral et très indépendant.

Cette indépendance de caractère et d'opinion se traduisait par une originalité aussi singulière que désintéressée; quand il avait connu un prince dans la vie privée ou en exil, il se brouillait avec ce prince aussitôt qu'il devenait roi ou empereur.

Après 1830, il tourna le dos à Louis-Philippe, dont il avait été longtemps l'employé quand celui-ci n'était que duc d'Orléans.

Après 1851, il se brouilla avec Louis-Napoléon Bonaparte qu'il avait été voir pendant sa détention, au château de Ham.

Le malheur ou l'exil trouvaient Dumas amical et respectueux.

Le triomphe le rendait prudent et opposant. Aussi résista-t-il toujours aux avances des gouvernements arrivés; et, quand il se fit solliciteur, — ce fut rare, — c'était toujours pour le compte d'autrui.

Tout en se brouillant avec Louis-Philippe, le romancier était resté l'ami des princes ses fils.

Il portait au duc d'Orléans une amitié passionnée; la mort tragique de ce dernier fut un deuil pour lui, et il pleura sa fin prématurée comme il eût pleuré celle d'un frère tendrement aimé; son nom revient toujours sous sa plume avec une émotion sincère.

Dumas fut également très lié avec le prince de Montpensier.

C'est par sa protection qu'il obtint, en 1847, le privilège du Théâtre-Historique.

Mais il était aussi l'ami de Godefroy Cavaignac, de Charras, de Bixio, de Marrast, — tous foncièrement républicains, — et il se disait, il se croyait républicain comme eux. La vérité est qu'il appartenait à ce groupe de libéraux de 1848, qui criaient : « Vive la réforme! » sans désirer aller au delà.

Leur programme politique résidait alors dans l'abaissement du cens électoral et dans l'adjonction des capacités.

Ils furent les premiers à fomenter les agitations d'où sortit la révolution de février 1848.

Dumas devait être du nombre de ces *réformistes*.

Le résultat final lui apporta une amère déception.

Il l'avoue lui-même.

« Tout en prenant personnellement une part presque aussi active à la révolution de 1848, dit-il, que celle que j'avais prise à la révolution de 1830, j'éprouvai un grand déchirement de cœur. Le cataclysme politique, en amenant de nouveaux hommes qui étaient mes amis, en emportait d'autres qui avaient aussi leur place dans mon cœur. J'eus un instant l'espoir que la régence serait jetée comme un pont entre la monarchie et la république. »

Mais l'avalanche révolutionnaire était lâchée à toute vitesse.

La révolution de 1848 fut pour Dumas le premier signal d'une débâcle dont il ne put jamais se relever.

D'abord le Théâtre-Historique fit de mauvaises affaires, et finit par être déclaré en faillite.

Le romancier fut englobé dans le passif de cette faillite.

Les journaux — absorbés par la politique courante — ne publièrent plus de feuilletons.

Le théâtre et le roman étaient les deux seules ressources de Dumas, qui vivait perpétuellement au jour le jour. Ce revenu venant à lui manquer, il fut contraint d'abandonner le château de Monte-Cristo à ses créanciers.

Ce fut un jour cruel que celui où il dut quitter cette résidence de prédilection. Elle lui avait coûté un prix énorme, près de quatre cent cinquante mille francs; il y avait entassé des merveilles de luxe artistique.

Aux enchères publiques, cette propriété ne fut vendue que trente-deux mille francs!

Il fallait vivre : Dumas fit à son tour de la politique; il rédigea un journal appelé *le Mois*, où il combattait Ledru-Rollin et ses doctrines démagogiques.

Il faisait preuve d'une hardiesse d'opinion qui n'était pas sans danger dans ces jours troublés.

Une statue équestre du duc d'Orléans avait été érigée dans la cour du Louvre.

Un colonel quelconque de la garde nationale, nommé Desmoulins, improvisé gouverneur du Louvre après février, fit enlever cette statue.

Dumas, informé du fait, écrit aussitôt cette lettre qui parut dans *la Presse*, à la date du 7 mars 1848, c'est-à-dire à un moment où les pavés des barricades n'étaient pas encore replacés :

« Mon cher Girardin,

» Hier, je traversais la cour du Louvre, et je vis avec étonnement que la statue du duc d'Orléans n'était plus sur son piédestal.

» Je demandai si c'était le peuple qui l'avait renversée ; on me répondit que c'était le gouverneur du palais qui l'avait fait enlever?

» Pourquoi cela? D'où vient cette proscription qui fouille les tombeaux?

» Quand M. le duc d'Orléans vivait, tout ce qui formait en France la partie avancée de la nation avait mis son espoir en lui. Et c'était justice, car, on le sait, M. le duc d'Orléans était en lutte continuelle avec le roi, et ce fut une véritable disgrâce que celle qui suivit ce mot prononcé par lui en plein conseil :

« — Sire, j'aime mieux être tué sur les bords du
» Rhin que dans un ruisseau de la rue Saint-Denis! »

» Le peuple, ce peuple toujours juste et intelligent, savait cela comme nous, et, comme nous, le comprenait. Allez aux Tuileries et voyez les seuls appartements respectés par le peuple : ce sont ceux de M. le duc d'Orléans ; pourquoi donc avoir été plus sévère que ne l'a été le peuple envers ce pauvre prince, qui a le bonheur de ne plus appartenir qu'à l'histoire?

» L'avenir, c'est le bloc de marbre que les événements peuvent tailler à leur guise ; le passé, c'est la statue de bronze jetée au moule de l'éternité.

» Vous ne pouvez pas faire que ce qui a été ne soit plus.

» Vous ne pouvez pas faire que M. le duc d'Orléans n'ait pas, à la tête des colonnes françaises, enlevé le col de Mouzaïa!

» Vous ne pouvez pas faire qu'il n'ait pas, pendant dix ans, donné le tiers de sa liste civile aux pauvres!

» Vous ne pouvez pas faire qu'il n'ait pas demandé la grâce des condamnés à mort et qu'il n'ait pas obtenu, à force de prières, quelques-unes des grâces qu'il demandait !

» Si l'on serre aujourd'hui la main de Barbès, à qui doit-on cette joie? au duc d'Orléans!

» Interrogez les artistes qui ont suivi son convoi ; faites venir les plus considérables d'entre eux : Ingres, Delacroix, Scheffer, Gudin, Barye, Marochetti, Calamatta, Boulanger.

» Appelez les poètes et les historiens : Hugo, Thierry, Lamartine, Vigny, Michelet, moi, qui vous voudrez enfin, demandez-leur, demandez-nous si nous croyons qu'il est bon que cette statue soit replacée où elle était.

» Et nous vous dirons : « Oui, car elle a été élevée à
» la fois au prince, au soldat, à l'artiste, à l'âme grande
» et éclairée qui est remontée au ciel, au cœur noble
» et bon qui a été rendu à la terre. »

» La République de 1848 est assez forte, croyez-moi, pour consacrer cette sublime anomalie d'un prince restant debout sur son piédestal, en face d'une royauté tombant du haut de son trône.

» Tout à vous,

» ALEXANDRE DUMAS. »

Cette courageuse lettre donna au romancier la réputation d'un orléaniste renforcé, d'un régentiste désappointé. Vint l'époque des élections.

Un grand nombre de candidats — la plupart inconnus au pays — surgirent de tous côtés.

Dumas pensa qu'un homme comme lui, qui intéressait, amusait ses concitoyens depuis vingt ans, qui avait une compétence littéraire, artistique toujours utile dans une assemblée, pouvait briguer un mandat législatif, sans être accusé d'une ambition excessive.

Il résolut donc de se porter candidat; mais à quel département irait-il demander son élection?

Il semblait tout naturel qu'il s'adressât d'abord au sien, c'est-à-dire au département de l'Aisne; seulement il l'avait quitté depuis 1823, rarement il y était retourné. Une des fois qu'il était revenu au pays natal, c'était pour faire cette fameuse expédition contre la poudrière de Soissons et dans laquelle il avait manqué être fusillé.

Cet exploit l'avait fait passer aux yeux de ses compatriotes pour un républicain foncièrement radical.

Craignant de ne pas rallier la majorité des électeurs, il renonça au département de l'Aisne.

Un instant, le romancier pensa au département de Seine-et-Oise, qu'il habitait depuis quatre ou cinq ans; qu'il remplissait du bruit de sa renommée, et des largesses de sa bourse.

La garde nationale de Saint-Germain l'avait même choisi pour être son chef de bataillon. Mais, dans l'exercice de ce grade, il avait commis une imprudence.

Pendant les trois jours de la révolution de février

1848, il avait fait battre le rappel et proposé à ses sept cent trente hommes de le suivre à Paris, et de prêter main-forte au peuple. Cette proposition fit accuser le romancier de légèreté.

On lui reprocha d'avoir voulu compromettre la vie de braves pères de famille.

Il fut même obligé de se démettre de son grade de chef de bataillon.

Le souvenir de toutes ces circonstances lui prouva qu'il ne devait pas compter sur les suffrages des habitants de Saint-Germain.

Sur ces entrefaites, un jeune homme, à la famille duquel il avait rendu quelques services, et qui avait des relations, disait-il, dans la basse Bourgogne, l'assura que, s'il se présentait dans le département de l'Yonne, il ne pouvait manquer d'être élu.

Soit naïveté, soit amour-propre, — il le confesse lui-même, — Dumas accepta la proposition et se rendit dans le département de l'Yonne pour soutenir en personne sa candidature. Mais, aussitôt que son projet fut connu, tous les journaux des différentes localités attaquèrent le romancier.

Que venait-il faire dans le département? Était-il Bourguignon? Était-il marchand de vins? Avait-il des vignobles? Connaissait-il la question vinicole?

Évidemment non! Ce n'était qu'un bâtard de la politique, un agent de la régence orléaniste, et, comme preuve à l'appui, les journaux du terroir rappelaient, reproduisaient sa fameuse lettre, adressée à

Émile de Girardin au sujet de la statue du duc d'Orléans.

Dumas, qui n'avait pas osé poser sa candidature dans les départements de l'Aisne et de Seine-et-Oise, parce que ceux-ci la jugeaient trop révolutionnaire, devenait dans l'Yonne un orléaniste ambitieux.

Ces dispositions hostiles se traduisirent bientôt en faits.

Les amis du romancier avaient organisé une réunion dans la salle d'un club, afin que ce dernier fournît à ses électeurs des explications nécessaires.

Au jour indiqué, trois mille personnes — animées de dispositions peu bienveillantes — attendaient Dumas dans la salle du club.

Son entrée fut saluée d'abord par un murmure peu flatteur.

Au milieu de ce murmure, une grossièreté se fit jour, un loustic se permit de crier :

— Ohé! le nègre! ohé! le mulâtre!

Mais, comme ce loustic trop facétieux se trouvait à la portée de la main de Dumas, celui-ci répondit à son exclamation par un geste assez retentissant pour ne laisser de doute à personne sur sa nature.

Cet acte de vigueur transforma les murmures de la salle en clameurs, et ce fut au milieu d'une véritable tempête que le candidat monta à la tribune.

La première apostrophe qui lui fut adressée fut pour lui demander des explications au sujet de son fanatisme à l'endroit du duc d'Orléans.

Dumas prit la balle au bond.

Dans une improvisation émue, il paraphrasa pour ainsi dire la lettre écrite à Émile de Girardin à propos du renversement de la statue de ce prince.

Il avoua hautement son amitié pour lui, amitié qui lui avait toujours laissé l'indépendance de son opinion politique.

A un moment, la France n'avait-elle pas pensé comme lui? n'avait-elle pas pleuré comme lui la fin prématurée et tragique de ce prince?

Il rappela ce cri de douleur échappé le 13 juillet 1842 de la poitrine de trente-cinq millions d'hommes. Il fit honte aux uns de leur oubli, aux autres de leur ingratitude. Il appuya ses arguments d'anecdotes personnelles. Dumas n'était pas orateur dans le sens classique du mot; mais il avait le don de l'émotion; il savait être persuasif; ses auditeurs, séduits par sa bonhomie, sa pantomime et sa façon de dire, entraient de suite en communion d'idées avec lui. Au bout d'un quart d'heure d'improvisation, la salle, naguère si hostile, pleurait; disons que le romancier pleurait aussi à l'évocation de ses souvenirs.

Quand il eut terminé, tout le monde applaudit; à partir de ce soir-là, il eut non seulement trois mille voix ralliées à sa candidature, mais trois mille amis.

Malheureusement, ces trois mille voix ne suffirent pas à le faire nommer député de l'Yonne. Ce devait être là le dernier épisode de la vie politique de Dumas en France.

Nous disons en France, car nous avons rappelé plus haut la part active et militante qu'il prit dans l'expédition de Garibaldi en 1860 contre le roi François de Naples.

Cette épithète de nègre et de mulâtre, adressée à Dumas dans une salle de club par un électeur de l'Yonne, nous remet en mémoire une anecdote bien originale, anecdote que le romancier racontait lui-même d'une façon amusante, et qui prouve que bien des gens croyaient que l'auteur des *Trois Mousquetaires* était effectivement un homme de couleur.

Un matin, Dumas, ayant une série de courses à effectuer, avait fait appeler un cabriolet.

Le véhicule se trouvait être un de ces anciens cabriolets à grande capote, et où l'on s'asseyait à côté du cocher.

Pendant le trajet, Dumas entame une conversation avec ce dernier.

L'entretien tombe sur la géographie de la France en général et sur le département de l'Aisne en particulier.

Le romancier, étant né à Villers-Cotterets, appartenait au département de l'Aisne; il aimait à parler de son pays, bien qu'il n'y allât jamais.

Le cocher paraissait ferré sur toutes les particularités de l'Aisne.

Et, comme Dumas s'étonnait de cette science géographique :

— Ah ! c'est un fier département que le département

de l'Aisne, continua le cocher, d'un ton sentencieux ; apprendrais-je à monsieur que c'est là patrie du général Foy, de Demoustier, l'auteur des *Lettres à Émilie sur la Mythologie*, et de M. Lherbette, un fameux député.

Le romancier, se voyant oublié dans la nomenclature des illustrations du département, se sentit froissé.

— Ah çà ! que connaissez-vous donc dans ce département de l'Aisne? demanda-t-il d'un ton assez sec au cocher.

— Je connais tout, monsieur.

— Comment, vous connaissez tout?

— Tout!

— Connaissez-vous Laon?

Dumas prononçait, suivant l'usage, *Lan*.

— Laon, vous voulez dire?

Le cocher, lui, prononçait *La-on*.

— Laon ou Lan, c'est la même chose; seulement, on écrit Laon et l'on dit Lan.

— Dame! je prononce comme on écrit... Oui, monsieur, je connais Laon, le *Bibrax* des anciens et le *Laudunum* du moyen âge... Eh bien! qu'est-ce que vous avez à me regarder comme cela?

Le fait est que le romancier regardait avec une véritable stupéfaction ce cocher assez savant en géographie pour connaître même le nom latin des villes.

— Je ne vous regarde pas, je vous admire! reprit-il.

— Oh! gouaillez tant que vous voudrez, fit l'automédon en se rengorgeant, vous n'empêcherez pas que je connaisse Laon et tout le département de l'Aisne, avec sa préfecture. A preuve qu'il y a une tour bâtie par Louis d'Outre-Mer et qu'on y fait un immense commerce d'artichauts.

— Je n'ai rien à dire contre cela, c'est la vérité du bon Dieu, mon ami. Et Soissons, connaissez-vous Soissons?

— Soissons —*Noviodunum*.— Si je connais Soissons, je le crois bien!

— Je vous en fais mon compliment; je connaissais Soissons, mais je ne connaissais pas Noviodunum.

— Mais c'est la même chose — verjus, jus vert. — C'est là qu'il y a la cathédrale de Saint-Médard — grand pissard. Vous savez, notre bourgeois, que, quand il pleut le jour de la Saint-Médard, il pleut quarante jours. Ce devrait être le patron des cochers de cabriolet. Si je connais Soissons! bon, bon bon! Vous demandez si je connais Soissons, patrie de Louis d'Héricourt, de Collot d'Herbois, de Quinette; où Clovis a vaincu Siagrius, où Charles Martel a battu Chilpéric, où le roi Robert est mort? chef-lieu d'arrondissement; six cantons : Braine-sur-Vesle, Ouichy-le-Château, Soissons, Vailly-sur-Aisne, Vic-sur-Aisne, Villers-Cotterets.

— Ah! et Villers-Cotterets, le connaissez-vous? s'écria Dumas espérant prendre en défaut ce singulier cocher, à l'endroit de son pays natal.

— *Villerii ad Cotiam retiæ*. Si je connais cela! Villers-Cotterets, ou *Coste de Retz*, gros bourg.

— Oh! petite ville, réclama le romancier.

— Gros bourg, répéta le cocher.

Et, en effet, ce dernier répétait son affirmation avec tant d'assurance, que Dumas vit qu'il ne gagnerait rien à essayer de lutter contre lui.

— Gros bourg, soit, reprit-il.

— Oh! il n'y a pas de soit, ça est. Si je connais Villers-Cotterets : forêt de 25 000 hectares; 2692 habitants; vieux château du temps de François Ier, aujourd'hui dépôt de mendicité; patrie de Charles-Albert Demoustier, auteur des *Lettres à Émilie sur la Mythologie*, comme j'ai déjà eu l'honneur de vous le dire.

— Et d'Alexandre Dumas, hasarda timidement le romancier.

— D'Alexandre Dumas, l'auteur de *Monte-Cristo*, des *Mousquetaires*?

Dumas fit un signe d'assentiment.

— Non, fit le cocher.

— Comment, non?

— Je dis non.

— Vous dites qu'Alexandre Dumas n'est pas né à Villers-Cotterets?

— Parfaitement, je dis qu'il n'y est pas né.

— Ah! par exemple, voilà qui est un peu fort!

— Tant que vous voudrez, Alexandre Dumas n'est pas de Villers-Cotterets. D'ailleurs, il est *nègre!*

Cette réponse du cocher étourdit le romancier comme s'il eût reçu un coup de massue.

« J'avoue, raconte Dumas à ce propos, que je restai abruti. Cet homme me paraissait si fort sur tout le département de l'Aisne, que j'eus peur de me tromper. Puisqu'il affirmait si positivement la chose, cet homme qui connaissait le département sur le bout de son doigt, il était possible, à tout prendre, que je fusse nègre et que j'eusse vu le jour au Congo ou au Sénégal. »

Cependant, une particularité intriguait le romancier : comment, pourquoi ce cocher était-il si ferré sur toutes les choses du département de l'Aisne?

Après un instant consacré à se remettre de sa surprise, il renoua ainsi l'entretien :

— Mais, dit-il au cocher, vous y êtes né, vous, dans ce département de l'Aisne?

— Moi? je suis de Nanterre, un beau pays aussi : la patrie des rosières et des brioches.

— Alors, vous avez habité le département de l'Aisne?

— Jamais.

— Vous y avez été, au moins?

— Jamais, au grand jamais.

— Alors, comment diable connaissez-vous le département de l'Aisne?

— Ce n'est pas malin!... vous allez voir.

Le cocher prit un livre sous le coussin de la banquette et le montra à son voyageur.

Ce livre était en lambeaux.

— Qu'est-ce que ce livre? demanda Dumas.

— Un ouvrage qui constitue toute une bibliothèque.
— Diable! il paraît que vous le consultez souvent.
— Je ne lis que cela depuis vingt ans.
— Mais vous le lisez beaucoup, à ce que je vois.
— Que voulez-vous que l'on fasse quand on ne marche pas? Et les temps sont si durs, qu'on est la moitié du temps à la station.

Dumas prit le livre et l'ouvrit.

Il était curieux de savoir quel titre pouvait porter un volume qui avait eu le privilège de suffire pendant vingt ans à la récréation d'un cocher.

Et il lut :

Statistique du département de l'Aisne.

XIV

Toujours les parasites. — Les tristesses du présent — Le bottier de Monte-Cristo. — L'homme à la montre. — L'inspecteur du thermomètre Chevalier. — Pourquoi Dumas voyageait à l'étranger. — Télégrammes à M. de Villemessant.

Ces chroniques, ces causeries, — dans lesquelles Dumas se plaisait à raconter à ses lecteurs des anecdotes de sa vie passée, — constituaient à cette époque (1868) à peu près toutes les ressources que lui rendait sa plume.

Ces ressources étaient maigres, insuffisantes.

Le romancier garda jusqu'à la fin de ses jours l'habitude de dépenser plus qu'il ne gagnait.

L'âge ne lui avait pas enseigné l'économie; son esprit était demeuré rebelle aux règles de la comptabilité domestique.

Le désordre et le gaspillage régnaient toujours dans sa maison et dans ses affaires.

Ce désordre, ce gaspillage était surtout l'œuvre d'une bande de parasites des deux sexes qui entourait le romancier, qui flattait ses manies et ses vanités pour le voler et le gruger plus facilement.

Ces habitudes — que l'âge ou l'expérience aurait dû enrayer — firent à Dumas une vie lamentable dans ses dernières années.

Les créanciers, les faiseurs, les usuriers, les huissiers, les mendiants le dévorèrent.

Pour lutter contre les adversités qu'il s'était créées à souhait, il ne songea plus qu'à battre monnaie.

Ne produisant plus comme au temps de sa puissante maturité, son existence devint bohémienne et besogneuse.

Il se mettait l'esprit à la torture pour chercher des expédients et boucher les trous de la vie quotidienne.

Mais, en dépit de tous ses efforts, il ne gardait jamais le niveau, ne fût-ce qu'un instant ; le flot des dettes courantes le submergeait toujours.

Pour ajourner ou pour ne pas payer une facture de cent francs, Dumas dépensait le double.

Il recommença toujours avec ses créanciers l'histoire du bottier de Monte-Cristo ; étonnante, cette histoire ! elle mérite de ne pas tomber dans l'oubli.

Le romancier devait deux cent cinquante francs à son bottier ; en une année, il fit cinquante fois le voyage de Paris à Monte-Cristo sans obtenir qu'on lui soldât sa note.

Quand ce bottier, qui habitait le boulevard des Italiens, allait voir son *ami* Dumas, celui-ci lui disait :

— C'est encore toi, mon excellent camarade ! tu

arrives à propos : précisément j'ai besoin de trois paires de bottes vernies.

— Et ma note ? hasardait le cordonnier.

— Ta note ? Nous en causerons après déjeuner. En attendant, va donc voir les Arabes qui sculptent des ornements mauresques dans le pavillon du jardin. C'est fort curieux.

Et le bottier déjeunait, puis il dînait.

Dans l'intervalle, il cueillait un bouquet de fleurs pour sa femme ; après le dîner, Dumas lui bourrait les poches de magnifiques fruits pour ses enfants ; ensuite, on attelait le coupé pour reconduire le bottier à la gare ; et, avant de prendre congé de son invité, le romancier lui mettait vingt francs dans la main en lui disant.

— Voilà pour le chemin de fer !

A raison d'un louis par visite, le bottier avait empoché cinquante louis de gratification à la fin de l'année, et Dumas lui devait toujours les deux cent cinquante francs montant de sa facture [1].

Aussi, combien de gens ont fait fortune, après être entrés dans la vie par de pareils moyens !

L'exemple le plus typique dans ce genre est celui de la montre en or qui fut vendue à Dumas et finit par lui coûter une cinquantaine de mille francs.

Un beau matin, un jeune homme malin se présente chez le romancier et lui expose sa triste situation.

---

1. Villemessant, *Mémoires d'un journaliste*.

De son patrimoine écroulé sous des malheurs immérités, il ne lui reste que la montre de son père ; il ne veut pas la vendre à un vil marchand, et il a pensé que ce bon M. Dumas serait assez obligeant pour acheter ce bijou de famille.

Cette tirade fut débitée d'une voix si plaintive, que le romancier s'attendrit.

A la vérité, il n'avait besoin d'aucune montre ; mais trois cents francs de plus ou de moins, ce n'est pas une affaire.

Dumas achète donc la montre, fouille dans sa poche, n'y trouve que cinq louis, les remet au quémandeur, puis le congédie avec ces mots :

— Mon ami, vous reviendrez chercher le reste dans trois ou quatre jours.

L'auteur des *Trois Mousquetaires* avait déjà oublié le jeune homme à la montre, quand celui-ci revint pour réclamer les dix louis.

Ce jour-là, Dumas n'avait pas d'argent ; mais il consentit à souscrire un billet à un mois.

— Merci, monsieur Dumas, merci ! s'écria le jeune homme. Je connais un usurier qui m'escomptera cela avec cinquante francs de perte.

— Mais je ne veux pas que vous perdiez un sou : voilà cinquante francs pour les intérêts.

Le jeune homme à la montre était déjà à la porte, quand Dumas le rappela.

— Puisque vous connaissez un usurier qui escompte

ma signature, fit-il, ne pourriez-vous pas me négocier un autre billet de mille francs à trois mois?

— Mais certainement, monsieur Dumas.

Le lendemain, le romancier reçut quarante louis en échange de son billet de mille.

— Vous êtes un garçon intelligent, dit-il à l'homme à la montre. Voulez-vous entrer à mon service?

— Quoi ! vous voudriez... ?

— J'ai précisément besoin d'un homme de confiance pour les affaires courantes. Vous aurez la table et le logement. Cela vous va-t-il?

Le marché fut conclu.

L'homme à la montre accepta. Bientôt il devint comme le factotum de Dumas. Il fut chargé des renouvellements de billets, des rentrées et des dépenses.

Chez le romancier, les billets augmentaient d'échéance en échéance, celui de deux cent cinquante francs, souscrit à l'occasion de la montre, monta à des hauteurs vertigineuses. On comprend bien que le factotum n'avait pas repassé le billet à un tiers.

Avec les intérêts, l'escompte et le courtage, il atteignit le chiffre de trois mille francs, puis de quatre mille. Enfin, le jour où Dumas vendit à Michel Lévy ses œuvres complètes pour une période de vingt ans, — chose incroyable, mais réelle cependant, — le revendeur de montre toucha cinquante billets de mille francs, montant de sa créance.

Aujourd'hui, cet homme habile vit de ses rentes au sein de sa famille.

Le fournisseur rapace et l'usurier avide ne devaient pas être les seules sangsues de Dumas ; toute sa vie, il fut la proie du parasite, du parasite *dîneur* surtout. On écrirait des volumes sur la façon insensée avec laquelle il se laissait exploiter.

Sa maison était comme une table d'hôte où l'on venait prendre son repas une fois, deux fois par semaine, ou même chaque jour, et cela pendant des années !

De temps en temps, quand il se voyait débordé, le romancier faisait un petit voyage pour liquider sa table d'hôte ; mais les habitués y venaient même en son absence. Parmi ceux-ci se trouvait un camarade d'enfance que Dumas retrouva un soir sur le boulevard après plusieurs années de séparation.

L'ami n'avait pas la tenue d'un homme qui paraît avoir fait fortune.

— Ah çà ! où dînes-tu ce soir ? lui demanda le romancier.

— Aujourd'hui, je ne dîne nulle part, répondit mélancoliquement l'autre.

— Tant mieux, fit Dumas, tu vas dîner chez moi !

Et il emmena ce pauvre diable, l'installa à sa table à la place d'honneur.

Après le dîner, au moment où le romancier allait se retirer dans son cabinet de travail :

— Tu sais, mon vieux camarade, fit-il, je t'attends demain à la même heure.

Le lendemain, l'ami fut fidèle au rendez-vous.

Le surlendemain, il revint également.

Il conserva cette habitude pendant dix ou douze ans.

Un jour, le pauvre diable eut un remords de ne pas gagner le pain que son ami lui donnait à manger.

— Écoute, dit-il à Dumas, cela ne peut plus aller ainsi. Si tu ne me donnes pas le moyen de gagner honnêtement mon dîner, je ne reviendrai plus. A quoi puis-je t'être utile?

— Du tout! je ne veux pas que tu t'en ailles; d'ailleurs, j'ai besoin de toi.

— Ah! tant mieux! dis-moi en quoi je puis te servir.

Dumas parut réfléchir.

— Tu peux me rendre un grand service.

— Lequel?

— C'est de passer tous les jours sur le pont Neuf et de voir le degré de température au thermomètre de Chevalier. C'est d'une grande importance pour les recettes du théâtre. Cela te va-t-il?

Le pauvre diable accepta.

Et, tous les jours, il venait dire au romancier:

— Il fait tant de degrés à l'ombre, à midi.

Il avait lui-même conscience de cette prodigalité ruineuse qui troublait si souvent sa vie, et il se montrait sensible aux reproches affectueux de quelques-uns de ses intimes à ce sujet. Mais il ne s'amendait pas; son tempérament reprenait toujours le dessus, et il s'enfonçait davantage dans les mêmes embarras d'existence.

— Quand ma main tient quelque chose, elle le tient bien, disait-il en riant, excepté l'argent. Ah! l'argent est si coulant qu'il passe toujours à travers mes doigts !

On a aussi reproché à Dumas, dans ses dernières années, cette humeur vagabonde qui le poussait à voyager et à séjourner en pays étranger. Cela mérite d'être expliqué.

La curiosité de l'imagination et le besoin d'activité n'étaient pas les seuls mobiles des fréquents voyages du romancier.

Ces pérégrinations avaient une cause intime qu'il ne révélait qu'à lui-même.

Comme il ne produisait plus, au théâtre et dans le roman, ces chefs-d'œuvre qui avaient illuminé sa maturité, il savait, hélas ! que son étoile avait pâli à Paris, mais que sa gloire demeurait intacte à l'étranger.

Il se sentait plus à l'aise dans les pays où l'on acclamait encore en lui l'homme illustre étincelant des jours passés, que dans Paris, où il souffrait du dédain des théâtres et des éditeurs.

Ce sentiment explique cette phrase mélancolique, dite à un ami qui était venu serrer la main de l'auteur des *Trois Mousquetaires*, le jour de son dernier départ pour l'Italie.

— Vous ne voulez donc plus jamais rester parmi nous ? lui demanda l'ami.

— Oh ! le moins possible, répondit Dumas. Pour moi, la postérité commence à la frontière.

Cela était tristement vrai.

Cependant, encore à cette époque, le nom du romancier conservait sur le grand public un prestige tel, que les fondateurs de journaux pensaient, avant tout, à mettre son nom en tête des collaborateurs.

En 1864 ou 1865, Villemessant eut l'idée de créer une feuille d'un immense format, appelée *le Grand Journal*, et paraissant une fois la semaine.

Le premier numéro fut tiré sur toile.

Après avoir lu son journal, l'acheteur ou l'abonné put le faire blanchir, et le transformer en serviette. Villemessant s'empressa de proposer à Dumas d'être au nombre des collaborateurs du *Grand Journal*. Le romancier lui proposa un ouvrage en six volumes.

— J'accepte, dit Villemessant; mais je désire d'abord une nouvelle en deux ou trois feuilletons, des causeries, tout ce que vous voudrez.

— J'ai ton affaire, s'écria Dumas : je vais t'écrire une série de feuilletons sur les serpents.

— Sur les serpents?

— Oui, sur les serpents, continua le romancier. Je les connais à fond; j'ai passé la moitié de ma vie à les étudier. Personne ne connaît ces intéressantes bêtes ; laisse-moi faire : je te promets un grand succès.

— Eh bien, faites, dit le directeur du *Figaro*, qui pensa que Dumas pouvait bien écrire quelque chose de très intéressant sur les serpents.

Puis, sachant son faible pour l'argent, il ajouta:

— Si vous avez besoin d'une avance sur votre roman, ne vous gênez pas.

— De l'argent? s'écria l'auteur des *Trois Mous-*

quetaires, j'en ai plus qu'il ne m'en faut. C'est la première fois de ma vie que cela m'arrive; enfin j'en ai.

— Tiens! tiens! Dumas qui a des économies, voilà qui est bien étonnant, pensa en lui-même Villemessant.

Cet étonnement ne devait pas être de longue durée! A peine était-il rentré au bureau du journal que le secrétaire de Dumas arrive avec un bon ainsi conçu:

« Reçu quinze louis à valoir sur ma copie. »

Le lendemain, le secrétaire revint avec un feuilleton; mais, en même temps, il présenta une lettre ainsi conçue :

« Mon cher ami,

» Tu serais bien gentil de remettre au porteur la somme de cent quatre-vingt-douze francs.

» A. D. »

Le même soir, le directeur du *Figaro* recevait du Havre la dépêche que voici :

« Au reçu de la présente, faire porter quatre cents rancs à mon domicile, maison Frascati. Merci.

» A. DUMAS. »

Une heure après arrivait une nouvelle dépêche.

« Mon camarade, c'est six cents francs qu'il me faut, et non quatre cents.

» Je t'aime. — Feuilleton en route.

» A. Dumas. »

Villemessant envoya les six cents francs demandés.
— Je savais bien, s'écria-t-il, que les économies de Dumas avaient l'haleine courte !

XV

Madame de Chamblay. — Origine vraie ou supposée de ce roman. — Un soixante-septième drame. — Indifférence des directeurs. — Découragement de Dumas. — Le théâtre des Italiens. — Une pièce tuée par la chaleur. — Malveillance de certains journalistes.

Vers 1863, Dumas avait publié un roman intime, — *Madame de Chamblay*, — intéressant par la donnée et par les détails.

L'auteur des *Trois Mousquetaires* prétendit que ce roman était l'histoire d'un de ses amis. Celui-ci lui en avait remis le manuscrit, et il l'avait très légèrement modifié pour le livrer à la publicité.

Avant d'entamer le récit du roman, il raconte ainsi les circonstances réelles ou romanesques qui l'avaient mis en relations d'amitié avec le héros de *Madame de Chamblay* :

En 1836, le duc d'Orléans, qui commandait le camp de Compiègne, avait invité quelques amis à venir chasser dans les bois qui entourent cette ville.

Au nombre des invités du prince se trouvaient Dumas — qui faisait alors son drame de *Caligula* — et un jeune homme que le romancier appelle Max de Villiers.

Ce dernier était un camarade de collège du duc d'Orléans.

Plus jeune que Dumas d'une dizaine d'années, Max de Villiers était un homme du monde de vingt-cinq ou vingt-six ans, de bonne éducation, de façons excellentes, gentleman jusqu'au bout des ongles.

Sans être riche, il avait quelque fortune; sans être beau, il était charmant; sans être savant, il connaissait une foule de choses; enfin, sans être peintre, il était artiste, dessinant avec une rapidité et un bonheur incroyables les traits d'une figure ou la silhouette d'un personnage.

Il adorait les voyages.

Il connaissait l'Angleterre, l'Italie, la Grèce, Constantinople.

Dumas et lui se plurent beaucoup pendant les cinq ou six chasses qu'ils firent avec le duc d'Orléans; ils se plaçaient toujours à côté l'un de l'autre. Pendant les repas, ils étaient voisins de table : leurs chaises se touchaient, et ils causaient à qui mieux mieux.

Max de Villiers était de cette rare espèce d'hommes qui ont de l'esprit sans s'en douter.

Son voisinage allait donc à merveille au romancier : à la chasse, parce qu'il était prudent; à table, parce qu'il était spirituel.

Son nouvel ami paraissait s'être vite attaché à lui, et il lui disait toujours :

— Si vous faites un voyage, prévenez-moi, nous le ferons ensemble.

En 1838, Dumas partit pour l'Italie; il perdit de vue son camarade des chasses de Compiègne.

Un jour de juillet 1842, il était à Florence, et en visite chez le roi Jérôme Bonaparte. Dans le cours de la visite, ce dernier apprend au romancier la mort tragique du duc d'Orléans à Neuilly.

Aussitôt Dumas quitte Florence, monte en chaise de poste, et arrive assez à temps pour assister au service de Notre-Dame et au convoi de Dreux.

La première personne qu'il vit dans l'église fut Max de Villiers.

Il lui fit signe qu'il y avait une place près de lui sur les gradins.

Dumas prit place; ils s'embrassèrent en pleurant; car tous deux regrettaient, non le prince, mais l'ami. Dans cet instant, tous deux pensaient à la même chose, c'est-à-dire au temps où ils étaient, comme dans cette église tendue de noir, assis côte à côte à la table de ce pauvre duc d'Orléans.

Ils n'échangèrent que ces deux mots pendant la cérémonie :

— Vous allez à Dreux, n'est-ce pas ?
— Oui.
— Nous irons ensemble.
— Merci !

Ils allèrent à Dreux, et ne quittèrent le cercueil que les derniers.

Cette circonstance resserra leur amitié.

Ils revinrent ensemble à Paris.

En le quittant, Max dit à Dumas, pour la seconde ou la troisième fois :

— Si jamais vous faites un voyage, écrivez-moi, nous le ferons ensemble.

— Mais où vous trouver? demanda le romancier.

— Là où l'on saura toujours où je suis.

Et son ami lui donna l'adresse de sa mère.

En 1846, — dix ans après l'époque où il avait vu Max pour la première fois, — Dumas se décida à faire son voyage d'Espagne et d'Afrique.

Il écrivit à son ami :

« Voulez-vous venir avec moi? Je pars.

» A. D. »

Et il envoya sa lettre à l'adresse indiquée.

Le lendemain, il recevait la réponse suivante :

« Impossible, mon ami! ma mère se meurt. Priez pour elle !

» MAX. »

Le romancier partit.

Son voyage dura six mois.

A son retour, on lui remit toutes les lettres venues

pour lui en son absence. Il jeta au feu — sans les lire — celles dont l'écriture lui était inconnue.

Parmi les écritures connues, il y avait une lettre de Max.

Dumas l'ouvrit vivement; elle ne contenait que ces mots :

« Ma mère est morte ! Plaignez-moi !

» MAX. »

Le château qu'habitait la mère de Max était situé en Picardie, près de la Fère. Quelques jours après, Dumas partit pour aller sinon consoler, du moins embrasser son ami. Il prit une voiture à la Fère, et se fit conduire aux Frières.

Le château s'élevait sur une colline plantée de très beaux arbres, avec de grandes clairières de gazon.

Toutes les fenêtres de cette demeure étaient fermées.

Arrivé à la porte, un vieux serviteur vint lui ouvrir.

Dumas lui demanda des nouvelles de son ami. Le serviteur secoua tristement la tête.

— Trois mois après la mort de notre bonne dame, notre maître est parti, lui dit-il, pour voyager.

— Où est-il ?

— Je n'en sais rien : il n'écrit pas.

— Quand reviendra-t-il ?

— Je l'ignore.

Dumas prit un canif dans sa poche, creusa une croix dans la muraille et écrivit au-dessous :

« Ainsi soit-il ! »

— Quand votre maître viendra, dit-il au vieux serviteur, vous lui direz qu'un de ses amis est venu pour le voir, et vous lui montrerez ceci.

— Monsieur ne dit pas son nom?

— Inutile! il me reconnaîtra.

Le romancier partit.

Il ne revit point Max; plusieurs fois il s'en informa auprès d'amis communs.

Nul ne savait ce qu'il était devenu.

Le mieux renseigné lui dit :

— Je crois qu'il est en Amérique!

Un jour, Dumas reçut de la Martinique un énorme paquet; il l'ouvrit.

C'était un manuscrit!

Son premier mouvement fut un mouvement d'effroi.

Il croyait n'être condamné qu'aux manuscrits d'Europe, et voilà que les manuscrits traversaient l'Atlantique et lui venaient des Antilles.

Le romancier allait donc rejeter ce manuscrit loin de lui, lorsque l'épigraphe le frappa. C'était une croix, avec ces mots au-dessous :

« Ainsi soit-il ! »

Il reconnut l'écriture !

Elle était de Max.

Séance tenante, il se mit à lire ce manuscrit; il contenait l'histoire de son ami, histoire de sa liaison avec une jeune femme mariée... à un mari indigne d'elle; il l'avait aimée et s'était fait aimer d'elle. Son amante, pour se soustraire à un mari odieux et pour appartenir librement à l'homme qu'elle aimait, s'était fait passer pour morte par le moyen suivant : elle avait bu un breuvage qui avait déterminé chez elle un accès de catalepsie figurant l'apparence de la mort.

On l'avait enterrée ; puis, la nuit venue, son amant avait été l'arracher à son cercueil.

Tous deux avaient passé la mer, et vivaient, dans un pays lointain, sous un nom d'emprunt.

Tel était le roman ou plutôt l'histoire de Max ; il n'autorisait Dumas à le publier qu'après un intervalle de quatre ans.

Le romancier mit le manuscrit dans un tiroir de son bureau et laissa s'écouler quatre années.

Au bout de ce temps, il reçut un avis de son ami qui lui permettait de mettre au jour son manuscrit.

Sa publication était désormais sans danger pour lui ; car le mari de la jeune femme était mort dans l'espace de ces quatre ans.

Dumas — que ce roman ou cette histoire avait vivement intéressé — pensa que le public partagerait son opinion ; il livra donc le manuscrit à la publicité sous le titre de *Madame de Chamblay*.

L'ouvrage fut bien accueilli.

Ce succès lui donna l'idée de le transporter à la scène.

Mais il y avait un autre dénouement à trouver, celui du roman étant impossible au théâtre.

Dumas lutta trois ou quatre ans devant cette impossibilité. Enfin, un jour, il vit peu à peu — comme une fleur qui pousse à vue d'œil — sortir un autre dénouement et l'un des rôles les plus sympathiques de l'ouvrage, celui du préfet de l'Eure, Alfred de Senonches.

A partir de ce moment, le drame fut fait.

Il suffit au romancier de très peu de temps pour l'écrire.

Au printemps de 1868, il l'avait terminé.

A la dernière page de cette œuvre, — la soixante-sixième ou la soixante-septième de son bagage dramatique, — Dumas eût pu écrire la phrase classique du débutant :

Ici finit le plaisir et commence la peine.

Dans cette circonstance, il sentit le dédain des théâtres, lui dont la porte — quelques années auparavant — était assaillie par les directeurs lui demandant des pièces, lui offrant des primes. Dans la pensée du romancier, le cadre de *Madame de Chamblay* devait être le Théâtre-Français; mais la mauvaise disposition du directeur pour sa personne — c'était alors M. Édouard Thierry — et de quelques-uns des artistes pour ses œuvres, le faisait hésiter à se présenter devant le comité de lecture.

Le nouveau drame de Dumas pouvait également convenir au Vaudeville; alors le directeur de ce théâtre était le même que celui qui dirigeait la Gaîté en 1864, au moment de la représentation des *Mohicans de Paris;* mais, bien qu'il eût fait un bénéfice de trente mille francs avec ce dernier ouvrage, il s'était tenu assez éloigné de Dumas — depuis qu'il avait changé de théâtre — pour que celui-ci ne se crût pas le droit de se rapprocher de lui.

Restait le Gymnase.

Mais le Gymnase était alors le théâtre de Dumas fils. Son père ne voulait pas se mettre en concurrence avec lui sur ce terrain et exposer le public à faire un parallèle entre leurs œuvres.

Le romancier prit un moyen terme.

Il se contenta de faire annoncer qu'il venait d'achever une pièce en cinq actes, intitulée *Madame de Chamblay*.

Les journaux s'emparèrent de la nouvelle et firent autour d'elle toute la publicité désirable.

Mais, hélas! sans éveiller aucun écho! Nul directeur ne demanda à connaître la pièce nouvelle, aucun théâtre ne vint la solliciter.

Après tant de drames émouvants, de comédies étincelantes, Dumas ne trouvait de place nulle part pour sa dernière œuvre!

Précisément, vers cette époque, la direction de la Porte-Saint-Martin sombra dans un désastre retentissant.

Toute la troupe dramatique de ce théâtre se trouva sans emploi et sans engagement. On était au mois de mai; la saison théâtrale proprement dite était terminée. Cependant, une fraction de cette troupe demeura unie et tenta les hasards d'une société. Elle loua le théâtre Ventadour pour y donner des représentations.

Les artistes n'avaient pas de pièce nouvelle. Madame Vigne et mademoiselle Dica-Petit vinrent trouver Dumas, et lui demandèrent — comme une bonne action — de leur donner le manuscrit de *Madame de Chamblay*.

Le romancier n'hésita pas.

Malgré le sombre isolement du théâtre Ventadour, qui ne s'éveillait qu'aux harmonies du chant italien, malgré les 30 degrés de chaleur qui pleuvaient du soleil ardent de juin, il indiqua aux artistes le surlendemain pour leur lire son drame.

Quelques heures après, deux sociétaires de la Comédie-Française, Bressant et Lafontaine, vinrent faire une visite officieuse à Dumas, et lui donnèrent à entendre que le comité du Théâtre-Français lui accorderait — s'il le demandait — une audition pour *Madame de Chamblay*.

Le romancier les remercia, mais les avertit qu'il était trop tard : il avait disposé de sa pièce.

Le lendemain, en effet, il lisait son nouveau drame aux artistes réunis dans le foyer du théâtre Ventadour.

Dans la préface de *Madame de Chamblay*, Dumas s'exprime ainsi, au sujet de cette lecture :

« Jamais pièce n'eut un succès de lecture pareil à celui de *Madame de Chamblay*.

» Sans doute les acteurs voulaient me rendre la même

politesse qu'ils recevaient de moi ; mais, en tout cas, ils donnèrent à mon orgueil deux bonnes heures de satisfaction. »

La pièce fut mise en répétitions le lendemain.

Auteur et acteurs montrèrent un zèle, un entrain égal.

Tous les jours, Dumas se rendait au théâtre.

Il s'asseyait à l'orchestre et dirigeait de là les jeux de scène de ses artistes.

En dix jours, la pièce était sue.

Pendant les répétitions, un symptôme inquiétait les acteurs : une chaleur aussi persistante qu'inopportune.

A cette époque de l'année, le baromètre au beau fixe est le plus mortel ennemi des théâtres.

— Ne prenons pas garde à cela, disait Dumas à ses artistes pour les encourager ; le jour de la première, il fera une pluie diluvienne.

Le jour de la première de *Madame de Chamblay* vint, aussi brûlant que les précédents. Les abords du théâtre Ventadour ressemblaient à un Sahara.

L'administration, malgré les plus vives instances et les offres les plus séduisantes, ne put trouver que sept claqueurs pour venir, le premier jour, en aide à l'enthousiasme du public, et aucun les jours suivants.

Le rideau se leva devant une salle très clairsemée.

La pièce fut admirablement jouée ; elle fut bien accueillie ; la critique se montra généralement bienveillante. Mais la chaleur persista et raréfia de plus en plus le nombre des spectateurs.

Les sociétaires ne faisaient pas leurs frais quotidiens!

La chaleur persistant toujours, ils durent cesser de jouer. *Madame de Chamblay* avait été représentée onze fois au théâtre Ventadour.

Le total des recettes s'éleva ou plutôt descendit à un chiffre dérisoire.

Cet échec atteignit vivement Dumas dans son amour-propre et dans ses intérêts.

Une pièce à succès aurait relevé sa situation littéraire, et aurait écarté la gêne pour quelque temps.

Certains journalistes soulignaient cet échec.

C'était injustice ou ignorance de leur part.

Relisez *Madame de Chamblay* : la pièce est intéressante, scénique dans ses cinq actes.

Elle contient des parties comiques, des parties dramatiques qui n'accusent nullement un talent en décadence!

Les caractères sont bien tracés, et toujours en situation.

La chaleur et l'indifférence seules avaient tué la pièce; cela est si vrai, que — reprise quelques mois plus tard à la Porte-Saint-Martin, et dans une saison plus favorable, — *Madame de Chamblay* obtint du succès. On alla l'écouter avec plaisir. Il y a un an, elle était de nouveau reprise au Gymnase, avec un succès plus grand encore.

Le pauvre romancier demeura plusieurs jours profondément découragé.

Le public ne sait pas assez combien ces chutes sont amères et cruelles à la vieillesse de l'artiste, de l'homme de lettres qui s'efforce de produire encore, après une longue carrière.

Mais pourquoi n'ont-ils pas le tact de s'arrêter à temps? pourquoi persistent-ils à exhiber les défaillances d'un talent jadis applaudi? leur crie-t-on.

Hélas! il faut vivre! Ceci était cruellement vrai pour Dumas, qui n'avait pas eu la chance ou la prévoyance d'amasser les millions de Scribe.

Ce découragement d'esprit le décida à accepter une proposition qui lui fut faite alors : la proposition de venir au Havre et d'y faire des conférences.

Il quitta Paris à la fin de juin 1868.

XVI

L'exposition du Havre en 1868. — Dumas appelé pour faire des conférences. — Conférences sur son séjour en Russie. — Souvenirs rétrospectifs de 1858. — Le *Voyage en Russie* de Théophile Gautier et celui de Dumas. — M. Home, le spirite, et le comte Kouchelef. — Le romancier part avec eux pour la Russie. — Arrivée à Saint-Pétersbourg. — La prison des condamnés aux mines. — Anecdotes. — La Russie n'est qu'une grande façade !

Pendant l'été de 1868, le Havre avait inauguré une exposition industrielle et maritime; les conférences, la présence de Dumas furent un des éléments de succès de cette exposition locale.

Les Havrais firent fête au romancier; l'esprit, la bonhomie, l'entrain de ses conférences les empoignèrent. Il avait un art de transformer la conférence en causerie familière qui captivait infailliblement l'auditeur.

Il empruntait d'ordinaire à des souvenirs personnels ou à des impressions de voyage le motif de ces conférences.

Il en fit ainsi quelques-unes sur ce grand voyage qu'il entreprit à travers la Russie et le Caucase, en 1858 et 1859, voyage splendide, qui demeura un des bons souvenirs des dernières années de Dumas.

Il a écrit l'histoire de ce voyage ; mais le voyage en Russie de Théophile Gautier — plus littéraire et plus descriptif — a fait du tort au sien.

Après la lecture des sept volumes du romancier, on connaît, dans ses plus petits détails, l'histoire de ce peuple russe qui, suivant son expression, depuis cent ans, n'a pas d'histoire publique, parce qu'il a trop eu d'histoires privées.

Chez Dumas, le voyageur est toujours doublé d'un historien, — historien curieux, sagace, qui cherche, sous le fait officiel, la raison intime des événements, le mobile secret des acteurs. — Comme il est toujours actuel de parler de la Russie, nous entrerons ici dans quelques détails sur ce voyage.

Disons d'abord quelles circonstances déterminèrent Dumas à l'exécuter.

Dans l'hiver de 1858, le romancier s'était lié avec le spirite Daniel Home.

M. Home a été, pendant deux ans, un des engouements de la société parisienne ; c'était l'époque où l'on croyait aux esprits frappeurs et aux tables tournantes.

Paris a, comme cela, de temps à autre, des accès de crédulité bizarre qui se personnifient dans l'individualité d'un somnambule ou d'un magnétiseur exotique.

Comme spirite, M. Home présentait une particularité bien singulière : son pouvoir avait des intermittences ; les esprits frappeurs qui avaient fait élection de domicile chez lui l'abandonnaient quelquefois, mais ils avaient la délicatesse de prévenir le spirite de leur absence et de la date précise de leur retour.

Du reste, quand ils revenaient prendre possession de M. Home, chez lui les tables tournaient, les chaises dansaient, les fenêtres et les portes bruissaient.

C'était une vraie sarabande.

Tout le monde — à part quelques sceptiques endurcis — croyait aux phénomènes du spirite. Il fut même appelé deux fois à la cour des Tuileries pour y démontrer la preuve de ses rapports avec les esprits.

Dumas, qui toute sa vie crut au somnambulisme, au magnétisme et même à la chiromancie, ne mit pas un instant en doute la réalité du pouvoir de M. Home.

Des amis communs les rapprochèrent, et ils se lièrent intimement.

Cette intimité amena même l'auteur des *Trois Mousquetaires* à se lier, à son tour, avec des amis du spirite à la mode, entre autres avec un gentilhomme russe, le comte Kouchelef. Le comte Kouchelef habitait alors avec sa famille l'hôtel des *Trois Empereurs*, sur la place du Palais-Royal, et Dumas — amené un soir par M. Home — devint bientôt un des hôtes assidus de la famille russe.

Bientôt aussi un mariage fut convenu entre M. Home et la sœur de la comtesse Kouchelef.

Mais on décida que ce mariage n'aurait lieu qu'à Saint-Pétersbourg, et le départ pour la Russie fut fixé au mois de juin.

Un soir, comme Dumas entrait dans le salon du comte et de la comtesse Kouchelef, ceux-ci allèrent au-devant de lui, l'entraînèrent dans un coin de la pièce; puis, après l'avoir fait asseoir :

— Mon cher monsieur Dumas, lui dit le comte, nous venons de prendre une grande résolution à votre égard.

— Peut-on savoir quelle est cette résolution, mon cher hôte?

— Dans cinq jours, nous partons pour la Russie, et nous vous emmenons avec nous.

Le romancier bondit sur son siège, tant la chose lui parut insensée.

— Bondissez! bondissez! dit en riant la comtesse, nous nous attendions à ces effets de surprise.

— Mais c'est impossible, comtesse.

— Comment, impossible? demanda le comte.

— Sans doute, vous partez mardi prochain, c'est-à-dire dans cinq jours; comment voulez-vous qu'en cinq jours je me prépare à un pareil voyage? D'autant plus que, si j'allais en Russie, ce ne serait pas pour aller à Saint-Pétersbourg seulement.

— Vous auriez raison, dit le comte : Saint-Pétersbourg, c'est la ville de Pierre, ce n'est pas la Russie.

— Aussi, continua Dumas, je voudrais aller à Moscou, à Nijni-Novgorod, à Kasan, à Astrakan, à Sébastopol, et revenir par le Danube.

— Cela tombe à merveille, répondit la comtesse : j'ai un domaine à Koralovo, près de Moscou; le comte a une terre à Nijni, des steppes à Kasan, des pêcheries sur la mer Caspienne, une maison de campagne à Isatcha. Cela vous fait un pied-à-terre de deux cents lieues en deux cents lieues.

Cette proposition était bien tentante pour un voyageur comme Dumas, qui ne tenait jamais à Paris que par un cheveu. Il hésitait encore à répondre affirmativement.

— Comtesse, dit-il, je vous demande deux jours pour me décider.

— Je vous donne deux minutes, dit cette dernière. Ou nous refusons notre sœur à M. Home, ou vous serez son garçon de noce.

Dumas ne voulait pour rien au monde faire manquer le mariage de son ami; il se leva et se retira sur le balcon du salon pour réfléchir.

Il se dit qu'un voyage en Russie, exécuté dans de pareilles conditions, avait toujours été un de ses secrets désirs; il se dit aussi que ce voyage était peut-être une folie, mais une de ces folies qu'on regretterait de ne pas avoir faites, quand elles sont exécutées.

Cette dernière réflexion le décida.

Au bout de deux minutes, il rentra dans le salon et revint à la comtesse.

— Eh bien? demanda celle-ci.

— Eh bien, comtesse, je me suis décidé, je pars avec vous.

Le comte Kouchelef serra la main du romancier; M. Home lui sauta au cou.

Cinq jours après, tout le monde partait par train express pour Cologne.

Dans cette ville, on fit une halte de quelques heures, puis on reprit le chemin de fer pour Berlin.

Le comte Kouchelef, qui voyageait avec tout le luxe d'un véritable grand seigneur russe, avait un majordome qui le précédait partout, et qui préparait les logements de son maître dans les meilleurs hôtels.

A Berlin, on descendit à l'hôtel de *Rome;* le soir, on constata qu'il n'y avait pas un nombre suffisant de chambres à lits pour tout le monde. Cette découverte n'embarrassa pas Dumas. Le matin, il avait pris un excellent bain dans le sous-sol de l'hôtel; il dit à un des garçons de s'emparer d'un matelas, d'un oreiller, d'une paire de draps, et de faire un lit dans le fond d'une baignoire.

Les baignoires sont très vastes, paraît-il, à Berlin.

Ce qui fut dit fut exécuté; Dumas passa une excellente nuit dans ce lit improvisé.

De Berlin, on fila sur Stettin.

Là tous nos voyageurs prirent place sur le bateau à vapeur *le Wladimir,* qui partait pour Saint-Pétersbourg.

Au nombre des passagers se trouvait le prince Troubetzkoï. Il se lia avec Dumas, et, apprenant que ce dernier comptait faire en Russie un certain séjour, il l'invita à une chasse aux loups dans les bois d'un de ses domaines.

L'auteur des *Trois Mousquetaires* pensait que la seule chasse intéressante, émouvante en Russie, est la chasse à l'ours.

Le prince lui apprit que la chasse aux loups était aussi émouvante, aussi féconde en péripéties dangereuses.

En lui faisant son invitation, voici du reste les détails qu'il donna à Dumas.

La chasse aux loups se fait généralement en hiver, époque où le défaut de nourriture rend ces animaux féroces.

Trois ou quatre chasseurs — tous armés d'un fusil à deux coups — se placent dans une *troïka*. Une troïka est une sorte de voiture découverte, attelée de trois chevaux. De ces trois chevaux, celui qui tient le milieu marche au trot; ceux de droite et de gauche vont au galop; ils n'ont qu'une rêne, et sont solidement retenus au brancard de la voiture.

L'attelage — quand il est emporté par sa course — offre l'aspect d'un éventail.

Le cocher qui conduit la voiture doit être un homme sûr : de son habileté et de son sang-froid dépendent la sécurité et même la vie des chasseurs qui montent la voiture.

L'appât dont on se munit pour attirer les loups consiste en un jeune cochon, attaché à l'arrière du véhicule par une chaîne mesurant une dizaine de mètres.

On part; le cocher lâche ses chevaux, la troïka file rapidement.

Le jeune cochon, peu habitué à ce genre de course, pousse des grognements qui se transforment bientôt en lamentations aiguës. A ces lamentations, un premier loup sort de la profondeur des bois, et se met à la poursuite du cochon.

Puis d'autres loups arrivent à la suite; tous se disputent le jeune cochon, se battant entre eux pour en approcher, lui allongeant, l'un un coup de griffe, l'autre un coup de dent.

Le malheureux animal, qui se voit dans une position critique, pousse des cris désespérés. Ces cris vont réveiller d'autres loups, cachés dans les profondeurs les plus lointaines de la forêt. Alors tout ce qu'il y a de loups trois lieues à la ronde accourt, et la voiture se trouve poursuivie par un troupeau de loups.

Les chevaux, qui ont pour les loups une horreur instinctive, prennent une allure insensée. Pendant ce temps, les chasseurs tirent au hasard; il n'y a pas besoin de viser, tous les coups de fusil portent.

Le cochon crie, les chevaux hennissent, les loups hurlent.

C'est un vacarme infernal.

Attelage, chasseurs, cochon, troupeau de loups, ne forment plus qu'un tourbillon emporté par le vent qui fait voler la neige tout autour de lui.

C'est alors qu'il est indispensable d'avoir un habile cocher; tant qu'il demeure maître de ses chevaux, —

si emportés qu'ils soient, — tout va bien ! Mais, s'il cesse d'en être maître, si l'attelage accroche, si la voiture verse, alors tout est fini ; les chasseurs, le cocher, les chevaux, deviennent la proie des loups !

On voit combien une pareille chasse est féconde en sensations émouvantes.

Dumas remercia le prince Troubetskoï, et accepta son invitation.

Arrivé à Saint-Pétersbourg, il alla habiter chez le comte Kouchelef, qui lui donna l'hospitalité dans sa villa de Bezborodko, — résidence splendide, à quelque distance de la capitale, avec une vue superbe sur la Néva.

En quelques jours, il eut parcouru la ville, visité les monuments, les musées, les bibliothèques.

Le romancier russe Gregorovitch était venu le voir, et s'était fait son cicerone dans ses courses à travers Saint-Pétersbourg.

Dumas admira l'architecture des monuments, l'aspect général de la ville, le cours de la Néva ; les beaux clairs de lune des nuits de juin, sous ce climat, excitèrent son enthousiasme.

Mais la civilisation russe ne l'empoigna pas : il en eut bien vite reconnu les fissures, les lacunes, les abus.

Voici son impression textuelle :

« La Russie est une grande façade. Quant à ce qu'il y a derrière cette façade, personne ne s'en occupe. Celui qui se dérange pour regarder derrière cette façade, ressemble au chat qui, se voyant pour la première fois dans une glace, tourne autour de cette glace, espérant trouver un chat de l'autre côté.

» Et, ce qu'il y a de curieux, c'est qu'en Russie, le pays des abus, tout le monde, depuis l'empereur jusqu'au dvornik, désire la cessation des abus.

» Tout le monde parle de ces abus, tout le monde les connaît, les analyse, les déplore ; c'est à qui lèvera les yeux au ciel pour dire : « Notre père, qui êtes aux » cieux, délivrez-nous des abus! » les abus n'en vont que la tête plus haute.

» On compte fort sur l'empereur Alexandre pour la cessation des abus, et l'on a raison ; il veut sincèrement, et de tout son cœur, la réforme universelle.

» Mais, dès qu'on touche à un abus en Russie, savez-vous qui jette les hauts cris?

» L'abus auquel on touche?

» Non, ce serait par trop maladroit!

» Ceux qui jettent les hauts cris sont les abus auxquels on ne touche pas encore, mais qui craignent que leur tour ne vienne. Dans l'artichaut, les feuilles les plus dures à arracher sont les premières que l'on mange.

» Les abus sont un immense artichaut tout hérissé de piquants : on n'arrive pas au cœur sans se piquer les doigts. »

Tout cela n'est-il pas bien pensé et bien dit?

Dans ses impressions de voyage — et même dans ses romans d'histoire, — Dumas rencontre et touche la vérité par une profonde intuition native, et par un grand instinct du sentiment de la vie.

En 1858, l'émancipation des serfs n'était pas encore une œuvre accomplie, le régime féodal gouvernait la Russie.

On a dit au romancier que les plus grandes douleurs, les plus grandes misères du peuple et du paysan russe, viennent de l'arbitraire des agents fiscaux du gouvernement et du despotisme des intendants des seigneurs.

Pour bien se convaincre de cette triste réalité, il fait demander au grand maître de la police russe la permission de visiter une prison et de causer avec quelques-uns des condamnés aux mines.

Il devine que l'entretien de ces derniers lui apprendra d'étranges choses sur la société russe et sur son apparente civilisation.

On lui accorda cette permission ; on lui donna même un guide pour l'accompagner dans la prison.

On le conduisit d'abord dans un premier cachot, occupé par un forçat condamné aux mines de Sibérie.

Dumas vit alors, sur un banc de bois assez large pour servir de lit la nuit et de siège le jour, un petit homme sec, à l'œil brillant, à la barbe longue. Une chaîne scellée au mur aboutissait à un anneau dans lequel sa jambe était prise au-dessus de la cheville.

Le prisonnier leva la tête à l'entrée des visiteurs dans son cachot.

— Est-ce aujourd'hui que nous partons ? demanda-t-il au guide du romancier.

— Ce n'est pas de cela qu'il s'agit, répondit celui-ci ; voici monsieur qui visite la prison ; il te donnera deux kopeks, si tu lui racontes pourquoi tu es condamné aux mines.

Le prisonnier s'exécuta et il raconta rapidement son histoire.

« C'était un malheureux paysan, réduit avec sa femme et ses enfants au plus complet dénûment.

» Un jour, le stavanoï — le collecteur d'impôts — vint lui dire que, comme l'empereur faisait une grande guerre en Crimée, il fallait payer l'impôt pour la première moitié de l'année. Sa contribution montait à un rouble soixante-quinze kopeks — sept francs environ de notre monnaie.

» Le paysan, pour prouver au stavanoï qu'il n'avait pas cette somme, lui montra sa chaumière sans meubles, sa femme et ses enfants à moitié nus, et il lui demanda du temps.

» — L'empereur ne peut attendre, répondit le stavanoï.

» — Mais que faire, mon Dieu ? Je ne peux payer maintenant.

» — Je connais un moyen ! Je vais ordonner qu'on te verse de l'eau glacée sur la tête, goutte à goutte, jusqu'à ce que tu payes.

» — Vous pouvez me faire mourir, sans doute ; mais à quoi cela vous avancera-t-il ? Vous ne serez pas payé, et ma femme et mes enfants mourront !

» — Mettez-vous à genoux, dit la femme à ses enfants, et priez M. le stavanoï de vous accorder un peu de temps; peut-être votre père trouvera-t-il de l'ouvrage et pourra-t-il payer l'impôt à l'empereur.

» La femme et ses enfants se jetèrent à genoux.

» Mais le stavanoï ne voulut rien entendre; il prit le malheureux paysan, et voulut l'entraîner en prison.

» — Non, laissez-moi libre, dit-il; je vais me vendre aux *bouslaks*; je tirerai toujours de ma peau quelques roubles; je vous payerai ma contribution, et le reste sera à partager entre mon maître, ma femme et mes enfants.

» On appelle *bouslaks* des propriétaires de bateaux sur les fleuves russes. Avant l'émancipation, ils avaient le droit d'acheter des hommes et de les employer à traîner — en guise de chevaux — leurs bateaux le long des chemins de halage.

» Cette promesse du malheureux paysan parut apaiser momentanément le stavanoï.

» — Je te donne huit jours pour acquitter tes contributions, dit-il; et si, au bout de ce temps, je n'ai pas l'argent de l'empereur, ce n'est pas toi que je mettrai en prison, mais ta femme et tes enfants.

» A cette menace, le malheureux jeta un regard sur sa hache placée près du poêle; il eut une tentation terrible d'en frapper le stavanoï; mais celui-ci se retira.

» Le paysan embrassa sa femme et ses enfants; en traversant le village, il les recommanda à la charité des autres paysans; quant à lui, il annonça qu'il se rendait au gouvernement du district pour se vendre aux bouslaks. Tout le monde plaignit son sort; chacun maudit le stavanoï; mais personne ne lui offrit le rouble et les soixante-quinze kopeks pour le payement desquels il allait se vendre.

» Dans cette misère générale, il n'y avait pas de place pour la charité, chacun était esclave, chacun ne pensait qu'à soi.

» Le pauvre paysan partit en pleurant; il marchait à pied depuis deux ou trois heures, quand il rencontra un homme du même village, nommé Onésime.

» Celui-ci était monté dans sa charrette.

» — Où vas-tu? demanda alors ce dernier.

» — Je vais au gouvernement du district.

» — Et que vas-tu faire là?

» — Je vais me vendre aux bouslaks, parce que je dois à l'empereur un rouble soixante-quinze kopeks que je ne peux payer.

» — Diable! voilà une mauvaise affaire pour toi; moi aussi, je vais au gouvernement du district, j'y vais justement acheter pour un rouble soixante-quinze kopeks de vodka — sorte d'eau-de-vie — c'est la mesure de ce bocal.

» Et il montra un petit baril au fond de la charrette.

» Le paysan eut l'idée d'intéresser à son sort cet homme que le hasard lui faisait rencontrer.

» — A quoi penses-tu? lui demanda ce dernier en remarquant son air songeur.

» — Je pense que, si tu voulais te priver de boire

du vodka pendant quatre dimanches et me prêter le rouble et les soixante-quinze kopeks que tu destines à ton achat, je payerais le stavanoï, je ne serais pas obligé de me vendre, ma femme et mes enfants seraient sauvés.

» — Bon! Et qui me dit que tu me les rendrais? N'es-tu pas pauvre comme Job?

» — Je te promets que je ne boirai que de l'eau et que je ne mangerai que du pain jusqu'au moment où je t'aurai remboursé.

» — Non! J'aime mieux boire mon vodka, c'est plus sûr.

» Le malheureux paysan tomba assis, en proie à un profond découragement.

» — Tout ce que je peux faire pour toi, ajouta Onésime, c'est de t'offrir une place dans ma charrette; tu arriveras plus frais et tu te vendras plus cher.

» — Non, merci.

» — Monte, tu es fatigué; tu ne peux aller plus loin; quand j'aurai acheté mon vodka, je t'en ferai boire un coup; cela te donnera du cœur.

» Le paysan monta; mais, quand il s'était assis, sa main s'était appuyée sur une pierre, et il avait gardé la pierre avec lui.

» A la tombée de la nuit, on arriva dans une forêt.

» Le paysan eut comme une hallucination; il se vit attaché à une corde et tirant un bateau; il entendit ses enfants et sa femme qui criaient : — Du pain! du pain!

» L'homme à la charrette activait son cheval en chantant un joyeux refrain.

» Alors une pensée sinistre traversa l'esprit de ce malheureux qui se rendait à la ville pour se vendre; et, comme il avait gardé en main la pierre qu'il avait ramassée, il frappa son compagnon d'un coup derrière la tête. Le coup fut si violent, qu'Onésime tomba entre les jambes de ses chevaux.

» La solitude était complète; le paysan porta le corps dans la forêt, et, trouvant sur lui une bourse contenant environ vingt-cinq roubles, il y prit seulement la somme dont il avait besoin : un rouble soixante-quinze kopeks.

» Il s'enfuit — sans regarder derrière lui — et revint en courant à son village.

» Il alla payer le stavanoï ; de ce côté, il était tranquille pour six mois. Puis il rentra dans sa maison.

» — C'est toi, Gavrilo? lui dit sa femme.

» — C'est toi, petit père? dirent les enfants en courant à lui.

» — Oui, c'est bien moi, répondit le paysan. J'ai rencontré sur la route un ami qui m'a prêté la somme nécessaire pour payer ma contribution à l'empereur. Je n'ai plus besoin de me vendre; il s'agit maintenant de bien travailler pour rembourser ce brave ami.

» Sa sécurité ne fut pas longue.

» L'homme à la charrette n'avait été qu'étourdi par le coup de pierre ; il revint au village et raconta l'agression dont il avait été victime.

» On arrêta le paysan et on le jeta en prison.

» Il y attendit les juges pendant cinq ans.

» Quand il comparut devant eux, il fit des aveux complets. Cette franchise lui épargna la peine de mort sous forme de dix mille coups de baguette; il fut condamné seulement aux mines à perpétuité. »

— C'est bien demain que nous partons pour la Sibérie? demanda, en finissant son récit, le prisonnier au guide qui accompagnait Dumas.

— Oui, dit celui-ci.

— Tant mieux! Je suis condamné aux mines de cuivre; et on dit que, dans celles-là, on ne vit pas longtemps.

Dumas, touché de compassion, offrit deux roubles à ce malheureux.

— Merci! à quoi me servirait maintenant cet argent? il fallait me le donner quand le stavanoï me poursuivait, et avant que j'aie voulu tuer un homme.

Le prisonnier se recoucha, silencieux, sur son banc.

Le romancier y déposa les deux roubles et sortit avec son guide.

Ils pénétrèrent dans un autre cachot; le prisonnier enfermé était un jeune et beau garçon de vingt-deux à vingt-trois ans. Dumas l'interrogea sur les motifs de sa condamnation.

Le jeune homme lui répondit qu'il était fils d'un riche fermier du gouvernement de Toula. Devenu amoureux de la fille d'un de leurs voisins il s'était fait aimer d'elle; tous deux étaient convenus de s'épouser.

Ils avaient été demander ensemble à l'intendant du seigneur, leur maître, un certificat de mariage, sans lequel le pope ne voulait pas les marier.

La fiancée était une belle fille : l'intendant la désira et projeta d'en faire sa maîtresse; il refusa d'abord le certificat, et désigna le jeune homme pour faire partie d'une recrue qui allait renforcer l'armée de Crimée. Ce dernier se résigna, il savait que son amie l'aimait et qu'elle l'attendrait.

La veille du départ, ils allèrent se promener dans la prairie, où serpentait une rivière étroite et profonde; comme ils traversaient un petit pont de bois jeté sur la rivière, la jeune fille s'arrêta, et, fondant en larmes, elle avoua la vérité à son fiancé, c'est-à-dire les machinations de l'intendant.

— Cet homme m'aime, dit-elle; il veut que je sois sa maîtresse. C'est parce qu'il m'aime que tu pars : j'ai refusé. Si j'avais accepté, tu ne partais pas.

— Oh! le misérable!

Et le jeune homme eut l'air de chercher quelque chose autour de lui.

— Quoi? que cherches-tu?

— Une arme pour te venger... Ah! voilà!

Et il se saisit d'une hache laissée dans une poutre par un paysan qui raccommodait le pont.

— Que vas-tu faire?

— Par la bienheureuse Vierge, je te jure que cet homme va mourir de ma main.

— Mais si tu le tues, on te tuera!
— Que m'importe!
— Je t'en prie.
— J'ai juré : je tiendrai mon serment. Si l'on me tue, eh bien, j'irai t'attendre là où l'on se rejoint, sans faute, un jour ou l'autre.

La hache à la main, le jeune homme se dirigea vers le village.

— Ainsi, tu es bien décidé? dit la jeune fille.
— Oh! oui.
— Alors, c'est moi qui t'attendrai!... Adieu!

Dans le crépuscule du jour qui tombait, le jeune homme vit un objet rayant l'obscurité; il entendit la chute d'un corps dans l'eau de la rivière.

Le pont était vide, sa fiancée avait disparu sous les flots.

Il alla tuer l'intendant et se retrouva plein de sang dans un cachot. C'est pour ce crime qu'on l'avait condamné aux mines de Sibérie.

Ce récit avait renouvelé les douleurs du pauvre garçon; il se jeta la face contre terre en éclatant en sanglots et en invoquant le nom de sa fiancée.

Dumas sortit avec son guide; un geôlier leur ouvrit un troisième cachot.

Il était occupé par un homme d'une quarantaine d'années environ, taillé en hercule.

Interrogé, il refusa d'abord de répondre.

Mais, quand on lui eut dit que l'un des deux visiteurs était un voyageur français, il changea d'allures, et même, au grand étonnement de Dumas, il s'exprima en très bon français.

Il lui expliqua qu'il avait appartenu à un propriétaire d'usine ; celui-ci l'avait envoyé à Paris avec deux compagnons pour étudier à l'École des Arts et Métiers.

Ils restèrent ainsi huit ans à Paris, vivant comme les autres jeunes gens, égaux de leurs camarades, oubliant qu'ils étaient serfs. Il devint mécanicien, et son camarade, chimiste ; quand ils surent bien leur état, le maître les rappela en Russie.

On ne fut pas longtemps à leur rappeler leur condition primitive.

Un jour, le compagnon du prisonnier fut insulté par l'intendant du maître.

Il lui donna un soufflet.

Cet acte de rébellion lui valut cent coups de verges.

Fou de douleur et d'humiliation, le malheureux, une heure après, passa sa tête sous un marteau de l'usine qui frappait mille à chaque coup.

Il eut la tête broyée !

— Pour moi, continua le prisonnier, comme j'étais d'un caractère plus doux, j'en étais toujours quitte pour des réprimandes ; puis j'avais ma mère que j'aimais beaucoup ; et, pour ne pas l'inquiéter, je souffrais ce que je n'aurais pas souffert si j'avais été seul. Quand elle mourut, je me mariai avec une jeune fille que j'aimais.

» Au bout de quelques mois de mariage j'eus une petite fille, je l'adorai.

» Maintenant, il faut vous dire que notre maître avait une chienne, à laquelle il tenait beaucoup. Il l'avait fait venir d'Angleterre à grands frais ; elle mit bas deux petits chiens, un mâle et une femelle ; il résolut de les garder pour en naturaliser la race.

» Mais il arriva un malheur à cette précieuse chienne : un jour, pour souhaiter la bienvenue à son maître, qui rentrait en cabriolet, elle se jeta si vivement contre les roues, qu'elle fut écrasée.

» On fut dans un grand embarras, d'abord, pour nourrir les petits, qui n'avaient encore que quatre jours.

» Mon maître eut alors une idée, sachant que ma femme nourrissait sa fille : ce fut de lui prendre l'enfant, de l'envoyer à la cuisine commune, et de lui faire nourrir ses chiens.

» Ma pauvre femme lui répondit qu'elle nourrirait les chiens et l'enfant ; mais il lui dit que les chiens souffriraient.

» Je rentrai de la fabrique, comme d'habitude. J'allai droit au berceau de ma fille : il était vide.

» — Où est l'enfant ? demandai-je.

» Ma femme me raconta tout et me montra les deux chiens qui dormaient, bien repus.

» J'allai chercher l'enfant à la cuisine, je le rendis à sa mère, et, prenant un chien de chaque main, je les écrasai tous les deux contre la muraille.

» Le surlendemain, je mettais le feu au château ; par malheur, le feu gagna le village, et deux cents maisons furent brûlées. On m'arrêta.

» Je fus mis en prison et condamné aux mines à perpétuité comme incendiaire.

» Voilà mon histoire, conclut le prisonnier. Elle n'est pas longue, comme je vous l'avais dit. Maintenant, si cela ne vous répugne pas de toucher un forçat, donnez-moi la main pour la peine, cela me fera plaisir. J'ai été si heureux en France!

« Je donnai la main de grand cœur à cet homme, tout forçat, tout incendiaire qu'il était, ajoute Dumas, et je ne l'eusse certainement pas donnée à son maître, tout prince qu'il était. »

Le romancier revint profondément attristé de cette visite à la prison de Saint-Pétersbourg; il lui sembla qu'il sortait d'un de ces cercles maudits, voués aux peines éternelles, comme Dante sait les peindre dans son *Enfer*. Arrivé depuis quelques jours seulement en Russie, une circonstance lui permettait de la juger déjà moralement et politiquement, et il résumait ses premières impressions dans les lignes sévères citées plus haut. Sans doute, l'émancipation des serfs, survenue depuis, a supprimé beaucoup de ces misères; le peuple des villes, le peuple des campagnes n'est plus soumis à ces horribles tyrannies, à ces dégoûtantes vexations. Mais que d'abus, que de lacunes subsistent encore dans le fonctionnement intérieur de ce gouvernement! L'Europe, qui ne les apprend que par une circonstance fortuite, un fait subit, a le droit de penser et de dire que la Russie est toujours une façade!

XVII

Suite des *Souvenirs de Russie*. — Excursion en Finlande. — La cuisine russe. — Un bain dans le lac Ladoga. — Départ pour Moscou. — Le comte Narychkine. — Aspect du Kremlin vu le soir. — Visite au champ de bataille de la Moskova. — Navigation sur le Volga. — Une ovation à Kaliasine. — La foire de Nijni-Novgorod. — Le maître d'armes. — Curieuse rencontre. — Kasan. — Saratov. — Une lingère parisienne.

« Ce n'est pas seulement Saint-Pétersbourg que je veux voir dans mon voyage, avait dit Dumas au comte Kouchelef, c'est aussi toute la Russie que je veux visiter. »

Après six semaines de séjour dans la villa de ce dernier, il pense à exécuter cette promesse qu'il s'était faite à lui-même : il part avec deux amis pour voir quelques parties de la Finlande.

Un bateau-poste qui navigue sur la Néva les conduit d'abord à Schlusselbourg, c'est-à-dire à l'entrée du lac Ladoga; là un autre paquebot vient prendre les voyageurs, et ils s'enfoncent dans le lac.

Ce lac, qui est le plus grand de la Russie d'Europe,

est parsemé d'îles ; parfois, il a des tempêtes comme l'Océan.

Le paquebot se dirigea d'abord vers l'île Konivetz qui renferme un couvent, objet d'un pèlerinage célèbre en Finlande.

On était précisément à l'époque de ce pèlerinage, et le pont du bateau était encombré par une foule de pèlerins et de pèlerines, tous d'une malpropreté manifeste, et se grattant d'une manière effrayante pour celui qui ne se grattait pas.

L'heure du dîner venue, et même passée, Dumas se demandait pourquoi — comme cela se pratique sur les paquebots du Rhin ou de la Méditerranée — on ne venait pas dire que MM. les passagers étaient servis.

Il s'informa : hélas! non seulement il n'y avait pas de dîner préparé, mais il n'existait même aucune provision à bord. Dans ce genre de traversée, chaque pèlerin emportait avec lui sa provision de thé, de pain et de poisson salé.

La découverte était décourageante pour un appétit robuste comme celui de Dumas. Un de ses compagnons avait du thé, mais ce n'était pas assez ; on se mit en quête, on parvint à trouver un morceau de pain et une tranche de jambon d'ours.

Dans ce voyage splendide fait à travers la Russie, deux choses seules assombrirent un peu la satisfaction de notre voyageur :

La cuisine et les lits.

Sauf deux ou trois mets nationaux, la cuisine russe

est exécrable : elle peut se comparer à la cuisine espagnole ; elle se conditionne en dehors de toutes les règles du goût et de la vraisemblance.

Aussi Dumas — impatienté de toujours rencontrer de la farine dans ses omelettes et de la canelle dans tous ses plats — avait pris le parti de préparer ses aliments lui-même.

Quand il recevait l'hospitalité chez un grand seigneur russe, il demandait qu'on poussât cette hospitalité jusqu'à mettre le cuisinier de la maison sous ses ordres, il lui faisait exécuter de la cuisine française. Quant aux lits, il avoue qu'il n'a rencontré de lits *sérieux* qu'à Saint-Pétersbourg et à Moscou ; ailleurs, il dormait sur des canapés, des chaises, des peaux de mouton ou sur son manteau étendu à terre ; les matelas russes sont rembourrés, paraît-il, d'une substance encore plus dure que les noyaux de pêche ; mais il confesse qu'il n'a jamais pu découvrir le nom et la nature de cette substance. Un dîner aussi sommaire méritait une compensation : les circonstances la fournirent à Dumas.

La nuit avait été d'une chaleur lourde, étouffante ; en se réveillant le lendemain à quatre heures du matin, il s'aperçut que le paquebot n'était plus qu'à cent pas de l'île de Konivetz ; et, comme le capitaine ne semblait nullement pressé de débarquer, notre voyageur mit bas ses habits, sans rien dire à personne, se rangea dans un coin et sauta par-dessus bord dans le lac.

Il s'était déjà baigné, à un bout de l'Europe, dans le Guadalquivir ; il trouvait original de se baigner, à l'autre bout de la même Europe, dans le lac Ladoga.

En ce moment, la surface du lac était mouchetée d'une foule de points noirs.

Ces points noirs étaient des têtes de moines dont les corps étaient cachés par l'eau, et dont les bras tiraient un immense filet.

Les moines de Konivetz demeurèrent passablement intrigués de voir un curieux qui — dans le costume d'Adam, avant sa chute, — venait examiner le résultat de leur pêche.

Leur pêche avait été abondante, le filet était plein de milliers de petits poissons de la forme et de la taille des sardines. Mais ce qu'il y avait d'ingénieux, c'est qu'aux deux extrémités du demi-cercle formé par le filet, ils avaient attaché deux chevaux pour tirer et amener à terre cet engin de pêche.

Dumas essaya d'exprimer par gestes aux moines combien leur invention lui paraissait ingénieuse.

Ils ne parurent pas le comprendre.

Après divers incidents dans les îles du lac de Ladoga, il revint à Saint-Pétersbourg. Il prit définitivement congé du comte Kouchelef, et partit en chemin de fer pour Moscou, où l'attendaient impatiemment deux amis : le comte Narychkine et Jenny Falcon.

La route de Saint-Pétersbourg à Moscou, qui compte deux cents lieues, est monotone : elle se déroule successivement à travers d'arides steppes, et d'interminables forêts. Un incident vint agrémenter le trajet : au moment de traverser une de ces forêts, la machine se prit à siffler d'une façon inusitée, le train fila avec une vitesse vertigineuse, les voyageurs sentirent autour d'eux une forte chaleur ; puis, aussi loin que leur vue pouvait s'étendre, ils virent des flammes à droite et à gauche.

La forêt était la proie d'un de ces incendies si communs en Russie, et le chemin de fer passait au milieu du feu.

La nuit, qui commençait à tomber, accentuait encore la majesté du spectacle.

Dumas avoue que, si la décoration était belle, la salle était chaude, et quelques ventilateurs n'eussent pas été inutiles. Le train traversa ainsi un espace de huit ou dix lieues en moins de six à huit minutes.

Le comte Narychkine, qui allait donner l'hospitalité au romancier, était un de ces boyards colossalement riches, comme il y en a encore beaucoup en Russie.

Il possédait un peu partout des palais d'hiver, des villas d'été, des villages peuplés d'innombrables paysans.

Son haras était le plus beau de l'empire moscovite, et sa résidence de Petrovsky-Park, située près de Moscou, offrait toutes les ressources du luxe le plus recherché. Dumas passa là un mois qui compta au nombre de ses bons souvenirs, — souvenirs que l'on évoque au milieu des heures tristes comme des visions consolantes.

Dès le jour de son arrivée, le grand seigneur russe voulut le mener voir les merveilles de Moscou ; mais notre voyageur lui déclara qu'il ne sortirait pas de la journée, et que sa première visite serait, le même soir, pour le Kremlin, vu au clair de lune.

Il savait que les objets que l'on visite subissent évidemment les influences du jour, du soleil, de l'heure, et surtout de la disposition dans laquelle on se trouve.

Il avait été bien inspiré dans ce projet.

Le Kremlin, vu ce soir-là, sous une douce lumière, baigné dans une atmosphère vaporeuse, lui parut, avec ses aiguilles s'élançant vers les étoiles comme des flèches de minaret, un palais de fée dont la plume ne saurait donner une idée.

Dumas avait la curiosité multiple.

Quand il eut passé en revue tout ce qu'il y a d'intéressant dans la capitale de la vieille Russie, il visita ses environs.

Le champ de bataille de la Moskova devint l'objet d'un de ses pèlerinages.

Il se complut à suivre sur le terrain les péripéties de cette gigantesque lutte, où palpitèrent une des dernières espérances et un des derniers orgueils de la France.

A l'endroit où se trouvait cette fameuse redoute, emportée par les cuirassiers de Monbruns et de Caulaincourt, se dresse aujourd'hui le couvent de Borodino du Sauveur.

Ce couvent a été bâti par les soins de la femme d'un général russe, tué dans la redoute.

Un autre pèlerinage attira également l'attention de Dumas pendant son séjour à Moscou :

Le cimetière des Étrangers.

Dans le coin le plus solitaire de ce cimetière, il découvrit, cachée sous les ronces, une pierre, — pareille à celle des Perses dans la plaine de Marathon; — et, sur cette pierre, une main pieuse avait écrit ces mots :

Français morts
Pendant et après l'occupation!

Le romancier s'inclina devant cette fosse qui renferme tant de compatriotes oubliés!

Au bout d'un mois de la plus charmante hospitalité, il dut quitter ses amis pour continuer son voyage dans l'intérieur de la Russie.

Il ne voulait pas perdre le spectacle de la fameuse foire de Nijni-Novgorod, ce vaste entrepôt du commerce de l'Europe et de l'Asie.

Le recteur de l'université de Moscou lui donna avant son départ un interprète de confiance, afin qu'il pût converser, pendant la route, avec les naturels du pays.

C'était un garçon baptisé du nom bizarre de Kalino.

L'itinéraire de Dumas était de descendre le Volga en bateau à vapeur; il partit pour Kaliaisine, petite bourgade qui s'étend sur la rive du fleuve, et qui est une station d'embarquement. Pendant son séjour à Moscou, il s'était lié avec le chirurgien d'un régiment en garnison à Kaliaisine, il lui avait promis de ne pas quitter ce dernier endroit sans venir lui demander à déjeuner.

Il se rendit à sa demeure, le chirurgien l'attendait; mais il lui demanda la permission de faire participer quelques amis à ce déjeuner, permission aussitôt accordée.

Tout le corps des officiers était, sans doute, au nombre de ses amis : depuis le sous-lieutenant jusqu'au lieutenant-colonel, chacun vint prendre place au déjeuner.

Il va sans dire que chacun avait apporté des victuailles et des liquides.

Dumas se trouva entouré d'un cercle d'amis improvisés, bruyants, chaleureux.

Tous les officiers parlaient français.

On mangea plantureusement!

On but largement!

Pendant le repas, la musique de la ville était venue jouer des airs choisis sous les fenêtres du chirurgien.

Le déjeuner s'était transformé en fête. On venait de servir le café, quand on annonça à notre voyageur que le bateau l'attendait pour partir.

Les convives se hâtèrent de vider les petits verres, et descendirent bras dessus, bras dessous, intimes comme si l'on se connaissait depuis vingt ans!

La musique — que l'on avait eu la politesse de désaltérer — se mit en devoir de suivre le cortège, en jouant ses morceaux les plus gais.

On traversa ainsi la ville.

Toute la population de Kaliaisine, qui n'avait jamais assisté à pareille fête, escorta la musique.

Les passagers, qui attendaient sur le pont du bateau à vapeur, se demandèrent avec étonnement quels étaient les voyageurs pour lesquels on pouvait pousser de pareils hourras et jouer des fanfares aussi retentissantes.

Mais leur surprise redoubla quand ils virent les officiers — accompagnant toujours Dumas — franchir le pont qui conduisait au bateau, la musique emboîter le pas, et le plus gai de la société mis en majordome.

— Garçon, tout ce que tu as de champagne à bord !

Le capitaine du bâtiment pensa qu'il était temps d'intervenir.

— Messieurs, dit-il aux officiers, j'aurai l'honneur de vous faire observer que nous partons dans cinq minutes, et, à moins que vous ne veniez avec nous jusqu'à Ouglitch…

— Au fait, reprit Dumas en riant, pourquoi ne viendriez-vous pas avec moi jusqu'à Ouglitch ?

C'était la plus prochaine station de débarquement.

— Oui, oui, allons à Ouglitch, s'écrièrent les plus ardents de la société.

— Messieurs, dit alors le lieutenant-colonel, je vous ferai observer que, sans la permission du colonel, vous ne pouvez faire une pareille escapade.

— Eh bien, envoyons une députation chez le colonel, crièrent les officiers.

— Ce serait à merveille, mais le colonel n'est pas à Kaliaisine.

— Eh bien, donnez-nous la permission, en l'absence du colonel.

— Messieurs, cela dépasse mes pouvoirs.

— Oh! commandant! commandant! dirent toutes les voix d'un ton suppliant.

— Allons, commandant! dit Dumas à son tour.

— Messieurs, je ne puis vous donner cette permission ; mais, ajouta le commandant, je puis déserter comme vous et encourir la même punition que vous, en allant conduire avec vous M. Dumas jusqu'à Ouglitch!

— Hourra pour le commandant! Vive le commandant! A Ouglitch! à Ouglitch!

— Emmenons-nous la musique? demanda Dumas.

— Pourquoi pas ? dirent les officiers. Allez, la musique!

Les musiciens montèrent à leur tour sur le bateau à vapeur.

— Maintenant, combien de champagne à bord, majordome? fit un des voyageurs improvisés.

— Cent vingt bouteilles, mon officier!

— Ce n'est pas beaucoup, mais on en fera assez.

— En ce cas, messieurs, nous pouvons partir ? demanda le capitaine.

— Quand vous voudrez, mon brave.

On partit au bruit des fanfares et des bouchons de champagne qui sautaient en l'air. On but en quelques heures les cent vingt bouteilles.

Dumas avoue qu'il faut avoir vu des Russes boire du vin de Champagne pour mesurer la capacité de certains estomacs privilégiés.

Le lendemain, les officiers le quittaient à Ouglitch : chacun avait risqué quinze jours d'arrêts pour avoir le plaisir de rester avec lui quelques heures de plus.

Notre voyageur continua à descendre le Volga. Rien de triste et d'uniforme comme l'aspect de ce grand fleuve ; presque toujours, il roule encaissé d'une quinzaine de pieds, entre deux rives plates et à peine ondulées. De temps en temps on rencontre une ville isolée et triste, sans aucune de ces maisons de campagne qui font la vie et la joie des nôtres. Pas une île qui rompe la monotonie de cet immense cours d'eau, pas un bateau, pas une barque qui l'anime.

Après trois jours de navigation, on arriva à un endroit où le Volga forme un coude ; on franchit ce coude, et l'on vit apparaître Nijni-Novgorod et son magnifique champ de foire.

Une foule énorme encombrait les quais ; un murmure formidable de voix remplissait l'air. La situation de la ville est pittoresque ; elle se divise en partie haute et en partie basse.

Devant la partie basse coule une petite rivière appelée l'Oka, qui, en se joignant avec le Volga, forme une île. C'est sur cette île, et sur un pilotis qui touche au quai principal que s'étend l'emplacement de la foire.

Le nombre des boutiques s'élève environ à deux mille cinq cents ; les plus curieuses appartiennent aux marchands chinois et persans.

Sur leurs comptoirs se déroulent les châles de l'Inde, les étoffes chinoises, les tissus turcs, les tapis smyrniotes, les soies du Caucase, les ceintures enrichies de turquoises, les sabres, les poignards, les pistolets damasquinés, les pipes de toute espèce, de toute forme, de tout prix, les selles, les brides et les caparaçons persans venus d'Erzeroum, de Nouchka, de Téhéran, de tous ces pays qui reportent l'esprit aux *Mille et une Nuits*.

Veut-on avoir une idée de la variété du commerce et du chiffre des affaires de cette foire ?

On y vend pour trois millions de pierreries. Les rubis, les turquoises, les émeraudes se vendent à la mesure.

La mesure varie de cent cinquante à deux cent mille francs.

Les soieries atteignent huit millions.

La vente des autres marchandises présente des chiffres analogues.

Dumas avait des lettres de recommandation pour un riche négociant de la ville et pour le directeur du *Mercury*, — un journal local ; — non seulement ces deux messieurs s'empressèrent de se mettre à sa disposition, mais ils l'avertirent que le gouverneur militaire de la province lui réservait une surprise. Ce dernier avait été prévenu à l'avance de l'arrivée du célèbre romancier à Nijni-Novgorod.

C'était le général Alexandre Mouravief.

Ne pas confondre avec le général du même nom qui réprima si cruellement l'insurrection de Pologne en 1863.

Dumas était en train de dîner chez son hôte, quand un aide de camp du général vint lui apporter de sa part une invitation à prendre le thé chez lui dans la soirée. Dumas — très intrigué — se rendit le soir à cette invitation.

Le général était un homme aimable ; sa famille et lui firent au romancier l'accueil le plus affable.

Mais bientôt la porte du salon s'ouvrit, et un serviteur annonça :

— Le comte et la comtesse Aunenkof !

Ces deux noms firent tressaillir notre voyageur et lui rappelèrent un vague souvenir.

Il se leva.

Le général le prit par la main et le conduisit aux nouveaux venus.

— M. Alexandre Dumas, leur dit-il.

Puis, à ce dernier :

— M. le comte, madame la comtesse Aunenkof, le héros et l'héroïne de votre *Maître d'armes*.

Il jeta un cri de surprise, et se trouva dans les bras du mari et de la femme. Retrouver en chair et en os, à Nijni-Novgorod, les héros d'un de ses romans, constituait pour Dumas un de ces hasards de voyage comme il lui en arriva quelques-uns.

Bien des années auparavant, le maître d'armes Grisier, qui avait longtemps séjourné en Russie, lui avait raconté les principaux épisodes de la conspiration de 1825.

Le but de cette conspiration était de renverser l'empereur Nicolas, et de lui substituer le grand-duc Constantin.

Aunenkof prit une part active à ce mouvement qui avorta.

La plupart des conjurés furent condamnés à mort ; quelques-uns furent proscrits et envoyés en Sibérie.

Aunenkof était du nombre de ces derniers.

Une jeune fille qu'il aimait, Pauline Xavier, obtint alors de l'empereur, quoiqu'elle ne fût pas encore la femme du proscrit, de le rejoindre aux mines de Petrovsky, dévouement qu'elle accomplit au milieu de mille dangers.

Cette histoire devint pour Dumas le texte d'un roman sévèrement défendu en Russie et devenu, par le fait de cette défense, plus que populaire.

La czarine — la femme de l'empereur Nicolas — s'était procuré l'ouvrage, et avait prié son amie la princesse Troubetskoï de venir le lui lire.

Au milieu de la lecture, la porte s'ouvrit, et l'empereur parut.

La princesse, qui lisait le livre, le cacha vivement sous les coussins du divan

L'empereur s'approcha, et, restant debout devant l'impératrice interdite :

— Vous lisiez, madame ? lui dit-il

— Oui, sire.

— Voulez-vous que je vous dise quel livre vous lisiez ?

L'impératrice se tut.

— Vous lisiez le roman de M. Dumas, *le Maître d'armes*.

— Comment savez-vous cela, sire ?

— Pardieu ! ce n'est pas difficile à deviner, c'est le dernier que j'ai défendu.

On comprend combien la défense impériale avait rendu populaire en Russie *le Maître d'armes*.

Si populaire même, qu'un marchand de toile vendait, à la foire de Nijni-Novgorod, des mouchoirs représentant une des scènes les plus émouvantes de ce roman, celle où la voiture qui conduit la comtesse Aunenkof est attaquée par les loups au milieu d'une plaine couverte de neige.

Tout le reste de la soirée, Dumas fut accaparé par ses héros, qui lui racontèrent la suite de leurs aventures.

Il ne put rester que trois jours à Nijni-Novgorod ; il était pressé par la saison ; il désirait se rendre à Astrakan par la navigation du Volga, et il craignait, en s'attardant en route, de voir le fleuve pris par les glaces.

Dans ce nouvel itinéraire, Kasan, — ville moitié

russe, moitié tartare, — était une de ses étapes ; il s'y arrêta vingt-quatre heures.

Les bateaux à vapeur qui naviguent sur le Volga se chauffent au bois : de là l'obligation de nombreux arrêts pour renouveler leurs provisions de combustible.

A Kasan, où la population tartare professe le culte de Mahomet, une particularité bizarre frappa notre voyageur. Il remarqua que les marchands de vin portent sur leur enseigne le mot *balzam* (pharmacie).

Mahomet défend l'usage du vin, comme on le sait ; mais, dans certaines maladies, il l'autorise à titre de remède.

Le Tartare, malade de soif, entre dans la pharmacie, boit, comme remède, une bouteille de vin, et sort guéri.

Mahomet n'a rien à dire : c'était un malade et non un ivrogne !

Kasan est la ville de l'Europe où l'on travaille le mieux le cuir, où l'on prépare le mieux les fourrures ; ses habitants sont chasseurs — chasseurs habiles, intrépides. — Un marchand, chez lequel Dumas était entré pour acheter une paire de bottes, lui raconta qu'une des façons les plus communes de prendre l'ours, en Russie, était avec un pot de cuivre étroit de goulot, large de fond. On met du miel au fond de ce pot ; l'ours, qui est très friand de miel, fait des efforts pour fourrer la tête dans le pot, y parvient, mais ne peut plus retirer sa tête, et reste coiffé.

On comprend combien un pareil moyen donne de facilité pour prendre l'animal, et pour le tuer sans endommager sa peau.

Quand on est connu, ou bien recommandé, il n'est pas de voyage plus agréable, plus facile, plus commode qu'un voyage en Russie. Les politesses de tout genre, les offres de toute espèce se pressent sur votre chemin, sont mises à votre disposition.

Partout le voyageur est chez lui ; car tout homme de distinction, tout officier supérieur, tout négociant renommé parle français, et met à l'instant même sérieusement, et pour qu'on les accepte, sa maison, sa table et sa voiture à votre disposition.

Aussi les gens auxquels Dumas était recommandé ne trouvaient pas suffisant de l'accueillir à bras ouverts et de déployer tous leurs efforts pour le retenir plus longtemps au milieu d'eux, mais ils s'ingéniaient à lui faire accepter à son départ des présents.

Ceux-ci étaient offerts avec tant de cordialité, avec une telle insistance, que le romancier ne pouvait pas toujours les refuser !

Il quitta donc Kasan riche de cinq ou six colis, formés par les offrandes de ses amis improvisés et prit passage sur un nouveau bateau à vapeur, dont le capitaine lui promit de le transporter en dix jours à Astrakan.

Toutes les fois que le bâtiment s'arrêtait pour renouveler sa provision de bois, Dumas descendait à terre ; mais, sur les rives du Volga, les pays, en chan-

13

geant de nom, demeurent invariablement les mêmes : toujours des *isbas* en bois (chaumières), habitées par des paysans en chemise rouge et en touloupe. Du moins, à toutes ces stations, il trouvait à acheter de magnifiques poissons, et il les rapportait à bord pour augmenter le menu quotidien.

A huit jours de Kasan, le bateau à vapeur stoppa devant une petite ville, appelée Saratov : le capitaine annonça à son passager qu'il avait un chargement à faire et qu'il pourrait bien rester là un jour ou deux.

Le romancier n'avait pas de lettres pour Saratov ; il n'y connaissait naturellement personne. Cet incident ne lui offrait que la perspective de deux jours d'ennui ! Il se promenait au hasard dans la ville en compagnie de son interprète Kalino, lequel croyait l'intéresser en lui répétant que Saratov est une cité de trente mille habitants, avec six églises, deux couvents, un gymnase, et qu'un incendie, en 1811, lui avait, en six heures, brûlé dix-sept cents maisons. Mais, à la vérité, ces détails de statistique ne l'intéressaient que médiocrement.

Un hasard vint à son secours.

En levant la tête au milieu d'une rue, il lut ces mots sur une enseigne :

Adélaïde Servieux

— Ah ! dit-il à son compagnon, nous sommes sauvés, il y a ici des Français ou du moins une Française.

Et il pénètre dans le magasin : c'était un magasin

de lingerie. Il se trouve en présence d'une jeune femme qu'il reconnaît être une Parisienne à sa tournure et à son sourire.

Il commence par se nommer et par embrasser sa compatriote sur les deux joues.

Celle-ci, se prêtant de bonne grâce à l'accolade, appelle son mari, lui présente le voyageur.

On invite Dumas à dîner. Lui, se méfiant toujours de la cuisine russe, propose de confectionner le repas; mais on le rassure : on lui servira un dîner à la française.

Le mari de la lingère, qui s'est absenté un instant, ramène un jeune homme et le présente à Dumas.

C'est un prince Labanof.

Jadis, le romancier a connu à Florence la tante et les cousines du prince, il l'accueille donc tout de suite comme un ami que l'on retrouve.

Après ce dernier survient le maître de la police — un homme aimable; — il a appris par le capitaine du bateau à vapeur la présence de Dumas à Saratov. Il se présente pour lui souhaiter la bienvenue, lui offrir un pistolet du Caucase, et l'inviter à déjeuner pour le lendemain.

Dumas accepte, mais on retient le fonctionnaire à dîner.

Une femme encore jeune fait à son tour irruption dans la boutique.

Celle-ci est une femme poète; elle a même du talent, paraît-il : c'est une renommée locale.

— Ah ! c'est vous, enfin, dit-elle à Dumas. Nous savions que vous étiez en Russie ; mais le moyen de croire que vous viendriez jamais à Saratov, c'est-à-dire au bout du monde ! Vous y voilà, soyez le bienvenu !

La lingère et son mari la retiennent également à dîner.

Et voilà le romancier qui, une heure auparavant, ne connaissait personne dans cette pauvre ville perdue, qui se trouve installé au foyer de deux compatriotes sympathiques, entouré de trois ou quatre amis improvisés, tous heureux de lui faire fête !

Il les amuse, il les intéresse par sa conversation, son entrain, sa bonhomie. La lingère avait préparé dans son arrière-boutique un dîner abondant, parisien, d'où tous les mets russes étaient sévèrement bannis.

Les convives y firent grandement honneur ; puis on prit le thé, et l'on causa poésie, romans, opéra, avec un tact et une sûreté de jugement qui faisaient oublier que l'on était à un millier de lieues de France.

Notre littérature et nos arts sont mieux connus, mieux appréciés en Russie que dans bien des chefs-lieux un peu éloignés de Paris.

Dumas ne manqua pas d'inviter la femme poète à lui dire de ses vers ; elle lui traduisit du russe en français une poésie dont le nom était :

L'Étoile qui meurt.

Elle parut assez remarquable au romancier pour qu'il la traduisît lui-même en vers.

Voici cet échantillon de poésie russe :

L'ÉTOILE QUI MEURT

Je naquis le jour qui vit naître
Le monde encore inhabité.
Mais, ce soir, je vais disparaître
Et tomber dans l'éternité !

Mon règne lumineux s'achève,
Et déjà je vois le rayon
De ma rivale qui se lève
Et me remplace en mon sillon !

Je meurs sans haine et ne regrette
De ce monde prince ni roi,
Mais seulement le beau poète
Qui rêvait, l'œil fixé sur moi.

Il oubliera que c'est ma flamme
Qui baignait son front inspiré
Et qui, pénétrant dans son âme,
Y réveillait le feu sacré !

Et, sans se douter qu'il encense
L'étoile qui vit mon couchant,
L'ingrat, ignorant mon absence,
Lui chantera son plus doux chant.

Mais, si le même amour t'enivre,
Plus que moi tu devras souffrir,
Pauvre sœur, car je l'ai vu vivre,
Et toi, tu le verras mourir !

Le jour suivant se passa aussi gaiement pour Dumas. Le soir venu, ses amis improvisés le reconduisirent avec des torches allumées à bord du bateau à vapeur, qui reprenait sa route pour Astrakan.

Ces deux jours passés à Saratov devinrent un des bons souvenirs de Dumas dans son voyage en Russie.

XVIII

Arrivée à Astrakan. — L'absence de lits. — L'invitation d'un prince tartare. — Usage bizarre. — Les filets de chameau. — Course de chevaux sauvages. — Lutte avec le prince Toumaine. — Un album en Kalmoukie. — Madrigal à la princesse Toumaine.

Le 26 octobre, le navire qui portait notre voyageur entrait dans le port d'Astrakan.

Située à l'embouchure du Volga, cette ville communique par la mer Caspienne avec le Turkestan, la Perse, la Géorgie et l'Arménie. Dumas était ainsi arrivé à l'extrémité de la Russie d'Europe.

Un riche négociant de Moscou, qui possédait une fastueuse résidence à Astrakan, lui avait donné une lettre pour son intendant. Cette lettre enjoignait à celui-ci de mettre à la disposition du romancier la maison et tout son personnel.

L'intendant, qui avait été avisé de ceci, attendait Dumas de jour en jour. Dès son arrivée, il commença par lui faire visiter la maison de haut en bas.

Notre voyageur vit une masse d'antichambres, de

salons, de chambres, de bureaux, de cabinets; mais, dans toutes ces pièces, il n'aperçut pas un lit.

Cette lacune lui inspira des inquiétudes.

— Ah çà! où couche-t-on ici? demanda-t-il à l'intendant.

— Partout, répondit gracieusement ce dernier.

En effet, on pouvait coucher partout, seulement il n'y avait de lit dressé nulle part.

Dumas fit comprendre à cet intendant que son compagnon et lui désiraient coucher le soir même dans des lits sérieux.

L'intendant — d'abord étonné — promit de faire tout son possible pour obtempérer à ce désir.

A force de rechercher dans la ville, on parvint à réunir quelques matelas, des traversins, des oreillers.

Muni de ces accessoires, Dumas expliqua le mieux qu'il put au domestique attaché à son service particulier ce que c'était qu'un lit.

Le domestique ne comprit que très imparfaitement ces instructions.

En rentrant le soir, le romancier trouva son lit fait avec un seul drap.

Ce drap avait été cousu à la manière d'un sac : l'extrémité supérieure et l'extrémité inférieure avaient été laissées libres, pour la plus grande facilité des mouvements de la tête et des pieds; quant au second drap, il avait été jugé inutile; si inutile, qu'il avait été proprement plié sous l'oreiller, à la manière d'un mouchoir de poche.

Comme tous les soirs le fait se produisit, Dumas finit par s'habituer à coucher dans un seul drap.

Astrakan lui réservait une surprise qui combla de joie tous ses instincts de voyageur.

A quelques lieues de l'entrée du port de la ville, il avait remarqué, sur la rive gauche du Volga, une pagode chinoise et un château d'une architecture bizarre qui ne lui sembla appartenir à aucun ordre bien arrêté.

Un certain nombre de tentes kalmoukes entouraient ces deux édifices.

Il appela et interrogea le capitaine du bateau à vapeur.

Le château appartenait au prince Toumaine, le souverain actuel des Kalmouks, dont le territoire s'étendait sur cette partie de la rive gauche du Volga; quant à la pagode, elle était consacrée au culte du Dalaï-Hama — une divinité locale.

L'idée d'une excursion dans les terres de ce prince tartare lui vint aussitôt à l'esprit.

Il fit part de ce désir au gouverneur d'Astrakan, qui, dès son arrivée, était venu lui offrir ses bons offices pour tout ce qui lui serait agréable.

Cet aimable gouverneur répondit au romancier qu'il allait faire partir un Kalmouk à cheval, et qu'il ne doutait pas, non seulement que le prince Toumaine ne le reçût avec plaisir, mais encore ne fît de sa visite chez lui le prétexte d'une fête.

En effet, bientôt ce prince tartare répondit en envoyant un messager à Dumas.

Ce messager lui apportait tous ses compliments et l'assurance du plaisir qu'il lui ferait en allant le voir le surlendemain. En outre, il autorisait le romancier à faire autant d'invitations qu'il lui conviendrait pour une fête préparée en son honneur.

Dumas invita donc à cette fête, qui promettait d'être bizarre, le gouverneur d'Astrakan, sa femme et des amies de celles-ci.

Le surlendemain, tout le monde montait sur un pyroscaphe qui conduisit les invités sur la rive gauche du Volga. Pendant la traversée, notre voyageur se mit au courant de l'étiquette usitée à la cour du prince Toumaine.

La fête étant donnée en son honneur, il devait aller droit au prince, le prendre entre ses bras et frotter son nez contre le sien.

Chez les Kalmouks, cet usage est un signe de bienvenue et veut dire :

— Je vous souhaite toute sorte de prospérités !

Au moment d'arriver, on s'aperçut que la rive gauche du Volga était garnie de Kalmouks de tout sexe et de tout âge.

Le débarcadère était ombragé de drapeaux ; l'artillerie du prince, composée de quatre pierriers, fit entendre des salves.

Le bateau à vapeur russe répondit avec ses deux canons et stoppa à cinq ou six mètres du débarcadère.

Le prince Toumaine, en grand costume national, attendait là ses invités.

Dumas — bien averti de ce qu'il avait à faire — monta gravement les degrés du débarcadère, prit le prince dans ses bras et frotta son nez contre le sien, comme s'il eût été kalmouk de naissance.

Le prince, à son tour, lui rendit son étreinte et son frottement de nez ; puis il ramena ses invités au château, où l'attendait la princesse sa femme, entourée de ses dames d'honneur.

Après la présentation, après l'audition d'une sorte de *Te Deum*, chanté dans la pagode du Dalaï-Hama, on entra dans la cour du château.

Cette cour était encombrée de plus de trois cents Kalmouks.

Le prince leur offrait un repas en l'honneur de la visite de Dumas.

Il avait fait tuer pour eux un cheval, deux vaches et vingt moutons.

Tous ces gens semblaient se régaler d'un plat national, composé de filets de cheval crus et hachés avec de l'oignon, du poivre et du sel. Comme le romancier les regardait, avant de pénétrer dans l'intérieur du château, le prince alla prendre un plat sur une des tables et présenta à son hôte une portion de ce mets en le priant d'y goûter.

Dumas en mangea gros comme une noix.

La chose ne lui parut pas positivement excellente ; mais elle lui sembla encore préférable à quelques-uns des plats qu'il avait mangés à la table de certains grands seigneurs russes.

Ce prince kalmouk avait l'air de beaucoup s'occuper de ses sujets.

— Ce sont ces gens-là qui me font vivre, dit-il à Dumas ; il est bien juste que je leur donne un peu de bonheur.

Un plantureux déjeuner attendait les invités. Aux yeux des Kalmouks, la chair du chameau et du poulain constitue un mets des plus délicats et des plus recherchés.

Des filets de chameau et des côtelettes de poulain tenaient la place d'honneur dans ce repas, servi, du reste, en poules, en moutons, en outardes et en gibier avec une abondance toute sauvage.

En voyant le festin offert par le prince Toumaine, Dumas se figura aisément ce que devaient être les noces de Gamache.

Les fenêtres de la salle à manger étaient restées ouvertes.

Les exclamations des trois cents Kalmouks — attablés dans la cour — démontraient qu'eux aussi faisaient honneur au repas qui leur était offert.

Vint le dessert.

Le prince pria Dumas de se lever et de venir à la fenêtre, le verre en main, pour recevoir et rendre le toast des Kalmouks.

Il se rendit à l'invitation.

Alors chaque Kalmouk se leva, tenant d'une main sa sébile de bois, et, de l'autre, son os de cheval, de vache ou de mouton à demi rongé.

On poussa trois hourras, et l'on but à la santé du romancier.

Le prince, jugeant alors le verre de ce dernier trop petit pour répondre dignement à un toast aussi collectif, lui apporta une corne montée en argent, y versa une pleine bouteille de champagne et l'invita à boire.

Les capacités stomachiques de Dumas furent à la hauteur de la circonstance : il prit la corne et la vida d'un seul coup! Cette prouesse lui valut d'unanimes applaudissements; mais ces applaudissements ne l'engagèrent pas à récidiver l'épreuve.

Après ce déjeuner homérique commença la série des divertissements offerts par le prince à ses invités.

Ces divertissements, qui consistaient en courses de chevaux, luttes d'adresse, chasse au faucon, étaient aussi variés qu'originaux. Ils durèrent deux jours.

Le soir, on prenait le thé, et il y avait bal sous la tente de la princesse Toumaine.

La première fois que Dumas prit une tasse de thé, il se crut empoisonné, tant ce breuvage lui parut exécrable.

Cela lui donna naturellement le désir de savoir avec quels ingrédients on composait une boisson aussi détestable.

Le principal élément qui le compose est un morceau de thé en brique venant de Chine ; on fait bouillir ce thé dans une marmite, puis on y ajoute du lait, du beurre et du sel.

Dumas, suffisamment renseigné sur le thé kalmouk, demanda le jour suivant du thé à l'européenne.

Mais, entre toutes ces fêtes, le spectacle qui fit le plus impression sur son esprit fut une course de dix mille chevaux sauvages à travers un steppe avoisinant le Volga.

Ce fut une surprise du prince.

Le lendemain de son arrivée, il vint le matin prévenir son hôte de se mettre à une des fenêtres du château.

La façade principale du château avait vue sur le Volga.

Dumas obéit à l'invitation; il se plaça à une fenêtre et attendit.

A peine y était-il, qu'il entendit un grand bruit, pareil à celui de l'orage. Le sol parut trembler.

En même temps, un nuage de poussière, s'élevant de la terre au ciel, obscurcit le soleil.

Bientôt, au milieu de ce nuage de poussière, il commença à distinguer une immense agitation; il vit se mouvoir des formes de quadrupèdes; il reconnut des chevaux en liberté.

Aussi loin que la vue pouvait s'étendre, le steppe était couvert de chevaux se dirigeant d'une course frénétique vers le Volga.

Puis, dans le lointain, on entendait des cris, des hennissements de douleur ou plutôt de rage.

Un immense troupeau de chevaux sauvages arrivait des solitudes.

Des cavaliers kalmouks poursuivaient ce troupeau et activaient sa course.

Leur but était de jeter dans le Volga tous ces animaux sauvages.

Les premiers, en se trouvant tout à coup au bord du fleuve, hésitèrent un instant ; mais, pressés par ceux qui les suivaient, ils se lancèrent résolument dans les flots.

Tous s'y précipitèrent.

Dix mille chevaux sauvages coupaient, en hennissant, le Volga, large de trois kilomètres en cet endroit, pour passer d'un bord à l'autre.

Les premiers touchaient la rive droite, quand les derniers étaient encore sur la rive gauche.

Les cavaliers qui les poursuivaient se jetaient à l'eau après eux ; mais, une fois dans le Volga, ils se laissèrent glisser de leurs montures, qui n'eussent pas pu nager surchargées par leur poids ; ils s'accrochèrent les uns à la crinière, les autres à la queue. Cette troupe de dix mille chevaux sauvages traversant en masses serrées le fleuve gigantesque qui avait cru leur barrer le passage, offrait un spectacle splendide, extraordinaire !

Dumas était au comble de l'étonnement : il avait donc enfin rencontré l'inattendu; c'est-à-dire l'idéal du voyageur !

Quand les chevaux et les hommes eurent atteint la rive opposée, ils disparurent dans une espèce de forêt, dont les premiers arbres s'avançaient jusqu'au bord du fleuve.

Le prince Toumaine était propriétaire de cinquante mille chevaux.

Aussi, il dit à ses invités — en manière d'excuse — que, s'il avait été prévenu plus tôt de leur visite, au lieu de réunir dix mille chevaux seulement, il en aurait rassemblé trente mille.

A cette course de chevaux sauvages succéda une sorte de steeple-chase aux chameaux. Le champ de course comprenait un vaste espace de plaine, longeant le Volga, sur le bord du fleuve; un poteau avait été planté, surmonté d'une longue bannière flottante.

C'était le but désigné à la course de chameaux.

Le point de départ se trouvait à une lieue de là, en remontant le fleuve.

Cinquante coureurs — hissés sur leur monture — devaient en suivre le courant, c'est-à-dire du nord-ouest au sud-est.

Un coup de fusil — tiré par le prince Toumaine — et auquel répondit un autre coup de fusil, dont le bruit fut transmis par l'écho du fleuve, annonça aux assistants que la course était commencée.

Cinq minutes ne s'étaient pas écoulées, qu'on vit apparaître les premiers chameaux, soulevant devant eux des tourbillons de poussière.

Dumas put constater que le galop d'un de ces chameaux était d'un tiers plus rapide que celui d'un cheval.

Ils ne mirent guère plus de six à sept minutes à parcourir les quatre kilomètres du champ de course.

Le premier coureur arriva au but, suivi à dix pas à peine par son antagoniste.

Le prix consistait en un beau fusil cosaque, que le vainqueur reçut avec une joie visible.

Les Kalmouks du prince Toumaine étaient des gaillards habiles à tous les exercices d'adresse; après ce steeple-chase aux chameaux, celui-ci voulut offrir à ses invités le double spectacle d'une course au rouble-papier, et d'une autre course au rouble-argent.

Dans le premier exercice, des cavaliers, montés sur des chevaux à poil nu, sans bride, et n'ayant d'autres moyens de direction que les genoux, ramassèrent, en passant et sans descendre de leur cheval, un billet de banque enroulé autour d'une petite fiche piquée en terre.

Quant au rouble en argent, la course était encore plus difficile : la pièce de monnaie était posée à plat sur le sol; il fallait la ramasser pendant que le cheval était lancé au grand galop.

Tous ces exercices s'exécutaient avec une surprenante adresse. Le dernier de ces divertissements devait être une lutte...

Une lutte corps à corps.

Le prix du combat était une cartouchière de cuir toute garnie d'argent.

Dumas demanda à voir de près cet objet; le prince le lui apporta.

Notre voyageur eut envie de cette cartouchière kalmouke.

Une idée bizarre lui vint à l'esprit.

— Voulez-vous me permettre, demanda-t-il au prince, de concourir avec vos lutteurs?

— Pourquoi cela? répondit ce dernier avec étonnement.

— Parce que ce prix me plaît, et que j'ai grande envie de le remporter.

— Alors prenez cette cartouchière; je suis heureux qu'elle vous plaise. Je n'eusse pas osé vous l'offrir.

— Pardon, prince, je veux la gagner, et non la prendre.

— Si votre intention est véritablement de lutter, reprit le prince Toumaine, faites-moi l'honneur de lutter avec moi.

La proposition était singulière.

Dumas l'accepta.

Un petit tertre circulaire était naturellement disposé au bord du Volga.

Les spectateurs s'assirent sur les gradins; au nombre de ceux-ci se trouvait la princesse Toumaine.

Le vainqueur devait recevoir la cartouchière de ses mains.

Dumas descendit bravement dans le cirque.

Le prince y descendit à son tour.

Ils se débarrassèrent de tous les vêtements qui leur couvraient le haut du corps, ne gardant que leur pantalon.

Avant de se prendre à bras-le-corps, les deux lutteurs commencèrent, au milieu des applaudissements des spectateurs, par se frotter mutuellement le nez pour prouver qu'ils étaient toujours les meilleurs amis du monde.

Puis la lutte commença.

Le prince avait plus que Dumas l'habitude de ces sortes d'exercices; mais ce dernier, avec sa haute taille, sa large carrure et sa puissante vigueur, avait aussi une supériorité marquée sur son adversaire.

Le prince, du reste, mit une certaine courtoisie à ne pas résister.

Au bout de cinq minutes, il tomba; ses épaules touchèrent la terre, il s'avoua vaincu de la meilleure grâce du monde.

Les deux combattants se relevèrent, et se refrottèrent de nouveau le nez.

Dumas alla prendre la cartouchière des mains de la princesse.

Le prince, lui, courut se laver dans le Volga. Ne voulant pas demeurer en reste avec son hôte, le romancier vint se tremper aussi dans les eaux du fleuve.

Cette immersion constituait également une prouesse pour un homme des climats tempérés; car on était à la fin d'octobre, et, à quelques lieues de là, le Volga commençait déjà à charrier des glaçons.

Le moment de se dire adieu était venu; avant de se séparer, le prince voulut offrir à ses invités un festin aussi homérique, aussi plantureux que le déjeuner de la veille.

Encore une fois, Dumas dut vider la coupe en corne

contenant une bouteille de champagne. Son hôte et lui se refrottèrent encore le nez, mais avec acharnement, à trois reprises différentes, et les larmes aux yeux, le prince, qui s'était déjà attaché à sa personne, lui fit jurer de revenir le voir.

Un second voyage en Kalmoukie paraissait peu probable ; mais Dumas n'en fit pas moins le serment par le Dalaï-Lama.

Cela ne l'engageait pas à grand'chose.

La princesse, de son côté, lui donna sa main à embrasser, et le pria d'écrire sur son album quelques vers qui pussent constater, aux yeux des siècles à venir, son séjour et son passage au milieu d'eux.

Dumas ne s'attendait pas à l'invitation de l'album... en Kalmoukie; entre l'Oural et le Volga, il ne comptait pas être victime de cet usage de civilisation mondaine!

Il demanda une plume et un encrier, avec l'espérance qu'on n'en trouverait pas chez le prince Toumaine.

Erreur! il se rencontra une plume et de l'encre.

Le romancier dut exécuter ce madrigal sur l'album de la princesse :

A LA PRINCESSE TOUMAINE

Dieu de chaque royaume a fixé la frontière.
Ici c'est la montagne, et là c'est la rivière.
Mais à vous le Seigneur donna, dans sa bonté,
Le steppe sans limite où l'homme enfin respire,
Afin que sous vos lois vous ayez un empire
Digne de votre grâce et de votre beauté!

Un des invités traduisit en russe ce sixain au prince, lequel le traduisit en kalmouk à la princesse.

Il paraît que les vers de Dumas, malgré la tradition contraire, gagnèrent beaucoup à la traduction ; car la princesse sembla ravie et lui fit force remerciements, auxquels il ne comprit pas un mot.

Ce dernier devoir envers l'hospitalité rempli, le romancier et les autres invités montèrent sur le bateau à vapeur qui devait les ramener à Astrakan.

Les canons du prince saluèrent leur départ de salves d'artillerie.

On alluma des feux de Bengale sur la rive du Volga, et les passagers virent toute cette population, déjà passablement fantastique, tour à tour verte, bleue, rouge, selon la flamme qui brûlait et qui éclairait.

Trois heures après, on rentrait dans le port d'Astrakan.

XIX

Dumas projette de traverser la Russie d'Asie. — Une tarantasse. — Les steppes de sable. — Chasse à l'oie sauvage. — Les abus en Russie. — Kislar. — Le tchinn. — Les provinces du Caucase. — La Russie n'est encore qu'un élément. — Recette du schislik. — Tiflis. — Poti. — Une singulière auberge.

Dumas demeura encore quelques jours à Astrakan.

Il avait résolu de prendre la voie de terre pour atteindre les frontières de la Russie d'Asie, c'est-à-dire Kislar.

Pour gagner cette localité, son itinéraire était de quitter Astrakan, de tourner le dos au Volga, et de traverser un immense steppe, désert de sable ne mesurant pas moins de cent lieues.

Un voyage à travers ces solitudes n'est pas sans offrir quelques dangers : elles sont hantées par des Kalmouks vagabonds et des Tartares nomades, qui pillent et assassinent sans scrupule les voyageurs.

Cette considération n'arrêta pas Dumas.

En dépit des observations qu'on put lui faire, il

procéda à ses préparatifs de départ. Il acheta une *télègue* — sorte de voiture basse — pour y placer ses bagages, et une *tarantasse* pour son transport personnel.

En Russie, on donne ce nom à une voiture de forme bien singulière.

Figurez-vous une énorme chaudière de locomotive placée sur quatre roues, avec une fenêtre sur le devant pour voir le paysage et une ouverture sur le flanc pour s'y introduire.

Comme la tarantasse n'est nullement suspendue et qu'elle n'a pas de banquettes, le fond de la voiture est garni de paille, que les voyageurs scrupuleux sont libres de renouveler.

Si le voyage est long et que l'on soit en famille, on y étend deux ou trois matelas au lieu de paille; on économise ainsi les auberges, et l'on peut marcher le jour comme la nuit.

Dumas se fit remettre par le gouverneur militaire d'Astrakan un passeport bien en règle.

L'utilité de ce passeport devait se traduire par l'aide et la protection des campements de cosaques disséminés dans le steppe. Il chargea la tarantasse de toutes les provisions de bouche que lui offrirent ses amis d'Astrakan, leur dit adieu et s'enfonça dans les solitudes en compagnie de son interprète Kalino.

Le voyage devait durer plusieurs jours.

Le lendemain de son départ, Dumas aperçut bien loin, bien loin derrière sa voiture, un Kalmouk monté sur un chameau, qui semblait courir à toute vitesse.

Il se mit à observer ce cavalier avec d'autant plus de curiosité qu'il paraissait être le but de sa course.

A mesure qu'il se rapprochait de lui, il crut voir que le Kalmouk portait quelque chose sur le poing; et bientôt il distingua que c'était un faucon; le cavalier n'était autre qu'un fauconnier du prince Toumaine; il venait se mettre à la disposition de Dumas, comme pourvoyeur de gibier, jusqu'à son arrivée à Kislar.

C'était une délicate attention de cet excellent prince, qui avait pensé, non sans raison, que son ancien hôte courait risque de faire des repas très maigres au milieu des steppes de sable.

Un troupeau d'oies sauvages passa dans l'air devant la tarantasse.

Le Kalmouk déchaperonna son faucon, qui poussa un cri aigu en voyant le jour et, à la clarté du jour, une si belle et si nombreuse chasse.

L'oiseau de proie plana un instant au-dessus du troupeau d'oies, s'abattit sur le dos de l'une d'elles et la transperça de coups de bec réitérés.

L'oie tomba sur le sol.

Le fauconnier la ramassa, l'attacha à l'arçon de sa selle, et galopa en avant.

Le soir, Dumas atteignit un campement de cosaques — perdu dans les steppes; — il retrouva le Kalmouk qui avait fait rôtir l'oie sauvage à son intention.

Le fauconnier du prince Toumaine était doublé d'un rôtisseur.

Le romancier dîna de la poitrine de l'oie et l'estima excellente.

Pendant son voyage et son arrivée à Kislar, il eut tous les jours le divertissement de la chasse au faucon, et tous les soirs la satisfaction d'un dîner au gibier.

Kalino, son interprète, avait été milicien pendant la guerre de Crimée.

Il se plaisait à lui raconter ses souvenirs militaires pour tromper l'ennui des longues marches à travers les solitudes.

Une particularité frappait Dumas dans ces récits :

C'étaient les abus et les extorsions de l'intendance militaire russe.

Il va sans dire que les malheureux soldats devenaient les premières victimes — victimes silencieuses et résignées — de ces scandaleux abus.

Un trait entre mille.

Nous le rapportons ici parce qu'il renferme un côté comique, et puis n'assure-t-on pas que les choses ne se passent plus ainsi dans l'intendance russe ?

L'interprète de Dumas faisait partie d'une compagnie qui devait se rendre de Nijni-Novgorod en Crimée.

L'itinéraire comptait cent cinquante ou cent soixante étapes.

On accordait au capitaine chargé de conduire la compagnie un bœuf par jour pour nourrir ses hommes.

Ce bœuf représentait une valeur de cent ou de deux cents roubles.

Le jour du départ, le capitaine acheta donc un bœuf.

Quand on rencontrait sur la route un colonel ou un général, le capitaine leur disait invariablement :

— Colonel, ou général, voici un bœuf que je viens d'acheter pour la nourriture de mes hommes.

Le soir, l'officier invitait les miliciens à ramasser dans les champs des débris de pommes de terre, ou de betteraves, et à les assaisonner avec des bouts de chandelles. Quant au bœuf, défense même de le regarder.

Aussi, quand on arriva en Crimée, l'animal était-il le seul être gras et florissant de la compagnie, parce qu'il était le seul qui eût mangé à sa faim.

Le capitaine le revendit un tiers de plus que le prix d'achat.

N'oubliez pas qu'il avait reçu le prix d'un bœuf par chaque étape, c'est-à-dire cent cinquante fois cent vingt roubles.

Les soldats ne se hasardent jamais à dénoncer ces fraudes.

En Russie, il est posé en principe que jamais l'inférieur ne peut avoir raison contre son supérieur. Le soldat qui se plaindrait de son chef sait bien que celui-ci lui ferait administrer cinq cents ou mille coups de baguette, sous le premier prétexte venu.

Le soldat aimait donc mieux jeûner que d'être passé par les verges.

Encore une fois, en racontant cela, nous parlons au passé ; nous aimons à penser que, dans l'armée russe, de pareils faits n'existent plus qu'à l'état de souvenir.

Le 7 novembre 1858, Dumas se trouva en vue de

Kislar, la première ville de la Russie d'Asie en venant par Astrakan.

Le fauconnier du prince Toumaine le quitta en cet endroit; comme pendant tout le trajet il avait consciencieusement rempli son devoir de pourvoyeur de gibier, notre voyageur le gratifia d'un certain nombre de roubles, et dicta à son interprète un certificat plein de termes élogieux.

A cette époque, toute cette portion de la Russie d'Asie qui avoisine le Caucase et qui contourne la mer Caspienne n'était pas entièrement soumise aux Russes; Schamyl — retiré dans les gorges du Caucase — les tenait en échec avec ses montagnards.

Ces contrées étaient pleines de dangers.

Les Tartares insoumis, les Lesghiens, les Tchetchens et autres nomades massacraient les soldats isolés, assassinaient, mutilaient, dévalisaient les voyageurs.

Il fallait toujours se tenir en garde contre les mauvaises aventures.

Kislar n'était qu'une étape pour Dumas; son objectif était Tiflis, puis Constantinople. Mais tous les dangers, toutes les vilaines rencontres se trouvaient réunis entre Kislar et Tiflis.

Jamais des voyageurs isolés n'osaient alors entreprendre un tel voyage; on attendait la formation d'une caravane pour se joindre à elle, et l'on tentait l'aventure.

Dumas ne se trouvait pas dans ces conditions. Le

prince Bariatinsky lui avait remis un blanc-seing qui l'autorisait à prendre, dans tous les postes militaires, l'escorte qui lui conviendrait ou qu'il jugerait nécessaire à sa sûreté.

De plus, l'expérience lui avait appris qu'en Russie tout se règle sur le *tchinn*. Ce mot exprime le rang que vous occupez, désigne la situation sociale que vous avez. Selon votre tchinn ou votre rang, on vous traite comme un malotru ou comme un grand seigneur.

Les marques extérieures du tchinn sont un galon, une médaille, une croix, une plaque.

Sur son costume de milicien russe — costume qu'il porta pendant toute la durée de son voyage — Dumas avait placé la plaque de Charles III d'Espagne, dont il était commandeur.

En Russie, les généraux seuls portent une plaque.

Cette plaque de Charles III faisait prendre le romancier pour un général français, voyageant dans un but d'instruction ou de plaisir.

Aussi les officiers de cosaques, les maîtres des postes, les hôteliers lui rendaient-ils tous les honneurs, lui offraient-ils tous les égards dus à sa décoration.

Cette méprise donnait toujours lieu à la scène suivante :

Quand Dumas entrait dans une station de poste, le chef militaire — c'était généralement un sous-officier de cosaques — venait à lui, se raidissait dans toutes ses jointures, portait la main à son bonnet et lui disait :

— Général, tout va bien dans la station. Tout est en ordre au poste.

L'auteur des *Trois Mousquetaires* répondait invariablement en russe :

— C'est très bien (*Caracho*).

Le sous-officier se retirait content.

A chaque station où il trouvait l'escorte qui devait l'accompagner réunie et sous les armes, le romancier se levait dans sa tarantasse, ou se haussait sur ses étriers en disant — toujours en russe :

— Bonjour, enfants !

L'escorte répondait unanimement :

— Bonjour, Votre Excellence !

Et les cosaques se mettaient à suivre sa voiture, sans jamais demander de rétribution, recevant avec reconnaissance, après vingt ou vingt-cinq kilomètres exécutés au grand galop, un ou deux roubles pour la poudre qu'ils avaient brûlée en l'honneur de *Son Excellence*.

Nous renverrons le lecteur — curieux de connaître les impressions de voyage de Dumas dans la Russie d'Asie — à son ouvrage intitulé *le Caucase*.

Il trouvera dans la lecture de ces trois volumes une foule de récits intéressants, des traits de mœurs bizarres, des renseignements curieux, et même des réflexions, des aperçus qui dénotent chez le romancier voyageur une sorte de divination politique.

Plus il voyageait en Russie et plus il s'initiait aux secrets de son organisation, plus il demeurait persuadé que ce grand empire n'est qu'une gigantesque surface.

Les sanglants sacrifices auxquels s'était résigné l'Empire pour achever de soumettre à la domination russe les provinces du Caucase ne lui font pas illusion.

Voici sa théorie sur les destinées futures de la Russie :

« La Russie est un élément, écrit-il; elle envahit mais pour détruire.

» Il y a dans ces conquérants modernes un reste de la barbarie des Scythes, des Huns et des Tartares : on ne comprend pas à la fois, avec la civilisation et l'intelligence modernes, ce besoin d'envahissement et cette insouciance d'amélioration. Un jour, la Russie prendra Constantinople, c'est fatalement écrit.

» La race blonde a toujours été la race conquérante — les conquêtes des races brunes n'ont jamais été que des réactions de peu de durée. — Alors la Russie se brisera non pas comme l'empire romain, en deux parties, mais en quatre morceaux.

» Elle aura son empire du Nord avec sa capitale sur la Baltique, et qui restera le véritable empire russe.

» Elle aura son empire d'Occident, qui sera la Pologne avec Varsovie pour capitale; son empire du Midi, c'est-à-dire Tiflis et le Caucase ; enfin, son empire d'Orient, qui comprendra les deux Sibéries.

» Si l'on pouvait pousser plus loin les prévisions, on dirait :

» L'empereur, régnant au moment où arrivera ce grand cataclysme, conservera Saint-Pétersbourg et Moscou, c'est-à-dire le vrai trône de Russie.

» Un chef soutenu par la France et populaire à Varsovie, sera élu roi de Pologne.

» Un lieutenant infidèle fera révolter son armée, et, profitant de son influence militaire, se couronnera roi de Tiflis.

» Enfin, quelque proscrit homme de génie, établira une république fédérative entre Koursk et Tobolsk.

» Il est impossible qu'un empire qui couvre aujourd'hui la septième partie du globe reste dans la même main. Trop dure, la main sera brisée ; trop faible, elle sera ouverte, et, dans l'un ou l'autre cas, forcée de lâcher ce qu'elle tiendra. » (*Le Caucase*, t. II, p. 168.)

Tout cela est bien dit, bien pensé, et la prédiction ne nous semble pas plus improbable qu'une autre.

Après vingt jours de marches périlleuses, fatigantes et pittoresques, Dumas arriva à Tiflis, — la capitale de la Géorgie.

Il fut reçu à bras ouverts par le baron Finot, qui était alors notre consul dans cette dernière cité.

De ses pérégrinations dans le Caucase, Dumas rapportait, entre autres choses, la recette d'un plat très original.

Ce plat s'appelle du *schislik* ; — c'est excellent, paraît-il.

Dans toutes les bourgades du Caucase, on fait, on vend du schislik, comme on vend des pommes de terre frites à Paris et du macaroni à Naples.

Voici la recette de ce mets; elle est très simple :

On prend un morceau de mouton, — du filet si l'on peut s'en procurer, — on le coupe par morceaux de la grosseur d'une noix, on le met mariner pendant un quart d'heure dans un vase où l'on a haché des oignons, et secoué avec libéralité du sel et du poivre. Si ces petits morceaux de mouton peuvent passer une nuit dans la marinade, ils n'en seront que meilleurs.

Le mode de cuisson est celui-ci :

On étend un lit de braise sur le fourneau, on enfile les petits morceaux de mouton à une brochette de fer, et l'on tourne cette brochette au-dessus des braises jusqu'à ce que les morceaux de mouton soient convenablement cuits.

Comme le romancier déclare que c'est tout simplement la meilleure chose qu'il ait mangée dans tout son voyage, nous donnons de confiance au lecteur la recette du schislik.

Dumas resta six semaines à Tiflis; la gracieuse hospitalité du baron Finot, le prince Bariatinski, le vice-roi du Caucase, lui rendirent très agréable le séjour de la capitale de la Géorgie.

Il y travailla beaucoup, du reste.

Il écrivit deux ouvrages :

Sultanetta et *la Boule de Neige*.

Il avait puisé le motif de ces deux volumes dans des

histoires locales, recueillies pendant ses pérégrinations à travers le Caucase.

Il quitta Tiflis le 21 janvier 1859, pour se rendre à Poti. Il comptait arriver dans ce port assez à temps pour rencontrer un petit bâtiment à vapeur qui fait le service entre Trébizonde et Poti.

A Trébizonde, un paquebot des Messageries le transporterait à Constantinople, puis à Marseille.

Seulement, pour arriver à temps, Dumas avait compté sans l'état des routes, ou, pour parler exactement, sans l'absence de routes dans toutes les contrées qui séparent Tiflis et Poti.

Retardé par les neiges, les boues, les inondations, les marais, il ne put arriver à temps pour s'embarquer sur le bateau de Trébizonde.

Il dut attendre quelques jours, à Poti, le passage d'un nouveau paquebot.

Triste séjour que celui de Poti! C'était alors une misérable bourgade comptant à peine quelques maisons, — maisons disséminées près de l'embouchure du Phase dans la mer Noire.

Le romancier se logea chez un boucher-épicier qui possédait une baraque en bois près du fleuve.

Outre le magasin d'épicerie et un corridor de dégagement, cette baraque comptait deux chambres.

L'une d'elles était déjà occupée par un noble Géorgien qui attendait, lui aussi, le passage du paquebot de Trébizonde.

Dumas prit donc la seule chambre vacante.

Cette pièce — dont le plancher à claire-voie donnait sur un cloaque où les cochons de la maison et ceux des maisons voisines se retiraient la nuit — comprenait pour tout ameublement un lit de camp, un poêle de fonte, une table boiteuse et deux tabourets de bois.

Notre voyageur n'avait qu'une ressource pour combattre l'ennui d'un aussi triste logis : le travail.

Il tira de son nécessaire encre, plume, papier, et commença à rédiger ses impressions de voyage dans le Caucase.

Mais il régnait dans cette malheureuse chambre une température glaciale qui raidissait les doigts de l'écrivain.

Il eut l'idée toute naturelle d'allumer son poêle en fonte ; mais aussitôt il s'en dégagea une chaleur si intense, qu'il manqua d'étouffer.

Il lui fallait choisir entre la gelée et l'asphyxie.

Il avait acheté à Kasan une cuvette en cuivre ; il remplit d'eau cette cuvette et la plaça sur le poêle.

Cette précaution rendit l'atmosphère plus respirable.

Quand la nuit fut venue, autre désagrément.

Sous le plancher de la chambre, — lequel plancher était à claire-voie, avons-nous dit, — s'étendait un large espace vide.

Dans cet espace s'étaient réfugiés tous les porcs des environs.

Ils y célébraient quelque chose qui ressemblait à une noce.

A peine Dumas fut-il couché, que le tapage, auquel il n'avait pas fait d'abord attention pendant qu'il travaillait, devint insupportable.

C'étaient des hurlements, des grognements, puis des cris en fausset, des mouvements inattendus et saccadés qui ne s'interrompaient que pour recommencer avec fureur.

Le romancier enrageait de colère; brisé de fatigue, il lui était impossible de dormir.

Enfin, une idée lumineuse lui traversa le cerveau.

La chaleur du poêle avait échauffé à quatre-vingt-dix degrés l'eau contenue dans la cuvette.

Il prit la cuvette, et, à travers le plancher à jour, il avisa un groupe de cochons tapageurs; par une des fentes, il leur versa une douche d'eau bouillante !

Les porcs — ainsi aspergés — jetèrent des cris féroces, et s'enfuirent dans une autre cour. Tout rentra dans le repos, et Dumas put s'endormir.

Pendant ce séjour forcé à Poti, il avait remarqué, parmi les familiers de l'auberge où il logeait, un vigoureux garçon de vingt-deux à vingt-trois ans, nommé Vasili.

Ce Vasili se montrait intelligent, actif, il plut à Dumas, qui lui proposa de le prendre à son service et de l'emmener avec lui à Paris.

Il accepta la proposition avec enthousiasme et il resta chez l'auteur des *Trois Mousquetaires* jusqu'en 1870, comme cuisinier et comme factotum de sa maison.

Quelques jours plus tard, Dumas s'embarquait sur le vapeur le *Grand-Duc-Constantin*, qui le conduisit à Trébizonde.

L'aubergiste de Poti eut l'aplomb de lui faire payer la singulière chambre, décrite plus haut, à raison de deux roubles par jour : quatre francs de plus qu'une chambre à l'hôtel du Louvre.

Le romancier paya, mais trouva raide ce prix de location.

A Trébizonde, un paquebot des Messageries à vapeur, le *Sully*, le prit à son bord et le ramena à Marseille par Constantinople.

Ce splendide voyage avait duré près de dix mois.

Dumas en rapporta — littérairement — les éléments de sept volumes d'*impressions*. Maintenant, voulez-vous savoir combien lui avaient coûté tous ces spectacles, toutes ces aventures, toutes ces émotions ?

Douze mille francs, dont trois mille francs consacrés à des achats !

Les hospitalités affectueuses, cordiales, empressées que le romancier avait rencontrées partout ne lui permirent pas de dépenser davantage.

XX

Dumas remporte au Havre un succès de conférencier avec ses *Souvenirs de Russie*. — Retour à Paris. — Reprise de *Madame de Chamblay* à la Porte-Saint-Martin. — Succès. — Mademoiselle Rousseil. — Une préface en forme d'apologue. — Un deuil. — Histoire et mort de madame L...

Empruntées au souvenir d'un pareil voyage, les conférences que Dumas fit au Havre dans l'été de 1868 furent donc très goûtées. Sa présence augmenta le succès de l'exposition locale, entreprise par cette jolie cité.

Le romancier resta au Havre la plus grande partie de l'automne.

Il rentra à Paris en octobre, après avoir fait également des conférences à Caen, à Dieppe et à Rouen. Il eut la satisfaction de voir sa pièce de *Madame de Chamblay* reprise à la Porte-Saint-Martin.

Le monde était revenu, le thermomètre avait baissé, *Madame de Chamblay* fut jouée, cette fois, devant un vrai public, et son succès sur cette autre scène effaça la mauvaise impression des représentations de la salle Vendatour.

En passant à la Porte-Saint-Martin, l'ouvrage dut subir quelques changements dans l'interprétation.

Ainsi le rôle de madame de Chamblay, créé au théâtre Ventadour par mademoiselle Dica-Petit, échut à mademoiselle Rousseil. Dumas ne s'en plaignit pas.

Voici en quels termes il apprécia l'allure donnée à ce rôle par l'artiste :

« Mademoiselle Rousseil, talent fait, talent reconnu, a prêté toute la puissance d'une vigoureuse organisation destinée à jouer le drame, au personnage un peu lymphatique de madame de Chamblay ; tout en lui laissant sa poésie, elle lui a communiqué sa force.

» Il y a beaucoup d'avenir dans mademoiselle Rousseil, qui est juste à l'âge où la femme se complète et où l'artiste s'affirme.

» J'ai vu jouer deux fois la pièce par mademoiselle Rousseil, et j'aurais voulu trouver au commencement de ma carrière dramatique une femme avec toutes les aptitudes dont le ciel l'a douée. » (Préface de *Madame de Chamblay*, édition in-4°, 1868.)

Ces éloges de Dumas et un rôle superbe joué quelques mois après, à côté de Frédérick Lemaître, dans un drame de Théodore Barrière, — *le Crime de Faverne*, — semblaient promettre à mademoiselle Rousseil une carrière dramatique plus triomphante et plus remplie que celle qu'elle a parcourue depuis cette époque.

Madame de Chamblay parut alors en brochure. Dumas plaça en tête une courte préface, où éclate l'amertume que lui causaient cette malveillance rancunière, ce dénigrement systématique auxquels il était en butte depuis quelques années.

Cette préface, qui est le cri d'un cœur blessé, affecte la forme de l'apologue.

Apologue qui a lui-même la concision d'une plainte antique :

ARISTIDE

TRAGÉDIE EN UNE SCÈNE

L'ARÉOPAGE, ARISTIDE, UN PAYSAN

LE PAYSAN, *présentant à Aristide une coquille d'huître.*

Veux-tu me graver le nom d'Aristide sur cette coquille d'huître ?

ARISTIDE

Quel tort t'a fait Aristide pour que tu veuilles le proscrire ?

LE PAYSAN

Aucun !... seulement, je suis las de l'entendre, depuis dix ans, appeler *le Juste.*

(Aristide grave son nom ; le paysan jette l'écaille dans l'enclos ; le chef de l'aréopage dépouille le scrutin ; Aristide est proscrit).

Nous sommes plus ingénieux que les Grecs.

Nous avons inventé l'ostracisme littéraire. A cette époque, Lamartine et Dumas s'unissent pour jeter le même cri de protestation.

Dans ce mois d'octobre 1868, Dumas perdit un des plus chers souvenirs de sa jeunesse.

Ce souvenir du passé était madame L..., la mère de son fils.

Celui qui écrit ces lignes a connu pendant de longues années madame L...; il ne croit pas dépasser les bornes de la discrétion en retraçant le portrait rapide d'une femme qui fut toujours aimable, bonne, spirituelle.

Vers 1822 ou 1823, Dumas occupait un modeste logement, place des Italiens, n° 1.

Il remplissait alors, au Palais-Royal, dans les bureaux du duc d'Orléans, un emploi d'expéditionnaire.

Il avait obtenu cette place sur la recommandation du général Foy; elle lui rapportait quinze cents francs par an.

Il avait la tête pleine de rêves littéraires, rêves qu'il espérait bien transformer en réalités; il passait ses nuits à étudier les chefs-d'œuvre des littératures étrangères, pour refaire une éducation passablement négligée.

Il sentait fermenter en lui un tempérament d'auteur dramatique, et il savait que le théâtre est le plus court chemin pour aller à la célébrité.

Sur le palier occupé par le jeune homme se trouvait un autre modeste logement composé de deux pièces.

Un jour, une jeune femme vint habiter ce logement.

Elle paraissait avoir à peu près l'âge de son voisin.

D'une taille moyenne, blonde, très blanche de peau, elle n'était pas jolie selon l'expression classique du mot ; mais son visage avait un charme qui plaisait.

Était-ce une jeune fille ? une jeune femme ?

Dumas, intrigué par ce nouveau voisinage, demanda son nom au concierge de la maison.

On lui apprit que la nouvelle locataire s'appelait madame L..., et qu'elle était couturière.

La jeune femme était mariée, et arrivait de Rouen.

Une séparation à l'amiable — motivée par une mutuelle incompatibilité d'humeur — avait rendu les deux époux à la liberté.

Toutes les ressources de la jeune femme résidaient dans son habileté à confectionner des ouvrages féminins.

La facilité du voisinage, une certaine similitude de position, d'âge, de caractère, lièrent ensemble les deux jeunes gens.

Ils s'aimèrent.

Un enfant naquit de cet amour en 1824.

Ce nouveau lien resserra pendant quelque temps l'union de madame L... et de Dumas.

Ce dernier avait continué ses études littéraires avec une persévérante énergie.

Il avait fait recevoir à l'Odéon *Christine à Fontainebleau*, et au Théâtre-Français *Henri III et sa Cour*.

Ces deux drames obtinrent un retentissant succès.

Ceci changea la vie du jeune écrivain.

Il quitta la maison où il avait connu madame L..., contracta d'autres liaisons, et, sans cesser de prendre soin de son fils, pécuniairement du moins, peu à peu il perdit de vue la mère.

Celle-ci éleva elle-même son fils jusqu'à l'âge de huit ans.

Elle lui donna le goût et l'habitude des qualités sérieuses.

L'enfant ne devait jamais oublier ces premières leçons.

L'influence maternelle détermina cet étonnant contraste de caractère que l'on remarqua depuis entre Dumas père et Dumas fils.

Madame L... était fière de ce résultat. Elle aimait à en faire un sujet de conversation avec ses intimes, quand plus tard son fils rencontra le succès.

Cette dernière n'avait jamais rien voulu accepter du père de son enfant après leur séparation.

Elle avait pris la direction de la lingerie dans une grande maison d'éducation.

Pendant quinze ans, elle remplit ce modeste emploi, et son esprit d'ordre trouva même moyen d'amasser des économies.

Quand son fils eut atteint l'âge de commencer son éducation, il avait fallu s'en séparer.

Dumas le plaça dans un pensionnat, dont le directeur — homme de lettres — devint son collaborateur.

C'était Goubaux (pseudonyme Dinaux).

Ils firent ensemble *Richard Darlington*.

Après son éducation terminée, Dumas fils, — attiré par les succès, la célébrité, l'opulence asiatique de son père, — avait été vivre avec lui.

Il passa ainsi plusieurs années, menant la vie large et facile.

Vint la révolution de 1848, puis la faillite du Théâtre-Historique; Dumas ne put continuer à son fils l'œuvre de sa bourse.

Celui-ci demeura sans ressources.

Madame L... vint alors au secours de son fils. Elle habitait alors un petit appartement, rue Pigalle, 22, au fond d'une cour.

Elle vivait là dans cette modeste aisance, faite d'ordre et d'économie.

Elle accueillit son fils chez elle, le réconforta, le fortifia dans la résolution de se créer des ressources par lui-même.

Quelque temps avant la débâcle de son père, il avait publié un roman : *la Dame aux Camélias*.

Il songea alors à tirer une pièce de cet ouvrage.

En attendant la représentation, il fallait subsister; il chercha et trouva une petite place dans un journal de cette époque; la mère et le fils vécurent ainsi pendant trois ans.

Souvent la gêne s'assit en tiers à leur foyer. Cette gêne désespérait la pauvre femme, pas pour elle, mais pour lui.

Que d'efforts pour la déguiser!

Que de peines pour entourer ce fils aimé d'une sorte d'aisance relative!

N'avait-il pas besoin d'aller dans le monde, de continuer ses relations, de se créer de nouveaux protecteurs?

Il importait à son avenir qu'il n'eût pas l'air besogneux.

Elle lui procura souvent le moyen de paraître, au moyen de privations personnelles.

En pareil cas, la sollicitude maternelle sait faire des prodiges.

Pour épargner ou allonger le budget du ménage, la pauvre femme imaginait mille inventions.

Quelquefois, dans le but d'économiser les frais d'un blanchissage trop dispendieux pour les ressources du moment, elle lavait elle-même, le soir, les chemises de son fils et les portait le lendemain à repasser chez une blanchisseuse du quartier.

Elle était heureuse d'avoir réalisé ainsi une économie nécessaire.

Après bien des efforts, son fils parvint enfin à faire représenter sa pièce.

La Dame aux Camélias obtint un succès énorme.

Ce fut comme une révélation dans la comédie contemporaine.

Dumas fils était lancé.

Plus tard, madame L... aimait à revenir sur cette soirée mémorable de *la Dame aux Camélias*.

Cette soirée devint une date dans sa vie.

Dès lors, elle contempla l'avenir avec sérénité. Son fils lui assura une pension qui lui donnait presque le luxe.

Elle continua à demeurer dans son petit appartement : il lui rappelait tant de souvenirs !

La société se composait de quelques intimes, avec lesquels elle se plaisait à évoquer les souvenirs du passé, et à redire ses joies de l'heure présente, — joies causées par les succès dramatiques de son fils.

Les années n'avaient pas éteint la vivacité de sa conversation.

Son esprit était orné.

Elle avait vu les commencements de quelques-uns des hommes de 1830; elle connaissait une masse d'anecdotes sur leur compte, et elle savait les raconter avec une mise en scène intéressante.

Bien souvent, celui qui écrit ces lignes passa de longues heures à écouter cette femme aimable lui retracer les faits d'un autre âge.

Il la revoit encore.

Elle était assise dans un grand fauteuil à la mode de 1830, et, tout en causant, elle travaillait à un ouvrage placé sur un petit guéridon d'acajou noirci.

Dumas père avait écrit sur ce meuble les deux grands drames romantiques, origines de sa réputation.

Le petit salon où l'on se tenait ouvrait sur les jardins des différents hôtels de la rue la Rochefoucauld, dont les grands arbres balançaient leurs feuilles presque à la portée de la main. Madame L... déroulait alors ses souvenirs avec la verve du conteur qui se sent écouté curieusement.

Parfois, elle s'interrompait au milieu de sa causerie pour vous montrer quelque objet auquel elle faisait allusion dans le récit de ses souvenirs.

Ainsi, elle aimait à montrer à ses auditeurs l'habit que portait Dumas père, le soir de la première représentation de *Henri III* au Théâtre-Français.

Cet habit — taillé à la mode de la Restauration — avait eu ses basques déchirées par les romantiques enthousiasmés, qui avaient porté en triomphe le jeune auteur dans le foyer même du théâtre.

Soirée mémorable dans les annales du romantisme! soirée où l'on avait montré le poing aux bustes de Corneille et de Racine, que l'on croyait détrônés par la nouvelle école.

Dans les dernières années de sa vie, madame L... s'était réconciliée avec Dumas; les succès dramatiques de Dumas fils avaient beaucoup facilité — on le comprend — cette réconciliation.

Un soir d'octobre 1868, après une courte maladie, cette excellente femme s'éteignit paisiblement entre les bras de ce fils qui avait été toute sa vie.

Une telle existence ne méritait-elle pas un éloge posthume?

XXI

Un roman nouveau. — *Les Blancs et les Bleus.* — Charles Nodier et les *Souvenirs de la Révolution.* — Une visite au cimetière de Clamart. — Le tombeau de Pichegru. — La sépulture de Mirabeau.

Dumas était revenu du Havre avec quelques louis seulement.

Il avait déjà escompté, chez son agent dramatique, une partie des droits d'auteur de *Madame de Chamblay*.

Cette circonstance l'obligeait à commencer quelque roman nouveau.

Il se mit aussitôt à l'œuvre; et le journal *les Nouvelles* ne tarda pas à annoncer la prochaine publication de *les Blancs et les Bleus*.

Avec *les Blancs et les Bleus*, Dumas continuait la série de ses romans sur la Révolution, c'est-à-dire *Ange Pitou* et *la Comtesse de Charny*.

Cette fois, il emprunta l'idée, le point de départ, les développements de son nouvel ouvrage aux *Souvenirs de la Révolution* de Charles Nodier.

Dumas avait beaucoup connu Nodier ; pendant de longues années, il fut un hôte assidu des soirées de l'Arsenal, dont ce dernier était bibliothécaire.

Il avait ainsi recueilli de sa bouche une masse de récits, d'anecdotes qu'il ne devait jamais oublier.

Déjà, quelques années auparavant, Dumas avait écrit ses *Compagnons de Jéhu*, en s'inspirant d'un épisode raconté par Nodier, qui, dans sa jeunesse, avait été témoin oculaire de la mort de quatre conspirateurs jéhuistes.

A l'époque où Nodier confiait ces récits, ces souvenirs, à l'auteur des *Trois Mousquetaires*, celui-ci ne s'était pas encore affirmé victorieusement dans le roman historique comme il le fit depuis.

Mais Nodier avait une grande confiance littéraire dans le tempérament et dans la manière de son jeune ami ; il présageait le succès qu'obtiendraient ces épisodes de la Révolution qu'il lui racontait de vive voix lorsque ce dernier les aurait allongés avec sa plume merveilleuse.

— Oh ! moi, lui disait Nodier, le temps m'a toujours manqué, je n'ai jamais eu de loisir que pour crayonner des ébauches, et, vous, si vous aviez eu ceci ou cela, dont j'ai fait une nouvelle de deux cents lignes, vous eussiez fait dix volumes. — Mais, ajoutait-il un jour, mon grand ami, vous les ferez, ces volumes, et, si quelque chose de nous nous survit, je jouirai là-haut de votre succès, dans lequel j'aurai l'amour-propre de me croire pour quelque chose.

Le succès obtenu par *les Compagnons de Jéhu* justifia la prophétie de Nodier ; avec cet épisode qui ne tient que quatre pages dans les *Souvenirs de la Révolution*, Dumas a écrit trois volumes pleins de péripéties émouvantes ; il a reconstruit l'histoire vivante d'une des conspirations les plus actives que le Directoire ait eues à combattre.

Dans le récit de ses souvenirs, Nodier aimait parfois à faire une certaine mise en scène.

Un jour Dumas avait été à l'Arsenal ; il faisait un bel après-midi ; le temps invitait à la promenade.

— Comme vous êtes de ceux qui aiment à apprendre ce que les autres ignorent, lui dit Nodier, venez avec moi ; je veux vous révéler un détail de notre histoire contemporaine qui pourra vous servir pour vos études.

Ce préambule excita la curiosité de Dumas.

Il suivit son ami ; on monta dans une voiture.

— Maintenant, où me conduisez-vous ? demanda-t-il quand on fut dans l'intérieur du véhicule.

— Au cimetière de Clamart.

— Au cimetière de Clamart, pour quoi faire, mon Dieu ?

— Tout à l'heure, je vous dirai le motif de cette excursion ; vous ne regretterez pas de m'y avoir accompagné.

La voiture s'engagea dans la rue des Fossés-Saint-Marcel.

A cette époque, l'entrée du cimetière de Clamart se trouvait dans cette dernière rue, et il servait à la sépulture des suppliciés. Un mur percé d'une petite porte divisait alors le cimetière en deux enclos.

Le second enclos prenait le nom de cimetière Sainte-Catherine.

Dumas et Nodier traversèrent rapidement le cimetière de Clamart, franchirent le mur de séparation, et se trouvèrent dans le second enclos.

Arrivé au centre de l'enceinte, Nodier arrêta son compagnon devant un tombeau de pierre, en forme de corbeille et surmonté d'un casque antique.

Dumas lut l'inscription suivante :

Ici reposent les cendres de

CHARLES PICHEGRU

Général en chef des armées françaises

Né à Arbois, département du Jura, le 16 février 1761

Mort à Paris, le 5 avril 1804

Élevé par la piété filiale

Il se trouvait devant le tombeau de Pichegru, lequel avait été élevé au-dessus de la fosse commune où fut jeté le cadavre du conquérant de la Hollande après son suicide.

Nodier se découvrit devant la tombe de son illustre compatriote.

— Pichegru a été un des grands calomniés de l'histoire, dit-il à son compagnon ; mais ce n'est pas seulement pour vous faire visiter sa tombe que je vous ai conduit dans ce triste lieu... Suivez-moi.

Nodier descendit sept ou huit pas au-dessous de la tombe de Pichegru, et, frappant du pied la terre :

— Ce doit être ici, fit-il.

— Quoi? demanda Dumas.

— Ce doit être ici qu'est couché le corps de Mirabeau.

A l'évocation de ce nom immense, le romancier tressaillit; il regarda à ses pieds; la terre était foulée comme celle d'un chemin. Rien n'indiquait la trace d'une tombe, l'empreinte d'une fosse.

Il savait, comme tout le monde, que le corps de Mirabeau avait été arraché du Panthéon; mais voilà tout, nul ne s'était inquiété depuis de ce qu'était devenu le cercueil renfermant les restes du célèbre tribun.

— N'est-il pas bizarre, poursuivit Nodier, que moi seul sache que Mirabeau repose sous la terre de ce chemin? La Convention fit acte de démence en déclarant celui-ci indigne de cet honneur du Panthéon que lui avait décerné l'Assemblée constituante.

Mirabeau avait été payé par Louis XVI, c'est vrai; mais il ne s'était pas vendu.

Mirabeau était royaliste et aristocrate. En rêvant une monarchie constitutionnelle, il avait été aussi loin que les plus exigeants de ses mandataires pouvaient exiger qu'il allât.

La Convention ne comprit pas, ou ne voulut pas comprendre cette distinction; elle rendit un décret qui déclarait Mirabeau indigne de partager la sépulture de Voltaire, de Rousseau, de Descartes!

Un huissier vint; sur le seuil du temple, il lut le décret de la Convention et somma le gardien de l'église de lui remettre le cadavre.

Le gardien obéit.

On descendit dans les caveaux; on brisa le tombeau et l'on en retira le cercueil de plomb qui contenait le corps de Mirabeau.

L'huissier ordonna de conduire et de déposer ce cercueil dans le lieu ordinaire des sépultures. Or le lieu de sépultures ordinaire c'était Clamart, le cimetière des suppliciés.

Ce fut nuitamment et sans aucun cortège que l'on amena le cercueil à cette place; on le jeta dans une fosse creusée à la hâte, sans croix, sans pierre, sans inscription !

Parmi les hommes qui accomplirent cette inhumation funèbre se trouvait le fossoyeur de ce cimetière.

— C'est ce fossoyeur, mort aujourd'hui, dit Nodier, qui m'a raconté ces détails, et qui m'a désigné cette place comme la sépulture de Mirabeau.

» Lorsqu'il eut fini son récit, comme j'insistais pour avoir une certitude :

» — C'est bien ici, monsieur, répéta-t-il, j'en réponds; car j'ai aidé à le descendre dans la fosse, et même j'ai manqué d'y rouler tant était lourd ce maudit cercueil de plomb.

» Et maintenant, acheva Nodier, voilà près de cinquante ans que les générations qui se sont succédé passent sur cette tombe inconnue où dort Mirabeau.

N'est-ce pas une assez longue expiation pour un crime contestable? Car, encore une fois, Mirabeau ne fût pas un apostat. Ne serait-il pas temps, à une époque d'appréciation historique comme la nôtre, de fouiller cette terre impure dans laquelle repose le célèbre tribun, jusqu'à ce que l'on retrouvât ce cercueil de plomb qui pesait si fort au bras du pauvre fossoyeur, et auquel on reconnaîtrait le proscrit du Panthéon?

Nodier se tut. Sur ces derniers mots, les deux amis sortirent silencieusement du cimetière de Clamart.

Dumas n'oublia jamais cette visite dans ce lieu désolé.

Plus tard, il la raconta.

A son tour, il dénonça la sépulture ignorée du tribun de 1789.

Mais sa voix n'éveilla nul écho.

Mirabeau repose toujours dans un ancien cimetière de suppliciés !

Charles Nodier mourut en 1844.

Il succomba à une longue anémie qui éteignit graduellement ses forces.

Pendant sa maladie, Dumas demeura un de ses plus fidèles visiteurs.

Dans une de ces visites, Nodier lui raconta l'histoire d'Euloge Schneider, histoire dans laquelle il avait été acteur et témoin, quand il était enfant.

Cet épisode a pris place depuis dans ses *Souvenirs de la Révolution.*

Bien des années après, — en 1868, — Dumas se

souvint de cet épisode pour en faire la première partie de *les Blancs et les Bleus*.

Mais il plaça dans son ouvrage tous les développements qu'il avait recueillis de la bouche de son ami, et qui ne se trouvent pas dans le récit écrit par ce dernier.

Aujourd'hui, on lit peu Nodier, parce que notre époque ne sait plus trouver le temps de lire; *les Blancs et les Bleus* sont perdus dans la nomenclature des romans de Dumas.

Voici donc, en peu de mots, l'épisode d'Euloge Schneider.

Peut-être cet exposé inspirera-t-il au lecteur la curiosité de savoir quel parti le romancier a su tirer d'une donnée aussi dramatique.

XXII

Point de départ du roman *les Blancs et les Bleus*. — L'épisode d'Euloge Schneider. — Strasbourg en décembre 1793. — La guillotine ambulante. — Histoire de Clotilde de Brumpt. — Saint-Just. — Une exécution populaire.

Le père de Charles Nodier, qui était passionné pour les études classiques, avait résolu de faire un savant de son fils. Le jeune Charles promettait; à dix ans, il lisait assez couramment les auteurs latins difficiles, mais il ne connaissait que très imparfaitement la langue grecque.

Le père voulut combler cette lacune dans l'éducation de son fils.

Il était lui-même en correspondance littéraire avec un nommé Euloge Schneider, qui avait été d'abord capucin à Cologne, puis grand vicaire de l'évêque constitutionnel de Strasbourg.

Il était connu dans le monde savant de cette époque par une traduction estimée d'Anacréon; il avait plusieurs fois proposé au père de Nodier de perfectionner son fils dans l'étude du grec.

Celui-ci accepta l'offre.

Un matin, il conduisit l'enfant à la diligence qui faisait le service de Besançon à Strasbourg[1].

Il y arriva le lendemain.

La révolution avait fait beaucoup plus de progrès à Strasbourg qu'à Besançon ; — on était en décembre 1793.

Le premier spectacle qui frappa l'enfant, à son arrivée, fut celui d'un homme monté sur le portail de la cathédrale, et démolissant à coups de marteau les statuettes gothiques de différents saints.

Pendant cette opération, le peuple s'était amassé sur la place en groupes agités, d'où sortaient des rires éclatants, de sombres vociférations et de sourds murmures.

Deux factions — désignées sous le nom de Société populaire et de Comité de propagande — se partageaient la ville et la remplissaient de terreur.

Dans la cour des Messageries, le jeune Nodier avait trouvé un envoyé de l'abbé Schneider, qui l'avait prévenu que celui-ci ne pouvant pas lui donner un logement chez lui, lui avait retenu une chambre propre et commode à l'hôtel de la *Lanterne*. Cet hôtel était tenu par une certaine madame Teutch, très jolie femme,

---

1. Dumas a écrit très rapidement *les Blancs et les Bleus*; dans le tome premier, tout consacré à l'enfance de Charles Nodier et dont nous parlons ici en substance, il a fait quelques emprunts aux *Souvenirs de la Révolution*.

qui reçut cordialement son jeune pensionnaire, et lui porta tout de suite un sincère intérêt, parce qu'elle lui trouvait, disait-elle, l'air d'une petite fille déguisée en garçon.

Elle commença par donner au jeune Nodier des renseignements peu rassurants sur son futur professeur de grec.

L'abbé Schneider avait jeté le froc aux orties; il était devenu rapporteur de la commission révolutionnaire extraordinaire du Bas-Rhin; il commandait au Comité de Propagande; bref, cet homme était la terreur de Strasbourg.

L'enfant regretta d'avoir quitté Besançon pour venir étudier sous un aussi singulier professeur.

Cependant il résolut de l'aller voir le lendemain et de lui porter la lettre de recommandation donnée par son père.

Le jour suivant, il alla frapper à la porte de Schneider.

Il était déjà sorti.

Une vieille servante rechignée introduisit l'enfant dans la salle à manger, et le pria d'attendre le retour de son maître.

Bientôt le citoyen Schneider entra, plaça ses deux pistolets sur la table, et s'assit après avoir assez brusquement salué son jeune visiteur.

Celui-ci lui remit alors la lettre de son père; aux deux premières lignes, il lui tendit la main et l'invita à dîner pour le soir.

La vieille servante était rentrée dans la salle à manger, apportant avec elle des journaux allemands, une lampe, une boîte à tabac et une pipe.

Le maître de logis alluma sa pipe, emplit un verre de bière qu'il offrit à son hôte et se mit à parcourir les journaux.

Pendant cette lecture, le jeune Nodier examina plus attentivement son futur professeur de grec.

Euloge Schneider était alors un homme de trente-cinq ans environ, laid, gros, court de taille, et commun d'allures ; aux membres ronds, aux épaules rondes, à la tête ronde. Ce qu'il y avait de plus remarquable dans sa face d'un gris livide, frappée çà et là de quelques rougeurs et criblée de petite vérole, c'était le contraste de ses cheveux noirs coupés très ras avec ses sourcils bruns et touffus, sous lesquels étincelaient deux yeux fauves ombragés de cils roux.

Le citoyen Schneider avait donc toute la physionomie d'un très méchant homme.

Le jeune Nodier prit congé de lui en le remerciant de son invitation à dîner.

Cette perspective de dîner l'effrayait un peu ; il aurait même voulu s'esquiver ; mais l'excellente madame Teutch lui recommanda bien d'être ponctuel, de peur de mécontenter son terrible professeur de grec. A ce dîner, l'enfant se rencontra avec trois autres convives de Schneider — des énergumènes comme lui — faisant partie également de la Société de propagande.

Il apprit alors par leur conversation quelle était la

situation de l'Alsace, et quelles opérations les armées de la République allaient entreprendre sur le Rhin.

La frontière de l'Est avait été envahie par une armée, composée de Prussiens, d'Autrichiens et d'émigrés.

Pichegru remplaçait dans le commandement en chef Custine, qui n'avait pas su vaincre, et qui allait payer de sa vie cette désertion de la victoire.

Enfin la Convention avait envoyé Saint-Just avec des pouvoirs extraordinaires à Strasbourg, pour rétablir l'ordre dans la capitale de l'Alsace, et pour exciter l'armée à vaincre sur le Rhin les ennemis de la République.

Pendant le dîner, Euloge Schneider et ses trois convives ne firent qu'invectiver Saint-Just, qu'ils accusaient de modérantisme ; à la fin du repas, Schneider recommanda au jeune Nodier de ne pas fréquenter les modérés ; puis il l'avertit qu'ils allaient être séparés pendant quelque temps.

Le lendemain, il partait pour accomplir une mission dans les environs de Strasbourg.

L'enfant ne se trouva pas fâché au fond de perdre de vue un professeur de grec aussi farouche.

Il ne tarda pas, du reste, à être renseigné sur le genre de mission de ce dernier.

A la qualité de commissaire près le tribunal révolutionnaire de Strasbourg, il joignait celle d'accusateur public ; il accusait, jugeait, condamnait sans appel.

Ce formidable pouvoir détermina dans cet homme

cette terrible luxure de sang à laquelle le poussait sa violence naturelle.

A Strasbourg, il suivit les traces de Carrier à Nantes et de Couthon à Lyon.

Emporté par son activité fébrile, quand la besogne lui manquait dans la cité, comme accusateur public, il parcourait les environs avec une escorte de hussards de la Mort, traînant derrière lui un échafaud et le bourreau.

Alors, sur la moindre dénonciation, il s'arrêtait dans les villes et dans les villages, faisait dresser l'instrument fatal, et ordonnait d'exécuter ceux qui lui paraissaient suspects.

C'est ainsi que, du 5 novembre au 11 décembre, jour de l'arrivée du jeune Nodier, il avait envoyé à la mort trente et une personnes.

A peine revenu à Strasbourg, il allait repartir — comme il l'annonçait à son élève — et recommencer une sanglante tournée en Alsace.

Pichegru reconquérait les frontières, débarrassait le pays de ses ennemis extérieurs.

Lui, Schneider, se mit à la suite du général victorieux, et promena de village en village son échafaud nomade pour exercer sur les infortunés qui s'étaient laissés piller par les Autrichiens, la vengeance nationale.

Dans cette nouvelle excursion, le proconsul se montra terrible.

L'ivresse du pouvoir absolu parut briser son intelligence, et le rendit en quelque sorte fou furieux. Un événement de cette mission amena sa perte.

Malgré les gages sanglants donnés à la démagogie, on reprochait quelquefois à Schneider sa première profession, c'est-à-dire d'avoir appartenu au sacerdoce. L'uniforme presque militaire du commissaire extraordinaire n'avait pas fait oublier encore le froc du capucin, et le moine de Cologne nuisait souvent à la popularité du terrible dictateur de Strasbourg.

Un jour, au milieu d'une assemblée populaire[1], une voix s'éleva pour lui rappeler cette tache infamante du sacerdoce qui le rendait irrémissiblement suspect aux amis de la liberté, et pour lui conseiller un acte qui consacrât solennellement son apostasie.

Schneider n'était pas marié; son goût effréné pour les femmes se conciliait même assez mal avec les obligations d'un engagement perpétuel, et il ne fallait pas moins, pour le décider à s'y soumettre, que l'intérêt de cette popularité de cynisme et de sang à laquelle il avait déjà fait tant de sacrifices. Dans cette dernière occasion, il ne vit aucun autre moyen de se soustraire au terrible argument qu'on lui opposait, et l'amour des richesses put, d'ailleurs, contribuer à vaincre l'instinct d'indépendance et de débauche qui l'avait dominé jusque-là.

Ses regards tombèrent sur une jeune personne appelée Clotilde de Brumpt, qui joignait une immense

---

1. Nodier, *Souvenirs de la Révolution*.

fortune à toutes les perfections du corps et de l'esprit.

C'était la fille d'un gentilhomme en jugement.

Schneider l'avait remarquée dans la foule des suppliantes qui, tous les jours, inondaient le prétoire.

Le lendemain, le père de la jeune fille fut mis en liberté, et le proconsul l'avertit qu'il se proposait de lui demander à dîner le même jour.

Clotilde de Brumpt ne se trouvait pas au banquet.

C'était alors un usage répandu dans la plupart des communes rurales de l'Alsace et des provinces voisines, que les femmes n'y parussent point, et son père n'avait pas jugé à propos d'enfreindre la coutume pour la circonstance.

Schneider réclama sa présence, et l'on obéit. Il se piqua d'abord d'esprit, de grâce, de politesse, puis il arriva à l'objet de sa visite; il demanda la main de sa jolie hôtesse, comme s'il avait pu y prétendre du droit de l'amour, et sans blesser aucune convenance.

Sans attendre la réponse du père, ou de la jeune fille, il s'approcha de la fenêtre, l'ouvrit, et montra d'un air satisfait la guillotine qu'on venait de dresser sur la place, juste en face de la maison!

Ce spectacle porta une horrible lumière dans le cœur de Clotilde de Brumpt: elle comprit le marché que lui proposait le terrible proconsul.

Elle tomba aux pieds de son père en le suppliant de lui accorder pour époux l'homme bienfaisant auquel il devait la vie et en attestant le ciel qu'elle ne se relèverait qu'après avoir obtenu cette faveur.

Le père comprit qu'il se passait à cette heure quelque chose de si grand et de si sublime, qu'il n'avait pas le droit de s'y opposer.

— Ma fille, dit-il, tu es la maîtresse de ta main et de ta fortune; fais à ton gré, ce que tu feras sera bien fait.

La jeune fille se releva et tendit la main à Schneider, en lui disant :

— Maintenant, j'exige de ta tendresse une de ces grâces qu'on ne refuse pas à sa fiancée. Il se mêle un peu d'orgueil à mon bonheur. Ce n'est pas à Plobsheim que le premier de nos citoyens doit accorder son nom à une femme; je veux que le peuple me reconnaisse pour l'épouse de Schneider, et ne me prenne pas pour sa maîtresse. Il n'y a que trois lieues d'ici Strasbourg; j'ai des mesures à prendre pour ma toilette de noces, car je veux qu'elle soit digne de toi; demain, à telle heure que tu voudras, nous partons seuls ou accompagnés, à ton gré, et je vais te donner la main devant les citoyens, les généraux et les représentants !

Ces paroles, rendues séduisantes par le charme d'élocution de la jeune fille, ne laissèrent pas au terrible proconsul la possibilité d'un refus.

Il consentit à attendre jusqu'au lendemain. Quand il revint, le matin, il trouva la maison pavoisée du haut en bas, et présentant tout l'aspect d'une fête.

La future en descendit dans ses plus beaux atours,

et vint lui présenter la main sur le seuil de cette salle basse où l'on prend ordinairement le thé ou le café.

Un déjeuner splendide y était servi ! Bien qu'étourdi de bonheur et d'orgueil, Schneider ne pensait qu'à abréger la durée du festin.

Les portes de Strasbourg se fermaient alors à trois heures : le temps pressait, car un arrêté de Saint-Just, qui avait force de loi, avait fixé cette heure pour la fermeture des portes. Comme on était dans la période de l'invasion austro-prussienne, la désobéissance à cet arrêté entraînait la peine capitale.

Malgré cela, le proconsul dépêcha un courrier à Strasbourg, pour intimer la défense de fermer les portes avant quatre heures, et il monta en voiture avec sa fiancée.

Une heure après, une grande rumeur s'élevait dans l'une des rues qui conduisent de la porte de Kehl à l'hôtel de ville.

C'était le cortège qui débouchait sur la grande place.

Quatre coureurs revêtus des couleurs nationales précédaient la calèche de Schneider, traînée par six chevaux et découverte, malgré les menaces du temps ; lui et sa fiancée, richement vêtue, éblouissante de jeunesse et de beauté, étaient assis au fond.

Son escorte habituelle, ses cavaliers noirs, ses hussards de la Mort, caracolaient autour de la voiture, le sabre nu, et écartaient à coups de plat de sabre les curieux qui s'approchaient trop près des fiancés.

Le jeune Charles Nodier était au nombre de ceux-ci et vit ainsi la scène terrible qui se préparait.

Derrière la voiture du proconsul venait immédiatement une charrette basse à larges roues, peinte en rouge, traînée par deux chevaux tout enrubannés aux trois couleurs, portant des planches, des poteaux, des marches, peints en rouge comme tout le reste et conduits par deux hommes à mine sinistre, en blouse noire, coiffés du bonnet rouge à large cocarde, échangeant avec les hussards de la Mort de lugubres lazzis.

Enfin, le cortège se terminait par une petite carriole, dans laquelle était assis un homme maigre, pâle et sérieux, que l'on se montrait curieusement du doigt, sans autre désignation que ces deux mots, dits d'une voix basse et craintive :

— Maître Nicolas.

Maître Nicolas était le bourreau de Strasbourg.

La calèche de Schneider s'avança vers le balcon de l'hôtel de ville, où habitait alors Saint-Just.

Attiré par le bruit de la foule, Saint-Just parut au balcon.

Calme, rigide et froid comme la statue de la Justice, Saint-Just n'était pas populaire.

Du reste, il ne cherchait pas l'accueil du peuple; il le réprimait, au contraire, d'un geste sec et absolu. Ses cheveux épais et poudrés à neige sur ses sourcils noirs et barrés, sa tête perpendiculaire sur sa haute et ample cravate, la dignité de cette taille petite; l'élégance de cette mise simple, ne manquaient jamais cependant leur effet sur la multitude.

Il fit signe à la voiture de s'arrêter, et elle s'arrêta.

La foule elle-même eut un mouvement de recul, et laissa vide un grand cercle dans lequel entraient la calèche portant les deux fiancés, la charrette portant la guillotine, et la carriole portant le bourreau.

Tout le monde croyait que Saint-Just allait parler; c'était, en effet, son intention après le geste impératif qu'il avait fait pour obtenir le silence, quand, au grand étonnement des spectateurs, ce fut la fiancée de Schneider qui, d'un mouvement rapide, ouvrit la portière de la voiture, s'élança à terre, la referma, et, tombant à genoux sur le pavé, cria tout d'un coup au milieu de ce silence solennel :

— Justice, citoyen! j'en appelle à Saint-Just et à la Convention!

— Contre qui? demanda Saint-Just de sa voix vibrante et incisive.

— Contre cet homme, contre Euloge Schneider, contre le commissaire extraordinaire de la République.

— Parle! Qu'a-t-il fait? répondit Saint-Just. La justice t'écoute.

Alors, d'une voix indignée, émue, menaçante, la jeune fille raconta en peu de mots l'horrible abus de pouvoir du tyran de l'Alsace.

Saint-Just semblait confondu.

Depuis longtemps, les excès de Schneider lui pesaient; il cherchait une occasion pour l'arrêter; cependant il ne pouvait encore croire à l'atrocité du fait raconté par la jeune fille.

— Est-il vrai? cela peut-il être vrai? murmurait-il en frappant à coups réitérés sur la barre du balcon.

Tout le monde fut d'accord sur les faits, sans en excepter le bourreau, que son intimité cordiale avec le terrible proconsul rendait un témoin imposant.

Il déclara qu'il avait reçu l'ordre de se tenir prêt pour l'exécution du père de la jeune fille, s'il avait refusé son consentement au mariage.

— Enfin, voilà donc dévoilé l'exécrable capucin de Cologne! dit Saint-Just. — Qu'aurais-tu fait, jeune fille, si tu ne m'avais pas trouvé disposé à te rendre justice?

— Je l'aurais tué ce soir au lit, répondit-elle en tirant un poignard qu'elle avait caché dans son corsage. Maintenant, je te demande sa grâce.

— Sa grâce, cria Saint-Just, dont ce mot réveilla la fureur; la grâce du capucin de Cologne? A la guillotine! continua-t-il avec une explosion incroyable dans un caractère si méthodique et si mesuré. Qu'on le mène à la guillotine!

Le bourreau, descendit de sa carriole, vint jusque sous le balcon, ôta son chapeau et s'inclina :

— Couperai-je la tête, citoyen Saint-Just? demanda-t-il humblement.

— Je n'en ai pas le droit, dit Saint-Just en frémissant de dépit; cet homme relève du tribunal révolutionnaire, et non de moi. Au supplice que le monstre a inventé! qu'on l'attache à la guillotine jusqu'à nouvel ordre.

En effet, Schneider avait inventé cette exposition à l'échafaud pour les cas peu nombreux de la législation révolutionnaire qui n'entraînaient pas nécessairement la peine capitale.

Un négociant de Strasbourg avait passé ainsi seize heures sur la guillotine.

Sur ces derniers mots, Saint-Just avait fermé la fenêtre et était rentré dans l'intérieur de l'hôtel de ville.

Une poussée de la foule avait conduit le jeune Charles Nodier sur le perron du monument, d'où il embrassa la suite de ce drame populaire.

Les deux hommes à bonnet rouge et à blouse noire dressaient l'échafaud avec une promptitude qui indiquait l'habitude qu'ils avaient de cette lugubre besogne.

Le bourreau tenait par le bras Schneider qu'on avait forcé de descendre de voiture. Deux hussards de la Mort le suivaient et le piquaient, en riant, de la pointe de leur sabre pour le faire avancer.

Il tombait une pluie froide; le givre pénétrait à travers les habits comme des aiguilles. Cependant le proconsul s'essuyait le front avec son mouchoir; la sueur découlait de sa face affreusement pâle, et sous l'émotion de la terreur, ses petits yeux paraissaient fondus dans leur orbite.

La foule vociférait.

A moitié chemin de la voiture à la guillotine, on dépouilla d'abord Schneider de son chapeau, à cause de la cocarde nationale, ensuite de son habit, parce que c'était un habit militaire. En montant les marches de l'échafaud, le malheureux grelottait de froid et de terreur.

Quand il eut atteint la plate-forme, un formidable cri se fit entendre par toute la place :

— Sous le couteau! sous le couteau!

Le jeune Nodier eut un mouvement d'indicible terreur.

Il crut que la tête de son terrible professeur de grec allait tomber.

Il s'appuya à la muraille et ferma les yeux pour se soustraire à ce spectacle.

Un volontaire du Midi remarqua l'effroi de l'enfant.

— Rassurez-vous, lui dit-il : cette fois, il en sera quitte pour la peur; et cependant il n'y avait pas grand mal à en finir tout de suite.

Schneider resta, en effet, exposé pendant plusieurs heures sur l'échafaud[1].

Dans la nuit, on arrêta ses complices; et, le 12 avril suivant, il fut condamné et exécuté, comme « convaincu d'avoir, par des concussions et vexations immorales et cruelles, par l'abus le plus révoltant et le plus sanguinaire du nom et des pouvoirs d'une commission révolutionnaire, opprimé, volé, assassiné, ravi

---

1. Nodier, *Souvenirs de la Révolution*.

l'honneur, la fortune et la tranquillité à des familles paisibles ».

Ce sont les termes du jugement.

Du reste, l'arrestation de Schneider par Saint-Just avait déjà mis fin à la Terreur en Alsace.

XXIII

Pichegru et l'armée du Rhin. — Souvenirs héroïques. — La reprise des lignes de Wissembourg. — La route de Reichshoffen. — Le 21 décembre 1793. — Hoche. — Abbatucci. — Les canons à l'enchère. — Délivrance de l'Alsace.

Tel est le fait fourni par Charles Nodier au romancier. Cet épisode de la Terreur en Alsace devient le prologue de *les Blancs et les Bleus*.

Mais comme il anime, comme il rend vivant le récit de Nodier !

Nous recommandons la lecture du premier volume de ce roman.

Dumas l'appelle *les Prussiens sur le Rhin*.

Pour rendre son récit plus intéressant, il met au nombre de ses personnages Charles Nodier lui-même.

Celui-ci concourt à l'action.

Il est mêlé à tous les épisodes de cette première partie du roman; c'est lui qui guide le lecteur à travers les développements de l'ouvrage.

Après les premiers chapitres, consacrés aux scènes de la Terreur à Strasbourg, Charles Nodier quitte cette ville et se rend au camp de Pichegru, qui avait le commandement de l'armée du Rhin. Pichegru, qui était de Besançon, accueille à bras ouverts son jeune compatriote, et en fait son secrétaire.

Voilà celui-ci installé au milieu de l'armée du Rhin : il assiste à la reprise des frontières et aux défaites des Austro-Prussiens.

Avec les pérégrinations du principal personnage, le roman modifie ses allures.

Il devient récit militaire.

D'après les souvenirs de Nodier, Dumas esquisse à grands traits les héroïques figures de l'armée du Rhin : Pichegru, Hoche, Abbatucci, Macdonald, il raconte ces combats fameux dans lesquels les Prussiens — d'abord chassés de l'Alsace — furent rejetés au delà du Rhin.

Ironie bizarre! dix-huit mois avant les sanglantes défaites que nous devions éprouver dans les champs de cette même Alsace, le romancier évoque les noms, — si tristement célèbres depuis, — de Reichshoffen, de Frœschwiller, de Woerth; il rappelle à son lecteur les faits glorieux de cette autre campagne du Rhin qui se passèrent soixante-dix-sept ans auparavant, c'est-à-dire en décembre 1793.

Alors la grandeur de la situation l'emporte, son récit s'anime, sa plume vibre comme une lyre, et l'héroïsme de ces faits lui arrache cette réflexion, où il exprime la mélancolie de l'écrivain, qui comprend la grandeur de son sujet, mais qui aussi se sent empêché par la vieillesse et la fatigue, de traduire dignement cette grandeur :

« Il y avait, dit le romancier, dans cette genèse du XIXe siècle, les pieds encore pris dans la boue du XVIIIe et, cependant, élevant déjà sa tête dans les nues, il y avait dans ces premiers combats, où un seul peuple, au nom de la liberté et du bonheur de tous les peuples, jetait le gant au reste du monde, il y avait quelque chose de grand, d'homérique, de sublime que je me sens impuissant à peindre ; et cependant, c'est pour le peindre que j'ai entrepris ce livre, et ce n'est pas une des moindres tristesses du poète que de sentir *grand*, et, haletant, essoufflé, mécontent de lui-même, de rester au-dessous de ce qu'il sent ! » (*Les Blancs et les Bleus.*)

L'histoire contemporaine est si touffue depuis quatre-vingts ans, que le souvenir confond, dans le tumulte de cette époque, les épisodes mis en scène ici par le romancier.

Dans ce premier volume, Dumas emprunte également à Nodier le récit d'un épisode qui prouvera que les noms de Reichshoffen et de Frœschwiller ne furent pas toujours synonymes de défaites.

En décembre 1793, la Convention avait choisi Pichegru comme général en chef de l'armée du Rhin.

Il succédait à Custine, qui s'était laissé battre à Wissembourg, qui avait permis aux Prussiens et aux Autrichiens de venir camper en vue de Strasbourg, et dont la tête allait payer ces défaites.

La Convention ordonnait en même temps à Hoche de se réunir à Pichegru, avec l'armée de la Moselle dont il avait le commandement.

Enfin, elle envoyait Saint-Just à l'armée avec des pouvoirs extraordinaires.

Le jeune conventionnel ordonna à Pichegru et à Hoche de vaincre.

Il fortifia la discipline par une suite de décrets d'une rigueur draconienne.

On jugera de la sévérité de cette discipline par trois décrets que Saint-Just promulgua le même jour.

Par le premier, il était ordonné de fermer les portes de Strasbourg à trois heures de l'après-midi ; il y avait peine de mort pour quiconque retarderait leur clôture, fût-ce de cinq minutes.

Par le second, il était défendu de fuir devant l'ennemi. Il y avait peine de mort pour quiconque, tournant le dos au champ de bataille pendant le combat, cavalier, ferait prendre le galop à son cheval ; fantassin, marcherait plus vite que le pas.

Enfin le troisième décret ordonnait, à cause des surprises que ne ménageait pas l'ennemi, de se coucher tout habillé. Il y avait peine de mort contre tout soldat, officier ou chef supérieur, qui serait surpris déshabillé. Pichegru commença par remporter un premier avantage à Bercheim.

Il s'empara du village de Dawendorff, qui était une position stratégique.

Mais Haguenau restait au pouvoir des Autrichiens !

Mais les hauteurs de Reichshoffen, de Frœschwiller, de Wœrth étaient occupées par les Prussiens et les émigrés du prince de Condé, qui s'étaient retranchés dans tous les accidents de terrain.

L'objectif de Pichegru et de Hoche était donc de s'emparer de ces hauteurs pour dégager Haguenau, pour reprendre la ligne de Wissembourg, et de repousser l'ennemi de l'autre côté du Rhin.

Pichegru et Hoche ne comptaient guère que trente mille hommes pour enlever ces formidables positions.

Les Prussiens et les Autrichiens avaient massé vingt-deux mille combattants, avec une trentaine de canons, sur les hauteurs de Frœschwiller et de Wœrth.

Le pont de Reischshoffen, qui était en leur pouvoir, se trouvait gardé par un fort détachement et cinq pièces de canon [1].

L'attaque fut commandée pour le 21 décembre 1793.

Les généraux français avaient divisé leurs troupes en trois colonnes.

Hoche et Pichegru avaient pris le commandement de la plus forte colonne.

Les deux autres avaient pour chefs Savary et Abbatucci.

Ce dernier devait forcer le pont de Reichshoffen et s'en emparer.

Il partit le premier avec ses hommes.

Au moment où l'on entendit le canon gronder dans

---

1. Nodier, *Souvenirs de la Révolution*.

cette direction, Hoche et Pichegru enlevèrent leur colonne, traversèrent le torrent qui passe à Niederbronn, et s'emparèrent du village sans coup férir.

Cette première étape de quatre lieues faite, on donna un instant de repos aux soldats, — le temps de déjeuner; — puis l'on se remit en marche vers huit heures pour Frœschwiller, situé à trois quarts de lieue à peine.

Le canon tonnait toujours dans la direction de Reichshoffen. Mais, au bout d'un quart d'heure, le bruit de l'artillerie s'éteignit tout à coup; le passage était-il forcé, ou Abbatucci avait-il été contraint par l'ennemi de reculer? Pichegru appela un officier d'état major.

— Avez-vous un bon cheval, capitaine? lui demanda-t-il.

— Excellent.

— Vous pouvez avec lui faire sauter fossés et barrières?

— Je puis tout sauter.

— Mettez-le au galop, pointez dans la direction du pont de Reischshoffen, venez me donner des nouvelles, ou faites-vous tuer.

L'officier partit; mais, après dix minutes, il revenait avec un chasseur qu'il avait rencontré aux deux tiers du chemin.

C'était Abbatucci qui envoyait cet homme à Pichegru pour lui annoncer qu'il avait forcé le pont, et qu'il marchait sur Frœschwiller.

Pichegru renvoya le chasseur, reportant à Abbatucci l'ordre de marcher sur Frœschviller et de menacer la ville, pendant que lui attaquerait les hauteurs, tout en se tenant prêt à lui porter secours, s'il en était besoin.

Tout cela s'était exécuté pendant la marche de la colonne; bientôt on commença à découvrir les hauteurs de Frœschwiller.

Un petit bois s'étendait entre Niederbronn et Frœschwiller, le même peut-être qui devait nous être si fatal en août 1870.

Comme la colonne marchait à travers plaine sans route tracée, Pichegru, craignant que ce petit bois ne cachât une embuscade, ordonna à vingt hommes et à un sergent de fouiller ce bois.

Le bois fut fouillé de part en part; personne n'y était embusqué.

On le dépassa.

Mais tout à coup, en arrivant au bord d'un ravin, l'avant-garde fut accueillie par une énergique fusillade.

Trois ou quatre cents tirailleurs étaient éparpillés dans les sinuosités du ravin et dans les touffes de bois dont il était semé.

Aussitôt les deux généraux formèrent leur troupe en colonne d'attaque.

Frœschwiller était situé au pied d'une colline hérissée de canons et de redoutes.

On voyait sur la droite, à trois quarts de lieue à peu près, la colonne d'Abbatucci qui s'avançait vers la ville, chassant devant elle les troupes qui avaient essayé de défendre le pont.

L'avant-garde de Hoche et de Pichegru était formée par le bataillon de l'Indre.

— Camarades, dit Pichegru à ce dernier, attendrons-nous, pour attaquer les redoutes, nos compagnons qui ont déjà leur part de victoire et d'honneur, puisqu'ils ont forcé le pont? ou garderons-nous, nous aussi, pour nous seuls, la gloire d'avoir enlevé les redoutes que nous avons devant nous? Cela sera dur, je vous en préviens.

— En avant! en avant! cria d'une seule voix tout le bataillon.

— En avant! crièrent les hommes de Hoche, qui, la veille, s'étaient mutinés, et qui, après leur soumission, avaient obtenu l'honneur de marcher les seconds.

— Oui, en avant! cria à son tour un officier supérieur, le général Dubois, qui faisait partie de l'armée de la Moselle, et qui, commandant l'arrière-garde, se trouvait, par le mouvement de conversion qui s'était fait, commander l'avant-garde.

En même temps, les tambours et les clairons battirent et sonnèrent la charge.

Les premiers rangs se mirent à entonner *la Marseillaise;* le pas de charge, emboîté par trois ou quatre mille hommes, ébranla la terre, et la trombe humaine prit sa course, têtes et baïonnettes en avant. A peine la colonne avait-elle fait cent pas, que la colline s'enflamma comme un volcan!

Alors, on vit dans cette masse épaisse s'ouvrir des sillons sanglants, comme si une charrue invisible les eût creusés; mais ces sillons étaient aussitôt refermés qu'ouverts.

La Marseillaise et les cris de : « En avant! » continuèrent.

La distance qui séparait les premières lignes françaises des retranchements commençait à disparaître, lorsqu'un second tonnerre d'artillerie éclata et que les boulets firent dans les rangs de nouvelles trouées.

Les rangs se refermèrent comme la première fois; mais une rage sombre succédant à l'enthousiasme, les chants commencèrent à s'éteindre, la musique continua d'accompagner le peu de voix qui chantaient encore, et le pas de charge devint le pas de course.

Au moment où le premier rang allait atteindre les retranchements, une troisième canonnade éclata.

Cette fois, l'artillerie, chargée à mitraille, envoya sur toute la colonne d'attaque un véritable ouragan de fer.

Toute la masse assaillante plia d'avant en arrière sous la grêle des biscaïens. Les chants s'éteignirent, la musique cessa de jouer; la marée humaine qui montait, non seulement s'arrêta, mais recula.

Toutefois, l'hésitation fut de courte durée.

La musique reprit l'hymne victorieux; le général Dubois, qui, comme nous l'avons dit, commandait l'attaque, avait eu son cheval tué sous lui; on l'avait cru mort.

Il se dégagea de dessous son cheval, se releva, mit

son chapeau au bout de son sabre et cria : « Vive la République ! »

Ce cri de « Vive la République ! » fut poussé à la fois par tous les survivants et par les blessés qui avaient encore la force de le faire entendre.

Le moment d'hésitation qui s'était produit cessa.

La charge battit de nouveau ; les baïonnettes s'abaissèrent, et un formidable hurlement succéda aux chants et aux cris.

Les premiers rangs enveloppaient déjà la redoute, les grenadiers se cramponnaient déjà aux aspérités pour l'escalade, quand trente pièces de canon tonnèrent à la fois, d'un seul coup et avec un bruit pareil à celui d'une poudrière qui eût sauté.

Cette fois, le général Dubois tomba pour ne plus se relever.

Un boulet l'avait coupé en deux.

Tous les premiers rangs disparurent dans un tourbillon de feu comme engloutis dans l'abîme.

Cette fois encore, la colonne recula, et, en un instant, entre la redoute et la première ligne, il se fit un intervalle d'une quarantaine de pas, couvert de morts et de blessés [1].

Il se passa alors, dit-on, une chose inouïe. Au même moment où Pichegru expédiait deux de ses aides de camp à la colonne Abbatucci pour lui dire de se hâter, Hoche, comprenant qu'il fallait enlever les

---

[1]. Nodier, *Souvenirs de la Révolution*.

hommes par une chose héroïque, jeta son chapeau à terre pour être bien reconnu de tous, s'élança, les cheveux au vent, le sabre à la main, faisant bondir son cheval par-dessus ces morts et ces mourants, et, se dressant debout sur ses étriers dans cet intervalle vide :

— Soldats! cria-t-il, à six cents francs la pièce les canons prussiens!

— Adjugés! crièrent les soldats d'une seule voix.

La musique, éteinte une seconde fois, reprit avec une nouvelle ardeur.

Au milieu de la canonnade crachant les boulets et la mitraille, de la fusillade éparpillant dans les rangs pressés une grêle de balles dont chacune portait, on vit Hoche, suivi de cette foule affolée de haine et de vengeance, qui ne gardait plus ses rangs, aborder la première redoute, s'y accrocher, et, s'aidant de son cheval comme d'un tremplin, s'élancer le premier et tomber au milieu de l'ennemi!

Comment les soldats montèrent-ils derrière lui? comment franchirent-ils ces parapets de huit à dix pieds de haut? à quelles aspérités s'accrochèrent-ils pour arriver au sommet?

C'est ce qu'il est impossible de raconter, de peindre, de décrire; mais ce qui arriva, c'est que, cinq minutes à peine après que Hoche l'avait abordée, la redoute se trouva pleine de soldats français foulant aux pieds les cadavres de cent cinquante Prussiens.

Alors, Hoche bondit sur le parapet, et, comptant les canons de la redoute :

— Quatre canons, cria-t-il, adjugés aux premiers rangs de la colonne d'attaque !

Il resta un instant debout, se montrant ainsi à toute l'armée comme un drapeau vivant de la Révolution, exposé à toutes les balles, auxquelles il servait de cible et dont pas une ne l'atteignit.

— Maintenant, aux autres canons, fit-il, et vive la République !

Et, au milieu des cris, des chants guerriers, de la vibration des instruments de cuivre, du roulement des tambours, général, officiers, soldats, tous pêle-mêle se ruèrent sur les retranchements.

Au premier coup de canon, les émigrés du prince de Condé, qui formaient un corps auxiliaire dans l'armée ennemie, s'étaient tenus prêts pour opérer une sortie ; mais ils avaient rencontré l'avant-garde d'Abbatucci qui arrivait au pas de course et avec laquelle il fallait compter. Ayant peine à se défendre eux-mêmes, ils n'avaient pu porter secours aux Prussiens. Abbatucci, selon l'ordre de Pichegru avait même pu détacher quinze cents hommes, et Pichegru le vit bientôt arriver bride abattue, précédé de ses deux aides de camp.

Ce dernier se mit aussitôt à la tête de ce renfort, et accourut à l'aide du corps principal, acharné à la redoute. Ces quinze cents hommes de troupes fraîches, animées par la victoire du matin, bondirent de leur premier élan jusqu'au delà du second rang de la batterie.

Les canonniers furent tués sur leurs pièces; et les canons, qu'il était impossible de tourner contre les Prussiens, furent encloués.

Au milieu du feu, Hoche et Pichegru étaient arrivés en même temps à un point de la colline d'où l'on découvrait toute la plaine de Frœschwiller.

Là, un spectacle leur arracha un cri de triomphe.

Une masse noire, épaisse, aux fusils reluisants, aux panaches tricolores, aux drapeaux penchés comme des mâts dans une tempête, arrivait à marche forcée.

C'étaient Macdonald et la première colonne de l'armée, fidèles au rendez-vous.

Ils arrivaient à temps, non pour décider de la victoire, elle était décidée, mais pour y prendre part.

A cette vue, la déroute se mit parmi les Prussiens.

Chacun ne s'occupa plus que de fuir. Ils s'élancèrent par-dessus les parapets des redoutes, sautèrent du haut en bas des retranchements et se laissèrent rouler plutôt qu'ils ne descendirent sur une pente si rapide, qu'on n'avait même pas songé à la fortifier.

Mais Macdonald, par une manœuvre prompte, avait enveloppé la montagne et reçut les fuyards sur la pointe de ses baïonnettes.

Les émigrés, qui tenaient seuls avec l'acharnement de Français combattant contre des Français, comprirent, en voyant les fuyards, que la journée était perdue.

Leur infanterie se mit en retraite à petits pas, protégée également par leur cavalerie, dont les charges successives et pleines d'audace faisaient l'admiration de ceux qui combattaient contre eux.

Pichegru, sous prétexte que ses soldats devaient être las, leur donna l'ordre de laisser les émigrés se retirer.

Ce spectacle de Français combattant contre des Français lui répugnait.

Mais, en même temps, il faisait poursuivre, par tout ce qu'il y avait de cavalerie, les Prussiens qui s'enfuyaient dans la direction de Wœrth.

Cette cavalerie se composait de trois régiments, carabiniers, hussards et chasseurs.

Après s'être élancés, sabre en avant, sur l'ennemi, ils vinrent heurter un corps assez considérable de Prussiens qui enveloppaient un régiment français de la colonne d'Abbatucci.

Ce régiment s'était perdu et avait donné au milieu de l'ennemi.

Attaqué de tous côtés par des forces décuples, il s'était formé en carré, et, là, sur ses quatre faces, les soldats faisaient ce feu de mousqueterie qui avait attiré l'attention de leurs camarades.

Les trois régiments de cavalerie n'hésitèrent pas à venir à leur secours.

Par une charge à fond, ils entamèrent le terrible cercle de fer qui enveloppait leurs compagnons; ceux-ci, se sentant secourus, se formèrent en colonne et tombèrent la tête basse et la baïonnette en avant sur l'ennemi. Ils firent une trouée et se joignirent à leurs libérateurs.

Cavalerie et infanterie commençaient leur retraite vers l'armée française, quand un nouveau corps ennemi — sorti de Wœrth — vint se mettre en travers et leur ferma la route.

Le combat recommença avec plus d'acharnement que jamais.

Les Français se battaient un contre quatre, et peut-être allaient-ils succomber, quand un régiment de dragons fondit, à son tour, le sabre haut, sur toute cette mêlée, s'ouvrit un passage jusqu'à l'infanterie, qu'il dégagea; elle, à son tour, pouvant recommencer un feu régulier, fit un vide autour d'elle. La cavalerie s'élança dans ce vide et l'élargit encore.

Tous alors, d'un élan unanime, cavaliers et fantassins, s'élancèrent à la fois, sabrant, pointant, chantant *la Marseillaise*, gagnant du terrain, se resserrant autour des canons qu'ils ramenaient au bivouac au milieu des cris de : « Vive la République! » On était sauvé; l'ennemi avait reculé.

Pendant ce temps, Hoche et Pichegru étaient remontés à cheval, et étaient entrés dans Frœschwiller afin d'y régler toutes les conditions de défense nécessaires pour le cas où les Prussiens auraient voulu, par un retour offensif, essayer d'y rentrer.

Ils s'en gardèrent bien, et, ce jour-là, l'armée du Rhin fut franchement victorieuse.

Cette série d'engagements avait eu lieu, avons-nous dit, le 21 décembre 1793. Le surlendemain, on prenait Haguenau. Wœrth tombait également en notre pouvoir. Les Autrichiens et les Prussiens se retirèrent sur la ligne même de Wissembourg en avant de la Lauter, où ils comptaient livrer bataille.

Ils étaient commandés par le maréchal Wurmser.

Mais ce qu'il y avait de curieux, c'est que cette retraite rapide des deux armées ennemies entraînait avec elle tous les émigrés, tous les nobles alsaciens venus avec leurs familles. Craignant la vengeance des Français, ils s'enfuyaient aujourd'hui avec l'ennemi.

Les routes étaient couvertes de chariots, de voitures, de chevaux, et présentaient le spectacle d'une de ces émigrations pareilles à celles qui sillonnaient le monde au temps des Huns et des Vandales.

Les Prussiens et les Autrichiens, voulant reprendre l'offensive, s'étaient massés depuis Wissembourg jusqu'au Rhin. La position demeurait excellente pour l'attaque.

Pour les Français, le résultat de la campagne était dans la prise de ces fameuses lignes de Wissembourg.

Le 26 décembre, Hoche et Pichegru marchaient à l'ennemi.

Présumant que l'effort du combat se porterait au centre, les deux généraux y poussèrent une masse de trente-cinq mille hommes, tandis que trois divisions de l'armée de la Moselle menaçaient la droite des alliés par les gorges des Vosges, et que deux divisions, commandées par un aide de camp du général de Broglie, qui allait, ce même jour, faire ses premières armes, à l'armée du Rhin, s'avançait pour attaquer par Lauterbourg.

Ce jeune aide de camp — à peine âgé de vingt six ou vingt-sept ans — se nommait Antoine Desaix.

La prise des lignes de Wissembourg fut moins une bataille qu'une formidable poussée.

L'ennemi fut battu, culbuté, rejeté au delà du Rhin.

Moins de dix jours avaient suffi pour nettoyer et délivrer nos frontières.

Vous le voyez, ô lecteurs, les noms de Reichshoffen, de Frœschwiller, de Wissembourg n'ont pas toujours été synonymes de défaites et de désastres!

XXIV

Succès du dernier roman de Dumas. — Un drame pour le Châtelet. — Laray. — Taillade. — Souvenir des *Gardes forestiers*. — Une représentation à Laon. — Anecdote curieuse. — Demi-succès du drame. — Une scène de *les Blancs et les Bleus*.

Composée avec de pareils éléments, toute cette première partie de *les Blancs et les Bleus* obtint, répétons-le, un franc succès.

Ce succès se traduisit par une augmentation dans le tirage du journal qui publiait le roman.

Dumas avait alors pour secrétaire un excellent garçon qui lui était très dévoué, M. Victor Leclerc.

Il était à l'affût de toutes les circonstances qui pouvaient servir les intérêts du romancier.

Cette gêne qui envahissait de plus en plus le foyer du maître l'attristait, et il s'efforçait de l'écarter dans la mesure de ses moyens.

Déjà l'activité de ses démarches avait provoqué à l'Odéon une intéressante reprise de *la Conscience*, drame de Dumas qui avait obtenu un grand succès quelque temps auparavant.

Victor Leclerc avait été trouver, de la part de Dumas, Chilly — alors directeur de l'Odéon ; il lui avait représenté que *la Conscience*, reprise avec Laferrière, avait toutes les chances de rencontrer de nouveau le succès d'autrefois, Chilly se laissa persuader, et cette reprise donne raison aux prévisions de Dumas.

Ce drame fut un des grands succès de l'Odéon.

Il fut représenté pour la première fois le 4 novembre 1854.

Dumas l'avait dédié en ces termes à Victor Hugo, alors en exil :

« C'est à vous, mon cher Hugo, que je dédie mon drame de *la Conscience*.

» Recevez-le comme le témoignage d'une amitié qui a survécu à l'exil, et qui survivra, je l'espère, même à la mort.

» Je crois à l'immortalité de l'âme ! »

L'Odéon avait alors une troupe superbe.

Dans la distribution de la pièce, nous relevons les noms suivants : Laferrière, Tisserant, Kime, Rey, Thiron, Grenier — devenu depuis célèbre dans l'opérette — et mademoiselle Perigat.

Laferrière se montra admirable, prodigieux, dans le rôle d'Édouard Ruhberg, qui est le principal personnage du drame.

Il sut incarner, rendre, résumer toutes les nuances de ce rôle très complexe.

Il sut être tour à tour fiévreux, abattu, joyeux, désespéré, calme, délirant.

Ce fut une de ces soirées où il faut que l'artiste soit à la hauteur de l'œuvre qu'il interprète.

Laferrière porta à lui seul le poids de la pièce jusqu'au bout, sans s'arrêter, sans plier, sans haleter.

Dumas assista à la représentation de son ouvrage, dans la loge de madame de Girardin.

Pendant chaque entr'acte, le romancier allait porter à Laferrière les compliments de celle-ci.

Aussi, à chaque acte, l'artiste reparaissait en scène plus pathétique, plus puissant.

Le succès fut énorme.

Le rideau tomba au bruit d'applaudissements frénétiques.

Le tonnerre qui grondait dans la salle interrompit trois fois Laferrière, au moment de jeter aux spectateurs, ravis, le nom de l'auteur.

Jusqu'à la fin de sa vie, Laferrière conserva de beaux restes de son talent chaleureux.

Il sut rendre intéressante cette reprise de *la Conscience* en 1869.

Elle fournit encore une belle carrière à l'Odéon.

Ce précédent inspira à Victor Leclerc l'idée de porter au directeur du Châtelet la première partie de *les Blancs et les Bleus*, et de solliciter la commande d'un drame pour ce vaste théâtre.

Le directeur du Châtelet était alors M. Fischer.

Il venait de monter, avec un grand luxe de mise en scène, le *Théodoros*, de Théodore Barrière.

La lecture du premier volume de *les Blancs et les*

Bleus l'empoigna ; il vint prier Dumas de tirer un drame de son ouvrage et lui promit de le représenter immédiatement après *Théodoros.*

Dumas se mit immédiatement à la besogne, et, en quelques jours, il eut écrit le drame.

Chez lui, le roman est toujours si mouvementé, si scénique, que la pièce sort facilement.

Comme le Châtelet ne possédait pas une troupe d'ensemble suffisante pour jouer un drame de l'importance de *les Blancs et les Bleus*, on alla chercher des interprètes au dehors.

Laray fut engagé spécialement pour remplir le rôle de Pichegru.

Taillade fut demandé à l'Odéon pour tenir le personnage de Saint-Just.

Dumas avait placé dans son drame Charles Nodier enfant. On confia ce rôle à mademoiselle Gabrielle Gautier, qui s'y montra pleine de naturel et de gentillesse.

Un sergent loustic de l'armée du Rhin, appelé Falou, personnifiait la partie comique de la pièce.

Ce rôle, très franc, très gaulois, échut à l'acteur Courtès.

Ce comédien consciencieux, qui a acquis une légitime notoriété sur le boulevard, était une vieille connaissance pour Dumas. En 1865, il avait fait partie de la troupe que le romancier recruta alors pour jouer d'abord son drame des *Gardes forestiers* sur le théâtre de la rue de Lyon.

Ce souvenir nous rappelle une anecdote rétrospective qui aurait dû prendre sa place plus haut.

Dumas, avons-nous dit, avait fait une mauvaise opération commerciale en louant pour son compte cette salle, qui devait rester perpétuellement enguignonnée sous le nom de *Grand Théâtre-Parisien*. L'élévation de la température et l'indélicatesse d'un secrétaire lui frustrèrent des recettes qu'il pouvait espérer de la représentation des *Gardes forestiers*.

Il dut fermer le théâtre et arrêter les représentations.

Il restait débiteur de cinq ou six cents francs envers chacun de ses artistes, et il n'avait pas alors les ressources nécessaires pour les désintéresser.

Du jour au lendemain, ces artistes se trouvèrent sur le pavé, sans engagement. Cette situation émut le romancier.

Le lendemain de la fermeture, il réunit ses acteurs dans le foyer du théâtre, et leur tint à peu près le langage suivant :

— Mes enfants, vous savez pourquoi je suis obligé de fermer le théâtre. Vous êtes sans engagement; mais il m'est venu une idée qui, si vous l'adoptez, peut remédier à la situation. Cette idée, la voici :

» *Les Gardes forestiers* sont faciles à jouer partout, en raison de leur peu de mise en scène; formez-vous en société et allez jouer mon drame dans toutes les villes des départements limitrophes. Je vous autorise à prendre sur l'affiche le nom de troupe dramatique de M. Alexandre Dumas ; et, quand vous jouerez dans une ville voisine de Paris, télégraphiez-moi le matin.

» Je vous promets d'arriver le soir pour la représentation.

» Je crois donc fermement que vous aurez du succès et que vous ferez de l'argent, si vous vous ralliez à mon projet. »

L'idée, en effet, était pratique, originale. Les artistes l'adoptèrent.

Ils se constituèrent en société, et allèrent jouer *les Gardes forestiers* dans les départements de Seine-et-Oise, de Seine-et-Marne, de l'Oise et de l'Aisne.

Quand on jouait, on envoyait quelquefois une dépêche à Dumas.

Il arrivait le soir, et assistait à la représentation dans une loge bien en vue.

On faisait salle comble.

Quelquefois, les artistes donnaient une seconde représentation du drame ; car tous les empressés ne trouvaient pas toujours de la place pour la première audition.

Un jour, la troupe donnait une représentation à Laon. On avait envoyé une dépêche au romancier, et le bruit de sa venue se répandit rapidement dans la ville.

Sept heures sonnent, la salle est bondée de spectateurs, et Dumas n'est pas encore arrivé.

Cependant, on lui avait envoyé une dépêche.

On attend encore une demi-heure : personne ! Alors

les artistes, pensant que le maître ne viendra pas, se décident à faire lever le rideau, et commencent la représentation.

Mais les spectateurs, qui comptaient sur la présence de Dumas, croient à une mystification et deviennent furieux.

Cette fureur se traduit par un vacarme qui remplit l'enceinte du théâtre.

Sur la scène, les acteurs étaient consternés; et le commissaire de police de la ville se montrait inquiet des suites de ce tapage.

Au moment de lever la toile sur le second acte, un grand bruit se fait dans la salle, des acclamations retentissent de toutes parts : c'est Dumas qui entre dans sa loge et qui salue le public.

Il avait manqué le train, de là son retard.

Les artistes respirèrent.

Ils allaient entamer le deuxième acte, quand tous les assistants s'écrièrent :

— Le premier acte ! nous voulons le premier acte !

Comme ils n'y avaient pas fait la moindre attention, ils désiraient qu'on le recommençât.

Les acteurs obéirent, et la représentation se poursuivit sans encombre.

Villers-Cotterets — patrie de Dumas et lieu de scène des *Gardes forestiers* — fut une des étapes de la tournée dramatique.

Les habitants reçurent avec enthousiasme Dumas et ses artistes.

Ils réclamèrent une seconde représentation du drame pour le lendemain.

Les acteurs, électrisés par cet accueil, se surpassèrent.

Dumas, ravi de la cordialité de ses compatriotes et du zèle de ses interprètes, rayonnait. Parfois, la joie lui inspirait des idées originales.

A l'issue de la représentation, il alla dans les coulisses serrer la main de tous ses artistes.

— Mes enfants, leur dit-il, vous avez admirablement joué ce soir; aussi, demain matin, j'irai à l'hôtel où vous êtes descendus, et je vous ferai moi-même à déjeuner.

Il tint parole; le lendemain, il s'installait devant les fourneaux de la cuisine de l'hôtel, et confectionnait un succulent déjeuner pour ses interprètes.

Il avait même poussé la couleur locale jusqu'à coiffer le bonnet de chef et à ceindre le tablier blanc.

Les fenêtres de la salle à manger étaient au rez-de-chaussée, et ouvraient sur la rue.

Pendant deux heures, les habitants de Villers-Cotterets défilèrent devant ces fenêtres pour voir Dumas servant lui-même ses artistes en tablier blanc.

Ces derniers récupérèrent largement, pendant cette tournée, les appointements qu'ils avaient perdus au Grand Théâtre-Parisien.

Les Blancs et les Bleus entrèrent en répétitions au commencement de février 1869.

A la demande de Taillade, Dumas retoucha le rôle

de Saint-Just ; il lui ménagea une scène très franche, très caractéristique avec Charles Nodier enfant.

Dans une autre circonstance, il montra qu'il avait encore conservé la rapidité de l'improvisation dans le travail.

Un des tableaux du drame ne rendait pas, aux répétitions, l'effet désirable.

Le romancier emporta le manuscrit et, en vingt-quatre heures, il avait refait complètement ce tableau défectueux.

Dans *les Blancs et les Bleus*, on chantait *la Marseillaise*.

La censure d'alors, on le comprend, s'était récriée.

On entama une négociation avec le ministère des beaux-arts. On obtint enfin la permission de faire chanter *la Marseillaise* dans le dernier tableau du drame.

La première représentation eut lieu le 10 mars 1869. Le public fit bon accueil à la pièce. La mise en scène était bonne ; l'interprétation fut excellente. Laray et Taillade rencontrèrent de grands effets dans les rôles de Pichegru et de Saint-Just. Courtès excita l'hilarité de toute la salle dans le personnage très bien composé du sergent Falou. Mais — nous le répétons — la critique avait pris l'habitude d'être hostile quand même aux dernières productions de Dumas. Les lundistes reprochèrent à la pièce ses allures militaires ; « C'est un drame qui finit en pièce de cirque », dirent-ils dans leurs comptes rendus.

Le reproche était étrange, il prouvait que ces critiques n'avaient pas lu le roman d'où sortait le drame.

Le roman racontant les exploits de la campagne du Rhin, le drame à son tour devait les mettre en scène, et prendre ainsi une couleur militaire, très chaude, très patriotique.

La critique s'en prenait à l'allure du drame, parce qu'elle ne pouvait accuser ni sa facture, ni son intérêt.

Les Blancs et les Bleus sont le dernier ouvrage de la vieillesse de Dumas; il y montre les mêmes qualités scéniques que dans les grands drames à succès de sa féconde maturité.

Voici une des scènes capitales de ce drame; elle mérite d'être citée, d'être lue; elle prouve la véracité de notre assertion.

C'est la scène où le proconsul Euloge Schneider vient proposer à Clotilde de Brumpt de le prendre pour époux, en retour de la grâce de son père.

SCÈNE V[1]

CLOTILDE, SCHNEIDER, ÉTIENNETTE

La porte du fond s'ouvre, Schneider paraît un bouquet à la main. — Étiennette sort sur un geste de Schneider.

SCHNEIDER

Citoyenne, ce sont les plus belles fleurs que j'ai pu trouver le 27 frimaire, c'est-à-dire le 16 décembre, car je ne te crois pas très familière avec le nouveau

1. Quatrième acte.

calendrier; le 16 décembre, c'est ce que j'ai trouvé de mieux; et, comme Tarquin, j'ai été obligé de me promener dans plusieurs jardins et dans pas mal de serres, avant de trouver à abattre, du bout de ma baguette, les roses et les lilas qui composent ce bouquet.

CLOTILDE

Ce bouquet est une merveille, citoyen Schneider, et ces fleurs, si parfumées et si riantes, me sont un témoignage des intentions avec lesquelles tu as abordé cette maison. (*Elle lui désigne un siège.*)

SCHNEIDER

Mes intentions sont celles d'un homme à qui tu as ouvert un nouvel horizon... pendant la visite que tu lui as faite hier. Je m'étais souvent demandé, belle Clotilde, à quoi tiennent les destinées humaines et comment le chant d'un oiseau ou le vol d'un papillon peuvent influer sur notre existence... Est-ce bon? est-ce mauvais? tout cela dépend de la façon dont on est entré dans la vie. Il s'agit, tout en marchant les yeux bandés, de choisir le bon chemin... J'y suis entré par la porte de la misère et du travail; au lieu de voir, comme les riches et les heureux, les obstacles s'aplanir devant moi, j'ai eu à les combattre et à les surmonter. La fable des sept têtes de l'hydre toujours coupées, toujours renaissantes, a été pour moi une sombre et sévère vérité. Il est doux et facile de prier quand on sait que la prière aura un résultat; mais de prier une idole de marbre qui restera sourde à vos prières... On se lasse à la fin, lorsque, cette idole, on peut la briser... Alors, à la moindre résistance, le mot *je veux* vous vient à la bouche.

CLOTILDE

Même quand tu parles à une femme ?

SCHNEIDER.

Ai-je seulement le temps de voir à qui je parle ?... Crois-tu que je me fasse illusion sur la vie que je mène et sur les résultats qu'elle doit avoir ?

Attaqué que je suis, si je n'attaque pas... pour vivre, il faut que je tue... On dit que je suis cruel... Je me défends, voilà tout... Je n'avais jamais aimé, jamais songé au mariage, au bonheur d'être père, d'être époux ! Tu ne diras pas que j'avais prévu cet enchaînement de circonstances... Ta mère tombe malade... Ton père, émigré, rentre en France pour la voir une dernière fois. Il est pris et conduit en prison ; tu viens pour me demander sa grâce... je te vois... un sentiment inconnu s'éveille dans mon cœur... Le voilà, ce bonheur que j'ai toujours cherché : être aimé d'une jeune fille pure, chaste, noble... Moi, aimé quand je suis laid, odieux, vieux avant l'âge ! Est-ce qu'il y a chance que je sois aimé ? Qui me fera un autre visage comme à Éson ? Qui m'apprendra ces douces paroles à l'aide desquelles on verse dans un autre cœur le trop plein du sien ?... Quand je lui dirai que je l'aime, elle rira... Eh bien, non, j'aime mieux qu'elle pleure ; j'aime mieux qu'elle tremble, j'aime mieux qu'elle me haïsse ! mais, qu'elle soit à moi, je fais alors ce que j'ai fait... une chose infâme, je le sais bien ; ma vie n'est-elle pas infâme déjà ?... Je lui dis : « J'irai te voir. » Je dresse l'échafaud sous sa fenêtre. (*Il ouvre la fenêtre. Clotilde jette un cri de terreur à la vue de l'échafaud.*)

CLOTILDE

Ah ! mon père !

SCHNEIDER

Je viens et je lui dis : « Demain, tu seras ma femme... ou, là, à l'instant, sous tes yeux, la tête de ton père va tomber ! »

CLOTILDE

Moi, ta femme ? mon père aimera mieux mourir !

SCHNEIDER

Aussi est-ce toi que je charge de lui transmettre mon désir. Ta pitié filiale t'inspirera, Clotilde !... mon crime compte sur tes vertus... Eh bien ?

CLOTILDE, *très calme.*

Vous avez raison. C'est le seul moyen !

SCHNEIDER

A quand fixes-tu le jour de notre union ?

CLOTILDE

Par bonheur, la loi nouvelle nous dispense de tout délai, et ce que j'ai à te demander n'est qu'un caprice d'orgueil.

SCHNEIDER

Parle.

CLOTILDE

J'exige de ta tendresse une de ces grâces qu'on ne refuse pas à sa fiancée ; ce n'est pas à Plobsheim, c'est-à-dire dans un pauvre village d'Alsace que le premier de nos citoyens doit accorder son nom à la femme qu'il aime et qu'il a choisie. (*Elle se lève.*)

Je veux que le peuple me reconnaisse pour la femme de Schneider et ne me prenne pas pour sa maîtresse. Demain, à telle heure que tu voudras, nous partirons pour Strasbourg, et je te donnerai ma main, devant les citoyens, les généraux et les représentants.

SCHNEIDER

Je le veux bien ; je veux tout ce que tu voudras, mais à une condition !

CLOTILDE

Laquelle ?

SCHNEIDER

C'est que ce n'est pas demain que nous partirons, c'est aujourd'hui !

CLOTILDE

Impossible ! Il va être onze heures et demie, et les portes de la ville ferment à trois.

SCHNEIDER

Elles fermeront à quatre, alors !

CLOTILDE

Il faut faire tout ce que vous voulez.

SCHNEIDER, *tendant la main à Clotilde.*

Venez, Clotilde..

CLOTILDE

Le temps seulement de prendre un talisman de famille, sans lequel les jeunes filles ne se marient pas chez nous.

(Pendant que Schneider va fermer la fenêtre, Clotilde tire d'un petit coffret placé sur la table un poignard qu'elle tient à la main quand Schneider revient vers elle.)

Une reprise de *les Blancs et les Bleus* sur un grand théâtre de drame constituerait encore, croyons-nous, un spectacle très intéressant.

XXV

Mort de Lamartine. — Une page émue. Dumas donne la suite de *les Blancs et les Bleus* dans *la Petite Presse*. — Théories historiques. — Les vaincus de l'histoire. — Pages intéressantes sur le 18 fructidor et sur la huitième croisade.

Lamartine était mort quelques jours avant la première représentation du dernier drame de Dumas.

En nous reportant par le souvenir à douze ans en arrière, il ne nous semble pas que la mort de cet homme illustre ait produit alors, dans le monde littéraire, toute la sensation qu'un pareil événement eût excitée à une autre époque.

Cette indifférence tint sans doute à beaucoup de causes; mais elle marque aussi un abaissement dans le niveau intellectuel de l'époque qui la partagea.

Dumas, lui, ressentit vivement l'émotion de la mort de Lamartine; il n'avait jamais été dans l'intimité du grand poète; mais, pendant quarante ans, il avait été son admirateur sympathique.

Puis, quand le malheur l'avait assailli, il avait été

un des premiers à écrire, à proclamer bien haut, les causes de cette infortune.

Ils furent comme cela quelques-uns qui s'efforcèrent d'attirer les sympathies de la foule sur la destinée de Lamartine.

Mais la foule resta tiède ou indifférente.

Le poète historien, retiré dans un petit pavillon de la rue de la Ville-Lévêque, dut, pendant dix ans, écrire des romans, des mémoires, des travaux historiques, des mélanges littéraires pour essayer de combler le gouffre toujours béant de ses dettes.

Il est des existences dont le malheur est le couronnement et dont la pauvreté est le plus beau titre.

Lamartine connut toutes ces épreuves sans devenir amer.

Quand des secours efficaces lui arrivèrent, il était bien tard : cette longue lutte l'avait brisé.

Dumas fils partageait à l'égard de Lamartine les sentiments de son père : à l'occasion de la mort du grand poète, il écrivit quelques lignes émues qui méritent d'être rappelées.

« Tu leur as donné ton âme : ils l'ont méconnue.

» Tu leur as donné ton cœur : ils l'ont flagellé.

» Tu leur as donné la sueur sanglante de ta misère : ils l'ont insultée.

» Pour un jour de triomphe, les hommes t'ont fait une agonie de dix ans! Tu as tendu la main comme Homère, n'ayant pas même un enfant qui la tendît pour toi, et ceux que tu avais sauvés t'ont dit :

» — Tu as été six mois ministre ; pourquoi ne t'es-
» tu pas enrichi quand tu étais au pouvoir ? »

Écrire l'histoire de la Révolution depuis 1789 jusqu'à nos jours avait toujours été un des projets de Dumas.

Sous l'étiquette de cent ou cent cinquante volumes de romans, il désirait faire lire autant de volumes d'histoire contemporaine. Dans ses livres, la forme romanesque devenait aussi vivante, aussi vraie que l'histoire des historiens de profession. *La Reine Margot, la Dame de Montsoreau, les Quarante-Cinq, les Trois Mousquetaires, Vingt ans après, le Vicomte de Bragelonne, le Chevalier d'Harmental, une Fille du Régent, Joseph Balsamo, le Collier de la Reine, Ange Pitou, la Comtesse de Charny, le Chevalier de Maison-Rouge, les Blancs et les Bleus, les Compagnons de Jéhu, les Louves de Machecoul,* n'eussent pas formé la moins brillante série de ce genre de roman historique.

Dumas, dans ces récits, ne laisse jamais passer l'occasion de réhabiliter les vaincus, de défendre les causes tombées, d'attirer la pitié des générations sur les hommes qui se sont sacrifiés pour elles.

Le mot païen de l'antiquité : *Malheur aux vaincus!* lui paraissait une impiété dans les temps modernes; aussi son cœur l'entraîne-t-il toujours vers ceux que la fatalité des événements a frappés.

Déjà, dans l'histoire passée, il avait raconté avec une sympathie égale et une impartialité pareille la passion de Jeanne d'Arc à Rouen, la mort de Marie Stuart à Fotheringay, la décapitation de Charles Ier sur la place de White-Hall.

Il avait remarqué avec regret chez quelques historiens contemporains — comme Chateaubriand — que, s'ils s'étonnaient de la quantité de larmes contenues dans l'œil des rois, ils n'étudiaient pas aussi religieusement la somme de douleurs que peut supporter sans mourir cette pauvre machine humaine, quand elle est soutenue par la conviction de son innocence et de son droit, appartînt-elle aux classes moyennes et même inférieures de la société.

Voilà pourquoi Dumas, dans l'histoire contemporaine, prend tour à tour parti pour les condamnés de la Gironde, les vaincus de thermidor, les proscrits du 18 fructidor, etc.

Le succès qu'obtint le premier volume de *les Blancs et les Bleus* le décida à donner une suite à cet ouvrage.

Dans le cours de 1869, il écrivit deux autres volumes.

Ils parurent dans un journal populaire, *la Petite Presse.*

Ils embrassent une histoire très intéressante, très détaillée du 13 vendémiaire ; un des plus dramatiques récits du 18 fructidor, et quelques pages pleines de verve sur la campagne d'Égypte, qu'il appelle la huitième croisade.

Dans quelques lignes bien pensées, bien écrites, il

explique l'importance, la nécessité, à ses yeux, de ce dernier ouvrage.

« Les événements racontés dans *les Blancs et les Bleus*, dit-il, sont les plus importants de notre siècle, et il est essentiel que notre peuple, qui a déjà joué un si grand rôle depuis soixante-dix ans dans les événements européens, et qui est appelé à en jouer un plus grand encore, sache, comme on doit les savoir, ces grands faits de nos chroniques.

» Puis, quand les restaurations suivent les révolutions et les révolutions les restaurations, que chaque parti élève, au moment du triomphe, une statue à celui qui le représente, statue destinée à être abattue par le parti contraire pour faire place à une autre; que les esprits faibles, les yeux myopes se troublent devant tous ces grands hommes d'un instant, qui deviennent des traîtres sans que les contemporains mettent plus de difficulté à les déshonorer qu'ils n'en ont mis à les glorifier, il est bon qu'un œil plus ferme, qu'un esprit plus impartial dise :

» — Voici le plâtre et voilà le marbre ; — voici le plomb et voilà l'or !

» Il y a des statues qu'on jette à bas de leur piédestal et qui y remontent toutes seules. Il y en a, au contraire, qui tombent d'elles-mêmes, et qui se brisent en tombant! Mirabeau, après avoir été porté en grande pompe au Panthéon, n'a pas de tombeau aujourd'hui [1].

---

1. *Les Blancs et les Bleus*, 3ᵉ série, page 126.

» Louis XVI, après avoir été jeté dans la fosse commune, a sa chapelle expiatoire ! »

Nous avons un peu insisté sur *les Blancs et les Bleus,* parce que c'est le dernier ouvrage de Dumas.

Nous voudrions inspirer aux lecteurs la curiosité de le lire ; ils trouveront dans ce livre — qui n'est ni un roman, ni une histoire officielle, — des pages intéressantes, des pages qui rappellent le bon temps du romancier historien.

XXVI

Les derniers mois de Dumas. — Maladie. — Découragement. — Détresse. — Le docteur Piorry. — Une saison à Roscoff. — L'hiver de 1869 et de 1870. — La déclaration de guerre. — Départ pour Puys. — Les derniers jours. — Un louis conservé pendant cinquante ans. — L'abbé Audrieu. — Le 5 décembre 1870. — Mort du romancier.

Ces pages sur la huitième croisade furent les dernières qui tombèrent de la plume de Dumas.

Ces chroniques nationales devaient être son dernier thème d'écrivain. Du reste, il avait composé ces deux volumes, *les Blancs et les Bleus* en proie à un grand découragement moral, à une profonde lassitude physique. Depuis quelques mois, un changement alarmant s'était manifesté dans sa constitution, jusqu'alors si puissante.

La fin du romancier approchait.

A cette activité incessante, à cette vitalité électrique qui animait ce corps robuste, avait succédé une sorte d'engourdissement, une espèce de torpeur qui accablait tous ses ressorts.

Maintenant, il s'assoupissait au milieu des heures de la journée.

La démarche était devenue pesante, les membres semblaient faire mouvoir difficilement le corps.

Autre symptôme caractéristique à l'âge de Dumas : l'abdomen avait considérablement grossi, mais grossi à faire croire à un commencement d'hydropisie.

Ce surcroît d'embonpoint avait graduellement rendu les jambes paresseuses.

La vieillesse se traduisait en lui par une torpeur qui envahissait tout son être comme une lente asphyxie.

Il demeurait inerte, engourdi, la plus grande partie de la journée, dans un fauteuil de son cabinet de travail.

Le sommeil le prenait par accès auxquels il lui était impossible de se soustraire.

Pendant les répétitions de *les Blancs et les Bleus*, l'acteur Taillade alla le voir chez lui, pour causer d'un détail de la pièce. Au milieu de la conversation, les yeux du romancier se fermèrent, et sa voix se tut subitement.

L'artiste, peiné, attendit respectueusement la fin de cet accès de sommeil.

C'était la réaction de cinquante ans d'activité physique et intellectuelle; les sources de la vie se trouvaient épuisées par cette dépense de vitalité qui avait duré un demi-siècle.

Son fils, sa fille, madame Petel, s'alarmèrent. On consulta différents médecins, entre autres le docteur

Piorry, ami intime de Dumas. Il prescrivit un traitement qui n'eut, qui ne pouvait avoir de résultats efficaces.

La belle saison vint.

On conseilla l'air, le séjour de la mer.

Dumas partit pour la plage de Roscoff, en Bretagne.

Il passa dans ce petit pays les beaux jours de l'été de 1869.

Il éprouva un mieux relatif, passager. Mais, avec septembre, il fallut revenir à Paris; il rentra dans son petit cabinet de travail du boulevard Malesherbes, et bientôt il retombait dans cet affaissement physique qui constitua son existence pendant ses derniers mois.

Cette torpeur du corps réagit sur cet esprit si vif, si alerte jusqu'alors.

Le cerveau devint graduellement lourd, paresseux; les idées n'y arrivaient plus que difficiles et brumeuses.

Cette verve, cette fécondité dans le travail, toutes ces brillantes qualités de l'imagination s'éteignaient.

Vint un moment où Dumas ne put même plus se faire illusion à lui-même. Quand il sentit son état réel, une navrante tristesse l'envahit.

Il pleura, et les rares intimes qui le voyaient alors entendirent s'échapper de sa bouche de lamentables plaintes.

Il avait compté sur sa robuste santé comme sur un instrument éternel; il espérait toujours qu'elle lui accorderait le temps — malgré l'âge auquel il était parvenu — de trouver encore un grand succès littéraire qui rétablirait sa situation, qui restaurerait le lustre de son nom.

Mais, quand il reconnut que cette santé défaillait graduellement, quand il sentit que sa volonté ne ressaisissait plus la faculté du travail, il vit sa fin bien prochaine.

Le pauvre romancier passa tout l'hiver de 1869 et de 1870 en proie à ce malaise physique et à cette souffrance morale.

Il ne sortit que rarement; son état inspirait une sorte de respectueuse compassion à ceux du dehors qui le voyaient.

Comme il ne pouvait plus travailler, il ne gagnait pas d'argent; les affaires ne venaient pas à lui.

La détresse s'assit définitivement à son foyer.

Il vécut au jour le jour, d'emprunts faits à son éditeur, d'avances déboursées par son agent dramatique.

Encore ne conservait-il pas toujours l'entière possession de cet argent précaire : les poursuites de certains créanciers, les réclamations de fournisseurs de quartier, ou les doléances de quelque parasite, de quelque besogneux venaient lui en arracher souvent la majeure partie!

Il ne restait plus alors d'argent à la maison pour finir la journée, et le cuisinier Vasily se demandait comment il devait faire pour préparer le dîner de l'ancien châtelain de Monte-Cristo.

Quand la gêne devenait trop aiguë, Dumas envoyait

porter au mont-de-piété quelque objet de valeur, épave de son opulence passée, ou il dépêchait vers son fils, Victor Leclerc, son secrétaire.

Dumas fils donnait toujours la somme demandée.

Le romancier ne douta jamais de l'empressement, ou du plaisir de son fils à l'obliger ; cependant une demande adressée à celui-ci le gênait toujours.

Cette gêne avait une nuance intime qui mérité une explication.

Dumas était timide devant son fils.

Il n'osait pas lui avouer toutes ses actions.

Cette insouciance de l'argent qui était un besoin de son tempérament, il s'efforçait de la cacher à son fils, ou du moins d'en atténuer les effets.

Il savait encore l'antipathie de ce dernier pour certaines gens de son entourage ; il les faisait cacher dans son cabinet quand il attendait sa visite.

De son côté, l'auteur de *la Dame aux Camélias* avait essayé bien des avis, bien des conseils pour en rayer le genre de vie de son père.

Voyant que ses efforts étaient inutiles, il avait pris le parti de fermer les yeux ; il ne faisait plus que de rares apparitions dans la maison paternelle, dont les allures le froissaient.

Cette désapprobation avait toujours contristé Dumas ; de là le motif de gêne qu'il éprouvait quand il avait recours à son fils.

Il sentait que l'évidence des événements se retournait contre lui ; il reconnaissait — mais trop tard —

que les avis, les conseils de son fils lui eussent épargné les angoisses d'une vieillesse nécessiteuse.

Cette détresse n'était pas le seul tourment de Dumas, elle se compliquait aussi d'une souffrance intellectuelle ; il regardait vers la postérité, et il s'inquiétait.

— Il me semble, disait-il un jour, que je suis au sommet d'un monument qui tremble, comme si les fondations étaient assises sur le sable.

Son fils lui répondit :

— Sois en paix, le monument est bien bâti, et la base est solide.

Sa santé ne se remettait pas.

A mesure que le temps s'écoulait, le découragement chez lui devenait de plus en plus profond.

Ce découragement, qui cependant ne dégénérait jamais en amertume, modifia un peu ses jugements sur les hommes et sur les choses. Il avait toujours été de tempérament optimiste ; il avait cru fermement aux idées, aux opinions, aux théories courantes de son époque. Les vicissitudes des dernières années l'avaient rendu sceptique.

Au terme de la vie, il lui semblait que tous ces efforts dont, pendant cinquante ans, il avait été le témoin, n'avaient pas donné une somme proportionnée de progrès. Les faits ne lui paraissaient pas correspondre aux théories.

A ce propos, il disait aux quelques intimes qui venaient alors le visiter que les générations désillusionnées feraient une fin de siècle agitée.

Était-ce un éclair de divination ou une réflexion de vieillard découragé?

Tout l'hiver se passa pour lui dans cet état crépusculaire.

Au printemps, il lui vint un abcès persistant à la bouche; le docteur Déclat lui donna des soins.

On lui conseilla alors un voyage dans le Midi; il réunit quelque argent et partit.

A la fin de juillet, il revint occuper son appartement du boulevard Malesherbes.

Il resta à Paris quelques semaines.

Sur ces entrefaites, la guerre avait été déclarée, apportant aussitôt les revers de l'invasion.

Dumas fils ne voulut pas que son père restât à Paris pendant le siège; il l'emmena dans sa propriété de Puys.

Sa fille, madame Pétel, l'accompagna.

C'était quelques jours avant le 19 septembre 1870.

A droite du faubourg du Pollet, à Dieppe, s'ouvre, monte une route creusée dans le flanc de la falaise, qui borde la mer de ce côté! Cette route conduit à un plateau parfaitement cultivé.

Si le promeneur suit ce chemin pendant vingt ou trente minutes, il ne tarde pas à rencontrer une petite vallée, formée par un évasement de la falaise.

Cette vallée est singulièrement verte : elle est baignée par la mer, qui forme en cet endroit plutôt une anse qu'une plage.

De gentilles maisons, bâties sur les pentes de la

falaise, entourées de jardins plantés d'arbres verts, donnent à ce site l'aspect d'un frais paysage.

Ce coin de campagne jeté au bord de la mer, c'est Puys.

Puys est aujourd'hui une plage habitée, fréquentée pendant l'été par des baigneurs qui veulent se tenir à l'écart du mouvement et des fêtes de Dieppe. Mais, en 1870, on y comptait à peine quelques maisons, entre autres celle de Dumas fils.

Sa propriété est au milieu de la vallée, bien en vue de la mer, très simple, très rustique d'apparence. Pas de murs, du moins, à cette époque; une clôture de bois entourait un jardin fait de tertres de gazon et de bouquets d'arbres verts.

Dumas fils installa son père dans une grande chambre, dont les fenêtres ouvraient sur la mer.

Comme l'année précédente, on espéra que cet air salubre, vivifiant, apporterait quelque amélioration dans l'état général du malade.

Mais l'organisme était trop épuisé chez lui pour recevoir l'influence du dehors; le mouvement vital semblait se retirer de plus en plus de ce corps jadis si puissant.

Sauf à l'heure des repas, la somnolence clouait Dumas dans son fauteuil.

L'esprit était vague; le cerveau sommeillait comme le corps.

Il ne souffrait pas; son état était l'inconscience.

Il se mourait graduellement, comme jadis Walter

Scott dans sa résidence d'Abbotsford. Le grand romancier écossais, lui aussi, s'éteignit paralysé de corps épuisé de cerveau.

Quand le temps était beau, on conduisait le malade sur la plage.

Il restait là, assis pendant plusieurs heures. La vue de la mer, la chaleur du soleil paraissaient lui apporter quelque bien-être. La fin de l'été le priva de ces stations en plein air.

Octobre amena la mauvaise saison. Le temps devint froid et gris; les vents soufflèrent avec violence, et pendant de longs jours la petite vallée de Puys se trouva enveloppée de brouillards et de pluie.

Dès lors, Dumas ne sortit plus de la chambre.

Il ne quitta plus son lit ou son fauteuil.

Il eut conscience que sa fin devenait de plus en plus proche, et il recommanda à sa fille de ne pas le laisser mourir sans lui avoir fait administrer les secours de la religion.

Il avait toujours eu l'esprit religieux; maintes pages de ses ouvrages révèlent ce sentiment.

Une longue vie — secouée par toutes les passions, — n'avait pas éteint en lui l'idée de Dieu et la croyance à l'immortalité de l'âme.

Les lignes suivantes, que nous détachons de ses *Mémoires*[1], prouvent la sincérité de cette suprême recommandation faite à sa fille :

---

1. *Mes Mémoires.*

« En somme, à tout cela, j'ai dû un grand respect pour les choses saintes, une grande foi dans la Providence, un grand amour en Dieu.

» Jamais, dans le cours d'une vie assez longue, je n'ai eu, dans les heures les plus douloureuses de cette vie, ni une minute de doute, ni un instant de désespoir. Je n'oserais pas dire que je suis sûr de l'immortalité de mon âme, mais je dirai que je l'espère. Seulement je crois que la mort, c'est l'oubli du passé sans être la renonciation de l'avenir.

» Si l'on arrivait à donner la mémoire aux âmes, on aurait résolu le grand mystère dont Dieu garde le nom.

» Les âmes alors se souviendraient et l'immortalité serait révélée ! »

Le malade végéta tout octobre, tout novembre, confiné dans sa chambre, plongé dans cet état cataleptique.

Quand le sommeil n'appesantissait pas ses yeux, son fils, sa fille, venaient lui tenir compagnie.

Souvent se joignait à eux M. Montigny, le directeur du Gymnase, propriétaire d'une maison voisine de celle de Dumas, et qui avait quitté Paris au moment de l'investissement.

On évitait de parler devant lui du présent et des sinistres événements qui se passaient alors.

On lui laissa ignorer les désastres de la guerre et les progrès de l'invasion.

Quand le cerveau recouvrait une lueur éphémère de

lucidité, la pensée chez Dumas se reportait vers le passé.

Il parlait alors avec son fils des événements de sa vie; c'était comme un reste de mémoire qui surnageait et qui s'accrochait à certains actes de son existence.

Quand on l'avait emmené de Paris, il avait vingt francs sur lui.

Ce louis était toute la fortune monétaire de cet homme qui avait gagné des millions.

Arrivé à Puys, il déposa cette pièce sur la cheminée de la chambre; elle y resta tout le temps de sa maladie.

Un jour, assis dans ce fauteuil, près de la fenêtre d'où l'on découvrait la mer, il causait avec son fils.

Ses yeux tombèrent sur la pièce d'or.

Une réminiscence du passé traversa alors son esprit.

— Il y a cinquante ans, quand je suis venu à Paris, dit-il, j'avais un louis. Pourquoi m'a-t-on accusé de prodigalité? Je l'ai toujours conservé, ce louis; tiens, il est là.

Et il montra à son fils la pièce d'or en essayant de sourire.

Dans les derniers jours de novembre 1870, le froid sévit avec intensité; le temps se maintenait mauvais et sans éclaircie; le ciel était gris et bas, la mer houleuse et sale.

Tout ce coin de campagne — si gai l'été — avait alors un aspect de mortelle mélancolie.

Cette tristesse du dehors faisait sombre la chambre du malade.

Il ne voulut plus se lever.

Il garda le lit; l'état comateux était devenu continu.

Au sommeil de la nuit succédait le sommeil du jour, presque sans intervalle de veille.

Le dernier moment de la fin était venu. Dans la nuit du 4 au 5 décembre, la maladie livra à ce corps usé un suprême assaut.

Une attaque d'apoplexie séreuse se déclara.

Le malade perdit totalement connaissance.

Une médication énergique — aussitôt employée — ne put rappeler le sentiment de la vie extérieure.

Le cerveau demeura congestionné.

L'abbé Andrieu, curé de la paroisse Saint-Jacques, de Dieppe, averti, appelé par madame Petel, vint à Puys dans la matinée.

Introduit dans la chambre, il s'agenouilla au pied du lit et récita la prière des agonisants.

La fille et la belle-fille du moribond l'imitèrent.

Au moment de lui administrer le saint sacrement, l'abbé Andrieu se pencha sur Dumas et l'appela par son nom.

A cet appel, il remua les paupières, mais il ne parla point.

Dans l'après-midi, il expira, sans avoir recouvré la parole, sans souffrance apparente.

Il avait soixante-dix ans.

XXVII

Les Prussiens dans la Seine-Inférieure. — Émotion produite par la mort de Dumas. — *La Vigie de Dieppe*. — Le conseil municipal de Dieppe. — Inhumation dans le cimetière de Neuville. — Discours de M. Lebourgeois. — Un mot de Michelet.

Le même jour, un détachement de l'armée prussienne prenait possession de Dieppe.

Les soldats allemands, musique en tête, défilèrent dans la grande rue.

Toutes les fenêtres étaient closes; les habitants, humiliés, attristés, se tenaient renfermés dans l'intérieur des maisons.

Dieppe comptait alors un surcroît considérable de population : tous les baigneurs de l'été retenus par le siège de Paris.

La mort de Dumas produisit une profonde émotion, — émotion qui égala celle de l'occupation de la ville par les Prussiens. — On le savait malade chez son fils; mais on ne croyait pas que cette maladie pût avoir un dénouement fatal.

Comment ! il était mort, l'auteur des *Trois Mousquetaires*, de *Monte-Cristo*, et de tant d'autres romans si merveilleux?

C'était un malheur de plus ajouté aux calamités de l'époque.

Beaucoup, croyant cette nouvelle erronée, coururent à Puys, chez Dumas fils, pour se la faire confirmer.

Voici en quels termes le journal *la Vigie de Dieppe*, du 6 décembre, annonçait la mort du grand romancier :

« M. Alexandre Dumas père est mort hier à Puys.

» Étrange destinée ! l'homme qui aimait à remplir le monde de son nom, l'écrivain humoristique et fécond..., meurt dans une villa solitaire, loin de ce Paris dont il était une des personnalités les plus marquantes.

» Son inhumation aura lieu jeudi prochain, 8 courant, à onze heures, dans le cimetière de Neuville. »

Le conseil municipal de Dieppe, malgré les douloureuses préoccupations que lui causait la présence des Prussiens, décida que cinq de ses membres assisteraient aux funérailles de Dumas.

Dumas fils voulut que la cérémonie funèbre se fît à Neuville et non à Dieppe même.

Les soldats allemands occupaient tous les postes, tous les monuments de la ville. Le cercueil d'Alexandre Dumas passant devant une patrouille prussienne!

Neuville est une petite paroisse qui s'étend à l'extrémité du faubourg du Pollet, dans la direction de la falaise; elle est habitée par une population de pêcheurs et de paysans.

Les obsèques avaient été fixées pour onze heures.

Bien avant ce temps, une nombreuse et sympathique assistance, venue de Dieppe à Puys, envahissait la maison et le jardin de Dumas fils.

Le cercueil avait été exposé dans le rez-de-chaussée de la villa.

A l'heure indiquée, le convoi funèbre partit et prit la route qui conduit à Neuville. Tous les habitants de la petite paroisse étaient dehors, saluant respectueusement le passage du corps.

L'église se trouva trop petite pour contenir tous les assistants; beaucoup durent rester dehors, attendant la fin de la cérémonie.

Une indicible émotion serrait tous les cœurs.

L'humilité de ces funérailles, en opposition avec le nom de celui qu'on enterrait, formait un contraste qui impressionnait péniblement l'esprit.

Chacun se représentait la pompe, la solennité des obsèques de Dumas, mort à Paris, sans cette horrible guerre, sans cette douloureuse invasion qui avait conduit les Prussiens jusqu'à Dieppe.

La messe terminée, on porta le cercueil dans le cimetière.

Le cimetière de Neuville est proche de l'église.

C'est un modeste champ de repos, semblable à tous ceux de ces petits villages de Normandie : quelques pierres tombales, des tertres semés de haut gazon, séparés les uns des autres par des pieds de saule, des touffes de romarin et de rosiers sauvages.

Quand la bière de Dumas fut descendue au fond de la fosse, un des conseillers municipaux de Dieppe, M. Lebourgeois, s'avança au bord, et, d'une voix émue, au milieu du recueillement de tous, dit les paroles suivantes :

« Dans les temps malheureux où nous vivons, le salut du pays absorbe toutes nos pensées.

» Cependant, nous devons un adieu à celui qui nous quitte, désormais à l'abri des misères de cette vie, et nous le devons surtout quand ce mort a été un illustre vivant !

» Alexandre Dumas père, après une longue et brillante carrière, est mort chez son fils, aux portes de notre ville.

» Le conseil municipal de Dieppe a pensé qu'il devait assister à ses obsèques, et nous a commis pour le représenter.

» Le nom d'Alexandre Dumas, verbe de raison littéraire, qui veut dire esprit et talent, déjà populaire à Dieppe, l'est devenu davantage dès que le fils a créé, dans le vallon de Puys, une colonie désormais célèbre, puisque son père vient d'y mourir.

» Il n'appartient guère au représentant d'une ville de pêcheurs et de bourgeois d'entreprendre l'éloge funéraire d'un littérateur tel qu'Alexandre Dumas; cependant, la bénédiction du plus humble, quand elle est cordiale et sincère, doit, à cause de sa simplicité même, toucher les cœurs généreux tout autant qu'un éloge académique.

» Nous ne sommes pas tous initiés aux jouissances de la littérature; cependant, il en est bien peu, parmi nous, qui ne doivent à Alexandre Dumas beaucoup de ces heureuses veillées, où la dernière page du livre arrive toujours trop tôt. Il a su, dans ses nombreuses chroniques, aplanir les difficultés de l'histoire et forcer le lecteur à s'instruire en s'amusant! Presque toutes les créations de sa verve littéraire sont devenues populaires; mais ce n'est pas à nous qu'il appartient de juger ses œuvres; c'est peut-être le temps, mais ce n'est pas le lieu; d'autres plus compétents sauront le faire.

» Disons seulement que tous ceux qui l'ont lu doivent l'aimer; car, à chaque trait de son humeur primesautière, de son esprit si français, on reconnait l'élan d'un cœur généreux!

» Voyez, messieurs, quelle misère est la nôtre, en ces affreux temps d'invasion! En temps ordinaire, la mort d'Alexandre Dumas eût occupé Paris et la France; toutes les notabilités de la littérature auraient tenu à honneur de l'accompagner à sa dernière demeure. Que d'adieux éloquents! que d'éloges noblement exprimés ! Et, aujourd'hui, quelques mots seulement tombent sur sa fosse, d'une bouche inconnue. Mais ne perdons pas courage. La France vit encore; nos pauvres enfants, que nous suivons du cœur, combattent tous les jours pour la sauver ! La force brutale, aidée de je ne sais quelle mystérieuse complicité, a pu nous imposer des pertes matérielles; mais l'esprit français n'émigrera jamais en Allemagne !

» Alexandre Dumas, le nom que vous avez rendu célèbre était un héritage lourd à porter; mais il était recueilli d'avance, et vous avez emporté cette consolation dans la tombe !

» Oui, messieurs, aussitôt que des jours meilleurs — et la date n'en est pas éloignée — viendront luire sur notre beau pays, nous verrons reparaître avec un nouvel éclat le nom d'Alexandre Dumas ! »

La cordiale simplicité, les allusions patriotiques de ce discours émurent profondément tous les assistants.

M. Montigny, directeur du Gymnase, prit ensuite la parole au nom du monde littéraire.

Un peintre de talent, M. Bénédict Masson — qui se trouvait alors à Dieppe — s'avança à son tour sur le bord de la fosse et dit un suprême adieu au grand homme, au nom de l'art et des artistes.

Le prêtre récita les dernières prières.

Chacun se pencha encore une fois pour contempler ce cercueil qui allait disparaître.

Puis les fossoyeurs ramassèrent leur pelle et couvrirent de terre les restes de celui qui, suivant la belle expression de Michelet, avait été une des forces de la nature[1] !

---

[1]. En mai 1872, Alexandre Dumas fils a fait exhumer le corps de son père du cimetière de Neuville. Le grand romancier repose aujourd'hui à Villers-Cotterets, dans un tombeau de famille.

FIN

TABLE

	Pages
AVANT-PROPOS	I

I. Retour d'Alexandre Dumas à Paris, en avril 1864. — Quatre ans de séjour en Italie. — Motifs de ce séjour. — Garibaldi et Dumas. — Le yacht *l'Emma*. — Insurrection dans les Deux-Siciles. — Le palais Chiatamone. — Tracasseries. — Départ de Naples....... 1

II. Les cordialités du retour. — Polydore Millaud. — *La San-Felice*. — L'été à Enghien. — La villa Catinat. Une chanteuse acharnée. — Musiciens et parasites. — Danger de renvoyer trois domestiques à la fois. — Un déjeuner embarrassant. — Le riz aux tomates. — Un triomphe culinaire........................... 13

III. *Les Mohicans de Paris*. — Un drame pour la Gaîté. — Sévérité de la censure. — Une lettre à Napoléon III. — Les cochers d'Enghien. — Le professeur d'armes Grisier. — Histoire d'un jambonneau............... 23

IV. Eugène Delacroix. — Dumas conférencier. — Succès de ses conférences. — Ses deux secrétaires. — *Un pays*, de Villers-Cotterets...... 31

V. 1865. Dumas, directeur du grand Théâtre-Parisien. — *Les Gardes forestiers*. — La montre du duc d'Orléans. — L'appartement du boulevard Malesherbes. — Jules Noriac et les *Nouvelles*. — *Le Comte de Moret*. — *Gabriel Lambert*. — Le dominicain et *l'Art d'accommoder la salade*........................... 37

VI. Insuccès de *Gabriel Lambert*. — Miss Adda Menken,

sa beauté, ses triomphes. — *Les Pirates de la Savane.* — Une rencontre à la Gaîté. — Une présentation à l'américaine. — Mort prématurée d'Adda Menken.. 46

VII. Projet d'un théâtre par souscription. — Une circulaire. — La guerre de 1866. — Dumas part pour l'Allemagne. — Les Prussiens à Francfort. — Anecdotes. — Une contribution de guerre. — Le général de Falkenstein et le sénateur Fellner................ 53

VIII. *La Terreur prussienne.* — Le journal *la Situation.* — Pressentiments. — Origine de la fortune du prince de Bismark. — Le roi George V de Hanovre. — Bataille de Langensalza. — Bravoure des Hanovriens.. 63

IX. Mort de Méry et de Roger de Beauvoir. — Deux contemporains littéraires. — Prodige d'improvisation. — Les *bouts rimés.* — Un concours poétique. — 5280 vers. — Un quatrain de Victor Hugo. — Le docteur Favrot. — Fin mélancolique de Roger de Beauvoir............ 76

X. Les journaux de Dumas. — Causeries culinaires. — Un souvenir d'Afrique. — Le mouton braisé. — Recette donnée à M. de Courchamp. — Rossini et Dumas. — Madame Ristori et son cuisinier. — La vraie manière de faire le macaroni à l'italienne.................... 88

XI. *Histoire de mes bêtes.* — Une ménagerie à Monte-Cristo. — Les méfaits du chien Pritchard. — Le jardinier Michel. — Le chat Mysouff. — Anecdotes..... 103

XII. Le nègre Alexis. — Ses aventures. — Un serviteur trop changeant. — Souvenirs de 1846. — M. de Salvandy. — Un vautour de 50 000 francs. — Une interpellation à la Chambre....... 117

XIII. Épisode de la carrière politique de Dumas. — Une candidature dans l'Yonne. — La statue du duc d'Orléans. — Lettre à Émile de Girardin. — Anecdotes. — Un cocher fort en géographie...................... 139

TABLE

XIV. Toujours les parasites. — Les tristesses du présent. — Le bottier de Monte-Cristo. — L'homme à la montre. — L'inspecteur du thermomètre Chevalier. — Pourquoi Dumas voyageait à l'étranger. — Télégrammes à M. de Villemessant.... 155

XV. *Madame de Chamblay.* — Origine vraie ou supposée de ce roman. — Un soixante-septième drame. — Indifférence des directeurs. — Découragement de Dumas. — Le théâtre des Italiens. — Une pièce tuée par la chaleur. — Malveillance de certains journalistes..... 166

XVI. L'exposition du Havre en 1868. — Dumas appelé pour faire des conférences. — Conférences sur son séjour en Russie. — Souvenirs rétrospectifs de 1858. — Le *Voyage en Russie* de Théophile Gautier et celui de Dumas. — M. Home, le spirite, et le comte Kouchelef. — Le romancier part avec eux pour la Russie. — Arrivée à Saint-Pétersbourg. — La prison des condamnés aux mines. — Anecdotes. — La Russie n'est qu'une grande façade.. 179

XVII. Suite des *Souvenirs de Russie*. — Excursion en Finlande. — La cuisine russe. — Un bain dans le lac Ladoga. — Départ pour Moscou. — Le comte Narychkine. — Aspect du Kremlin vu le soir. — Visite au champ de bataille de la Moscova. — Navigation sur le Volga. — Une ovation à Kaliasine. — La foire de Nijni-Novgorod. — Le maître d'armes. — Curieuse rencontre. — Kasan. — Saratov. — Une lingère parisienne.. 201

XVIII. Arrivée à Astrakan. — L'absence de lits. — L'invitation d'un prince tartar. — Usage bizarre. — Les filets de chameau. — Course de chevaux sauvages. — Lutte avec le prince Toumaïne. — Un album en Kalmoukie. — Madrigal à la princesse Toumaïne....... 222

XIX. Dumas projette de traverser la Russie d'Asie. — Une tarantasse. — Les steppes de sable. — Chasse à l'oie sauvage. — Les abus en Russie. — Kislar. — Le tchinn. — Les provinces du Caucase. — La Russie n'est encore qu'un élément. — Recette du schislik. — Tiflis. — Poti. — Une singulière auberge....... 237

XX. Dumas remporte au Havre un succès de conférencier avec ses *Souvenirs de Russie*. — Retour à Paris. — Reprise de *Madame de Chamblay* à la Porte-Saint-Martin. — Succès. — Mademoiselle Rousseil. — Une préface en forme d'apologue. — Un deuil. — Histoire et mort de Madame L.................................. 252

XXI. Un roman nouveau. — *Les Blancs et les Bleus*. — Charles Nodier et les *Souvenirs de la Révolution*. — Une visite au cimetière de Clamart. — Le tombeau de Pichegru. — La sépulture de Mirabeau............. 262

XXII. Point de départ du roman *les Blancs et les Bleus*. — L'épisode d'Euloge Schneider. — Strasbourg en décembre 1793. — La guillotine ambulante. — Histoire de Clotilde de Brumpt. — Saint-Just. — Une exécution populaire................................ 270

XXIII. Pichegru et l'armée du Rhin. — Souvenirs héroïques. — La reprise des lignes de Wissembourg. — La route de Reischhoffen. — Le 21 décembre 1793. — Hoche. — Abatucci. — Les canons à l'enchère. — Délivrance de l'Alsace.............................. 286

XXIV. Succès du dernier roman de Dumas. — Un drame pour le Châtelet. — Laray. — Taillade. — Souvenir des *Gardes forestiers*. — Une représentation à Laon. — Anecdote curieuse. — Demi-succès du drame. — Une scène de *les Blancs et les Bleus*.............. 303

XXV. Mort de Lamartine. — Une page émue. — Dumas donne la suite de *les Blancs et les Bleus* dans *la Petite Presse*. — Théories historiques. — Les vaincus de l'histoire. — Pages intéressantes sur le 18 fructidor et sur la huitième croisade............................ 318

TABLE

XXVI. Les derniers mois de Dumas. — Maladie. — Découragement. — Détresse. — Le docteur Piorry. — Une saison à Roscoff. — L'hiver de 1869 et de 1870. — La déclaration de guerre. — Départ pour Puys. — Les derniers jours. — Un louis conservé pendant cinquante ans. — L'abbé Andrieu. — Le 5 décembre 1870. — Mort du romancier........................ 324

XXVII. Les Prussiens dans la Seine-Inférieure. — Émotion produite par la mort de Dumas. — *La Vigie de Dieppe*. — Le conseil municipal de Dieppe. — Inhumation dans le cimetière de Neuville. — Discours de M. Lebourgeois. — Un mot de Michelet............... 336

Motteroz, Adm.-Direct. des Imprimeries réunies, B, Puteaux

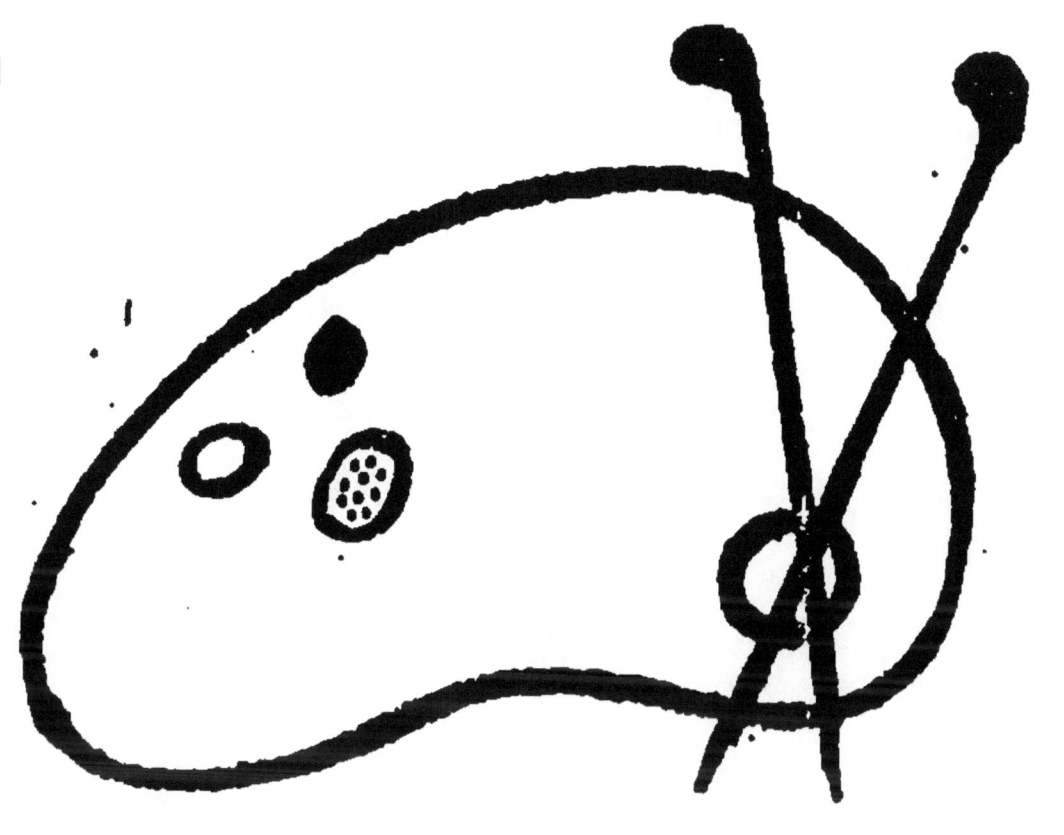

Original en couleur

NF Z 43-120-8

www.ingramcontent.com/pod-product-compliance
Lightning Source LLC
Chambersburg PA
CBHW070852170426
43202CB00012B/2042